DIREITO ECONÔMICO

Dados Internacionais de Catalogação na Publicação (CIP)
(Câmara Brasileira do Livro, SP, Brasil)

Roque, Sebastião José
  Direito econômico / Sebastião José Roque. --
1. ed. -- São Paulo : Ícone, 2012. -- (Coleção
elementos de direito)

  ISBN 978-85-274-1187-5

  1. Direito econômico 2. Direito econômico -
Brasil I. Título. II. Série.

11-07876   CDU-34:33

Índices para catálogo sistemático:

1. Direito econômico   34:33

Sebastião José Roque

Bacharel, mestre e doutor em Direito pela Universidade de São Paulo;
Advogado e assessor jurídico empresarial;
Árbitro e mediador;
Professor de Direito;
Presidente do Instituto Brasileiro de Direito Comercial "Visconde de Cairu";
Presidente da Associação Brasileira de Arbitragem – ABAR;
Especialização nas Universidades de Bolonha, Roma e Milão e na de Panthéon-Sorbonne de Paris;
Professor da Universidade de Cosenza (Itália);
Autor de inúmeros artigos sobre Direito Empresarial e outros temas nos *sites* jurídicos da Internet;
Autor de mais de 35 obras jurídicas.

DIREITO ECONÔMICO

1ª edição
Brasil – 2012

© Copyright 2012
Ícone Editora Ltda.

Coleção Elementos de Direito

Capa e diagramação
Richard Veiga

Revisão
Juliana Biggi

Proibida a reprodução total ou parcial desta obra, de qualquer forma ou meio eletrônico, mecânico, inclusive por processos xerográficos, sem permissão expressa do editor (Lei nº 9.610/98).

Todos os direitos reservados à:
ÍCONE EDITORA LTDA.
Rua Anhanguera, 56 – Barra Funda
CEP: 01135-000 – São Paulo/SP
Fone/Fax.: (11) 3392-7771
www.iconeeditora.com.br
iconevendas@iconeeditora.com.br

ODE AO ACADÊMICO

O PODER DA MENTE

Pobre de ti se pensas ser vencido;
Tua derrota é um caso decidido.
Queres vencer, mas como em ti não crês
Tua descrença esmaga-te de vez.
Se imaginas perder, perdido estás;
Quem não confia em si, marcha para trás;
A força que te impele para frente
É a decisão firmada em tua mente.

Muita empresa esboroa-se em fracasso
Inda antes de dar o primeiro passo;
Muito covarde tem capitulado
Antes de haver a luta começado.
Pensa grande e teus feitos crescerão,
Pensa pequeno e irás depressa ao chão.
O querer é poder arquipotente,
É a decisão firmada em tua mente.

Fraco é quem fraco se imagina;
Olha ao alto quem ao alto se destina;
A confiança em si mesmo é a trajetória
Que leva aos altos cimos da vitória.
Nem sempre, quem mais corre, a meta alcança,
Nem mais longe o mais forte o disco lança,
Mas se és certo em ti, vai firme, vai em frente
Com a decisão firmada em tua mente.

S. J. ROQUE

ÍNDICE

1. **O DIREITO ECONÔMICO NOS SEUS ASPECTOS CONCEITUAIS,** 17
   - 1.1. Conceito e classificação, **19**
   - 1.2. Autonomia do Direito Econômico, **21**
   - 1.3. Distanciamento do Direito Empresarial, **23**
   - 1.4. Distanciamento do Direito Penal, **25**
   - 1.5. As áreas do Direito Econômico, **26**
   - 1.6. Objetivos do Direito Econômico, **27**
   - 1.7. Princípios básicos do Direito Econômico, **27**

2. **CARACTERÍSTICAS DO DIREITO ECONÔMICO,** 31
   - 2.1. Esforço para melhor conceituação, **33**
   - 2.2. Dinamismo, **35**
   - 2.3. Recenticidade, **35**
   - 2.4. Maleabilidade, **36**
   - 2.5. Heterogeneidade das fontes, **36**
   - 2.6. Singularidade, **36**
   - 2.7. Ecletismo, **37**
   - 2.8. Baixa coercibilidade, **38**

3. **FONTES DO DIREITO ECONÔMICO,** 39
3.1. O sentido de fontes do direito, **41**
3.2. Tratados internacionais, **44**
3.3. Costume, **44**
3.4. Princípios gerais do direito, **46**
3.5. A doutrina, **51**
3.6. A jurisprudência, **52**
3.7. A lei, **52**

4. **A ORDEM ECONÔMICA E SEUS FUNDAMENTOS,** 55
4.1. Conceito de ordem econômica, **57**
4.2. A legislação do Direito Econômico, **59**
4.3. Fundamentos e objetivos da regulamentação, **59**
   4.3.1. A valorização do trabalho humano, **60**
   4.3.2. A peça de uma máquina, **62**
   4.3.3. A Constituição como um todo, **63**
   4.3.4. O trabalhador e as relações de consumo, **65**
4.4. A livre-iniciativa, **67**
   4.4.1. Conceito de livre-iniciativa, **67**
   4.4.2. Restrições à livre-iniciativa, **68**

5. **OS PRINCÍPIOS DA ORDEM ECONÔMICA,** 71
5.1. Conceito de princípio, **73**
5.2. Conceito de fundamento, **74**
5.3. Conceito de lei, **75**
5.4. Conceito de objetivo e objeto, **75**
5.5. Princípio de soberania nacional, **76**
5.6. Princípio de propriedade privada, **78**
5.7. Princípio de função social da propriedade, **79**
5.8. Princípio de livre concorrência, **83**
5.9. Princípio de defesa do consumidor, **85**
5.10. Princípio de defesa do meio ambiente, **87**
5.11. Princípio de redução das desigualdades regionais e sociais, **90**
5.12. Princípio de busca do pleno emprego, **92**
5.13. Princípio do tratamento favorecido para as empresas de pequeno porte, **96**

6. **SISTEMA FINANCEIRO NACIONAL,** 99
6.1. Organização e atribuições, **101**
6.2. Constituição do SFN, **104**
6.3. Do CMN – Conselho Monetário Nacional, **104**
    6.3.1. Funções, **104**
    6.3.2. Atividades de sua competência, **105**
6.4. O BACEN – Banco Central do Brasil, **106**
    6.4.1. Aspectos conceituais, **106**
    6.4.2. Competência do banco, **106**
    6.4.3. Administração do BACEN, **108**
6.5. O Banco do Brasil, **109**
    6.5.1. Competência privativa, **109**
    6.5.2. Competência não privativa, **110**
    6.5.3. Administração do Banco do Brasil, **110**
    6.5.4. As receitas, **110**
6.6. Das instituições financeiras, **111**
    6.6.1. Aspectos conceituais, **111**
    6.6.2. Instituições financeiras públicas, **112**
    6.6.3. Instituições financeiras privadas, **112**

7. **DA EMPRESA,** 115
7.1. Conceito de empresa, **117**
7.2. Os três tipos de empresa do Código Civil, **120**
    7.2.1. Empresário (Arts. 966 a 971), **120**
    7.2.2. Sociedade empresária (Arts. 1.039 a 1.096), **120**
    7.2.3. Sociedade simples (Arts. 997 a 1.038), **121**
7.3. O advento da fase empresarial, **122**
7.4. A atividade econômica, **123**
7.5. O intento lucrativo, **123**
7.6. A especialidade da empresa, **126**
7.7. O exercício continuado da atividade empresarial, **128**
7.8. A intermediação, **129**
7.9. Empresa e sociedade, **131**
7.10. Empresa nacional e estrangeira, **132**

8. **O ABUSO PELA EMPRESA DE SEU PODER ECONÔMICO,** 135
8.1. Aspectos conceituais, **137**
8.2. Os cartéis, **138**
8.3. O monopólio, **140**
8.4. O truste, **142**
8.5. Órgãos de controle do abuso do poder econômico, **143**
    8.5.1. CADE – Conselho Administrativo de Defesa Econômica, **143**
    8.5.2. SNDE – Secretaria Nacional de Direito Econômico, **146**
8.6. A Lei Antitruste, **147**
8.7. A *Disregard Theory*, **150**
8.8. As infrações da Lei, **150**
8.9. As sanções, **154**
8.10. A reformulação de 2011, **157**

9. **O REGULAMENTO *ANTIDUMPING*,** 159
9.1. Conceito de *dumping*, **161**
9.2. Previsão legal, **164**
9.3. O processo *antidumping*, **165**

10. **A BOLSA DE VALORES MOBILIÁRIOS,** 169
10.1. Sentido das bolsas, **171**
10.2. Bolsa de Valores Mobiliários, **173**
10.3. Objeto social da bolsa, **174**
10.4. A sociedade-membro, **175**
10.5. As funções da corretora, **176**
10.6. Responsabilidades e restrições, **177**
10.7. A BM&F – BOVESPA, **178**
10.8. A Câmara de Arbitragem do Mercado – CAM, **178**
10.9. Órgãos de direção e administração, **179**
    10.9.1. Assembleia Geral, **179**
    10.9.2. Conselho de Administração, **180**
    10.9.3. O Diretor-Geral, **181**

11. **DA FRANQUIA POSTAL**, 183
11.1. Aspectos conceituais, 185
11.2. Os serviços postais franqueados, 186
11.3. A legislação pertinente, 189
11.4. Origem e evolução, 190
11.5. As partes do contrato, 191
    11.5.1. Franqueador, 191
    11.5.2. Franqueado, 192
11.6. O contrato de franquia postal, 192
11.7. A ausência da COF – Circular de Oferta de Franquia, 194

12. **INTERVENÇÃO DO ESTADO NA ORDEM ECONÔMICA**, 195
12.1. Formas de intervenção, 197
12.2. Ação direta, 198
12.3. A participação competitiva, 200
    12.3.1. A transferência de atribuições, 200
    12.3.2. A concessão, 201
    12.3.3. A permissão, 202
    12.3.4. A autorização, 203
12.4. O exercício do monopólio, 203
12.5. Ação indireta, 205

13. **DA PARCERIA PÚBLICO-PRIVADA**, 207
13.1. Razões do instituto, 209
13.2. As origens brasileiras, 210
13.3. Aspectos conceituais, 212
13.4. Diretrizes e justificativas do sistema, 213
13.5. Dos contratos de parceria público-privada, 214
13.6. Tipos de parceria público-privada, 215

14. **DA LICITAÇÃO,** 217
14.1. Aspectos conceituais, **219**
14.2. Objeto da licitação pública, **220**
14.3. Objetivo da licitação pública, **221**
14.4. Princípios norteadores da licitação, **220**
    14.4.1. Princípio da legalidade, **222**
    14.4.2. Princípio da impessoalidade, **222**
    14.4.3. Princípio da moralidade, **222**
    14.4.4. Princípio da publicidade, **222**
    14.4.5. Princípio da vinculação ao edital, **223**
    14.4.6. Princípio da objetividade, **224**
    14.4.7. Princípio da eficiência, **224**
    14.4.8. Princípio da isonomia, **225**
14.5. Vocabulário licitatório, **226**
14.6. Comissão de Licitação, **229**
14.7. Modalidades de licitação, **230**

15. **DAS EMPRESAS ESTATAIS,** 233
15.1. Conceito e características, **235**
15.2. Imunização à falência, **236**
15.3. Empresa pública, **238**
15.4. Sociedade de economia mista, **240**

16. **A ORDEM ECONÔMICA INTERNACIONAL,** 243
16.1. Ordem econômica nacional e internacional, **245**
16.2. O alargamento com as resoluções da ONU, **246**
16.3. O Consenso de Washington, **248**
    16.3.1. No que consiste, **248**
    16.3.2. Os dez princípios, **249**

17. **DA POLÍTICA AGRÍCOLA E FUNDIÁRIA E DA REFORMA AGRÁRIA,** 251
17.1. A legislação pertinente, **253**
17.2. A reforma agrária, **254**
17.3. A política fundiária do Brasil, **256**
17.4. Da política agrícola do Brasil, **258**
17.5. Da usucapião rural, **259**
17.6. Vocabulário concernente, **260**

18. **FMI E BANCO MUNDIAL,** 263
18.1. O Tratado de Bretton Woods, **265**
18.2. O FMI – Fundo Monetário Internacional, **266**
18.3. Organização do FMI, **268**
18.4. Natureza jurídica, **269**
18.5. Foro competente, **270**
18.6. Direitos Especiais de Saque – DES, **270**
18.7. O Banco Mundial, **271**
18.8. O BIRD – Banco Internacional de Reconstrução e Desenvolvimento, **273**
18.9. A AID – Agência Internacional de Desenvolvimento, **273**
18.10. A CFI – Corporação Financeira Internacional, **274**

19. **OMC – ORGANIZAÇÃO MUNDIAL DO COMÉRCIO,** 277
19.1. Conceito, **279**
19.2. Tarifas, **280**
19.3. Objetivos, **281**
19.4. Proteção nacional, **283**
19.5. Interdição do *dumping*, **283**
19.6. Fórum de consultas, **284**
19.7. Liberalização das importações, **284**
19.8. Organização, **285**
18.9. O Brasil na OMC, **286**
19.10. Histórico, **288**

20. **A MICROEMPRESA E A EMPRESA DE PEQUENO PORTE,** 291
20.1. O surgimento das pequenas empresas, **293**
20.2. A tutela constitucional, **294**
20.3. Caracterização da ME e da EPP, **296**
20.4. Vantagens no campo administrativo, **300**
20.5. Vantagens no campo tributário, **300**
20.6. Vantagens no campo trabalhista, **301**
20.7. Apoio creditício, **302**
20.8. Solução pacífica de controvérsias, **302**

21. **DA POLÍTICA URBANA,** 305
21.1. O surgimento da política urbana, **307**
21.2. Os objetivos da política urbana, **308**
21.3. Diretrizes da política urbana, **309**
21.4. A usucapião especial, **310**
    21.4.1. A usucapião especial urbana, **311**
    21.4.2. A usucapião especial urbana individual, **312**
    21.4.3. A usucapião especial urbana coletiva, **312**
    21.4.4. A usucapião especial rural, **313**
21.5. Partes legítimas, **313**
21.6. Traços comuns às usucapiões, **314**
21.7. O direito de superfície, **314**

22. **CONTROLE ESTATAL DO CAPITAL ESTRANGEIRO,** 321
22.1. Regulamentação e controle, **323**
22.2. Conceito de capital estrangeiro, **324**
22.3. Princípio da isonomia, **324**
22.4. Registros, **326**
22.5. Remessa de lucros, **326**
22.6. Propriedades no exterior, **328**
22.7. Disposições cambiais, **329**
22.8. Reciprocidade, **330**
22.9. Empresas multinacionais, **330**

23. **A DEFESA DO CONSUMIDOR,** 335
23.1. O Código de Defesa do Consumidor, 337
23.2. O consumidor e seus direitos, 339
23.3. A empresa-fornecedora e suas obrigações, 340
23.4. Da publicidade empresarial, 345
23.5. Das práticas abusivas, 346
23.6. Da regulamentação dos contratos, 348
23.7. Dos contratos de adesão, 351
23.8. Da desconsideração da personalidade jurídica, 352
23.9. Dos crimes contra as relações de consumo, 354

24. **INTERVENÇÃO DO ESTADO NO ABASTECIMENTO DE GÊNEROS,** 357
24.1. As razões da intervenção, 359
24.2. Os produtos confiscados, 360
24.3. A distribuição dos gêneros, 360
24.4. O preço dos gêneros, 361
24.5. Os crimes contra o abastecimento, 362

25. **A SOLUÇÃO ADEQUADA DE CONTROVÉRSIAS: ARBITRAGEM,** 367
25.1. Necessidade de fórmulas alternativas de solução de problemas, 369
25.2. Características e vantagens da arbitragem, 371
25.3. Tipos de arbitragem, 375
25.4. Como se institui o juízo arbitral, 377
25.5. O passivo judicial das empresas, 379
25.6. A remuneração da arbitragem, 380
25.7. As raízes brasileiras da arbitragem, 382

1. O DIREITO ECONÔMICO NOS SEUS ASPECTOS CONCEITUAIS

1.1. Conceito e classificação
1.2. Autonomia do Direito Econômico
1.3. Distanciamento do Direito Empresarial
1.4. Distanciamento do Direito Penal
1.5. As áreas do Direito Econômico
1.6. Objetivos do Direito Econômico
1.7. Princípios básicos do Direito Econômico

1.1. Conceito e classificação

Foi pelos idos de 1930 que surgiram os primeiros rudimentos de Direito Econômico no Brasil, mas seu cultivo e importância têm evoluído consideravelmente. A primeira dificuldade é a de estabelecer conceito bem especificado, em vista de inúmeras interpretações de juristas e economistas, e de não haver uniformidade internacional de seu conceito. O direito italiano e o francês consideram-no um sub-ramo do Direito Empresarial, envolvendo os mecanismos governamentais para controlar e desenvolver as atividades empresariais. Essa consideração apresenta obstáculos para sua autonomia. Os programas de estudo do Direito Empresarial na Itália e na França incluem o Direito Econômico como um de seus temas.

Antes de uma análise crítica das teorias ítalo-francesas a respeito desse ramo do direito, vamos adotar um conceito prévio e nacional do Direito Econômico, aceito pela maioria dos juristas brasileiros. Diremos então que o Direito Econômico é o ramo do direito público que cuida das normas observadas pela autoridade estatal para o controle, segurança e desenvolvimento dos mercados consumidores. Causa estranheza a posição do Direito Econômico como um ramo do direito público, enquanto o Direito Empresarial é de natureza privada, e o direito europeu considera um como parte de outro.

Esse simples fato nos leva à conclusão da existência de dois ramos autônomos do direito, um de direito público e outro de direito privado. Há, entretanto, íntima correlação entre um e outro, o que vem causar a confusão entre os dois, em vista de perseguirem objetivos correlatos, visando ambos à melhor satisfação do mercado consumidor de mercadorias e serviços. Devemos explicar melhor essa correlação. Ambos visam a um ponto comum: a empresa. O Direito Empresarial é o direito das empresas; é empresa quem exerce profissionalmente atividade econômica organizada para a produção de mercadorias e serviços, com vistas à satisfação do mercado consumidor. A empresa produz e vende mercadorias e presta serviços à coletividade, que é o seu mercado consumidor. Conta ela com seu direito especializado, que é o Direito Empresarial; este regula suas atividades.

Há, porém, outro direito com o mesmo alvo, mas colocado acima do Direito Empresarial, que é o Direito Econômico; este é o direito que dá ao Governo as armas necessárias ao controle e disciplina das atividades empresariais, evitando que essas atividades sejam deformadas e disturbadas. Esse conceito de Direito Econômico pode dar a falsa impressão de que ele exerce uma função policialesca, fiscalizadora e repressora da atividade empresarial, quando é, na realidade, o contrário. O Direito Econômico dá ao Governo os mecanismos necessários à proteção e segurança da atividade empresarial, para que ela consiga atingir seu objetivo, que é a satisfação do mercado consumidor. Procura evitar que empresas sejam coagidas ou prejudicadas no seu trabalho, garantindo a elas direitos fundamentais.

O Direito Econômico procura normatizar os princípios e regras que disciplinam a interferência do Governo nas atividades econômicas, assim consideradas as relacionadas à produção e distribuição de bens. Essa intervenção estatal, porém, deve ser disciplinada pelo Direito Econômico, para que o Governo conduza a economia para atingir a fins louváveis sob o ponto de vista humano e social. Sem os princípios e normas do Direito Econômico o Estado não teria o poder de atingir seu objetivo, e, por outro lado, poderia exorbitar-se e desviar-se de sua missão.

Por isso, a disciplina imposta pelo Direito Econômico visa a limitar e controlar sua ação e sua autoridade, a fim de evitar o arbítrio. A maneira de impor a disciplina ao Estado é normatizar seu comportamento pelas regras do Direito Econômico.

1.2. Autonomia do Direito Econômico

Perante o direito brasileiro não padece dúvida de que se trata de um ramo autêntico do direito. Essa autonomia é reconhecida pela própria Constituição Federal de 1988, como podemos ver em seu artigo 24:

> *Compete à União, aos Estados e ao Distrito Federal legislar concorrentemente sobre:*
> *I. Direito tributário, financeiro, penitenciário, econômico e urbanístico.*

Se nossa Constituição elenca o Direito Econômico entre os legislados é porque o considera um ramo especial. Por isso, não podemos confundi-lo com outros ramos do direito, mormente com o Direito Empresarial, apesar de reconhecermos a aproximação de um com o outro. Assim sendo, o Direito Econômico tem sujeito próprio, bem como objeto, métodos, agentes e normas, todos particulares a ele. O agente no Direito Econômico é principalmente o Governo; no Direito Empresarial é a empresa; a natureza do Direito Econômico é de direito público; do Direito Empresarial é de direito privado.

A autonomia legislativa confirma-se com a autonomia didática; nas faculdades de direito do Brasil o Direito Econômico é disciplina autônoma, estudada fora do estudo do Direito Empresarial e de outros, cada um com seu programa traçado. A diferença primordial está, contudo, no aspecto doutrinário: o Direito Econômico é um ramo do direito público; regula a atividade do Estado, no estabelecimento de sua política econômica, ou da ordem econômica, abrangendo os artigos 170 a 181. Enquanto isso,

O Direito Empresarial examina o relacionamento entre pessoas privadas, sendo a principal dessas pessoas a empresa, que sempre é uma pessoa privada, ainda que seja uma empresa pública ou sociedade de economia mista.

Afirmam alguns juristas, em minoria, ser o Direito Econômico um ramo isolado do direito, próprio e autêntico, não se enquadrando nem no direito público nem no privado. Não vemos utilidade e conveniência nessa teoria fragmentária, pois cada cultor de um ramo do direito lutaria pela autonomia do seu ramo. Anos atrás havia um professor famoso de Direito do Trabalho na faculdade de São Paulo que defendia a total autonomia desse ramo do direito, pela sua importância, a que ele dava o nome de Direito Social. Houve muitas divergências a esta distinção, pois todo direito é social, por se ocupar da regulamentação da sociedade, e, se o Direito do Trabalho fosse autônomo, muitos outros ramos também poderiam ser.

Há realmente necessidade de se fracionar o direito para interpretá-lo de forma analítica para melhor compreensão. Assim fazem todos os países, e a própria Constituição brasileira parece também fazer, pelo que se vê no artigo 24, que considera vários ramos do direito incluindo o Direito Econômico. Muitas outras classificações existem para interpretação minuciosa do direito, embora ele seja um só, um bloco monolítico.

A divisão do direito em vários ramos se justifica quando ele tem conceito próprio, características diferenciadoras de outros conceitos, princípios e regras peculiares, que lhe imprimam uma realidade distinta e um ordenamento jurídico mais restrito. Assim é o Direito Econômico, justificando a sua posição de direito autônomo, mas fazendo parte do direito público. E vemos muitas razões para que seja considerado desta forma. O direito público, como é o caso do Direito Econômico, cuida das relações dos poderes públicos entre si e destes com as pessoas privadas, como, por exemplo, o relacionamento entre a SNDE – Secretaria Nacional de Direito Econômico e o CADE – Conselho Administrativo de Defesa Econômica. É o que veremos com o estudo das várias leis que constituem o Direito Econômico.

O direito privado regulamenta os interesses do ser humano e demais pessoas privadas, ou seja, que não façam parte do Governo. É o caso do Direito Empresarial, que cuida dos interesses das empresas, que são sempre pessoas privadas, ainda que seja empresa pública ou sociedade de economia mista. Essa divisão existe desde a antiga Roma e permanece hoje como a divisão geral e foram os dois ramos definidos pelo direito romano:

> Jus publicum est quod ad statum rei spectat; privatum quod ad singularem utilitatem = *O direito público é o que se refere à coisa pública; o privado é do interesse de particulares.*

1.3. Distanciamento do Direito Empresarial

Para melhor compreensão, vamos examinar este problema sob outro ângulo e com outras palavras, mas sendo dirigidos a idêntica conclusão. Dissemos que o Direito Econômico cuida dos mecanismos reguladores do mercado, e o Direito Empresarial cuida da satisfação do mercado. Ambos têm, portanto, o mercado como seu objetivo. O que vem a ser o mercado que estamos examinando? Consideramos a palavra mercado ligada a outras parecidas, como mercadoria, mercearia, mercantil, mercante, mercancia, mercador; são palavras *cognatas* = nascidas com. Todas provêm da raiz latina *mercis* = mercadoria.

O mercado, aqui considerado, é o conjunto de pessoas com necessidades que necessitam de serem satisfeitas, ou, de forma mais precisa, os compradores de bens diversos. O mercado é constituído de pessoas físicas ou jurídicas. Todas essas pessoas têm necessidades muito variadas, que devem ser satisfeitas. De quanta coisa necessitamos: alimentos, vestuário, utilidades domésticas, veículos, comunicação, lazer, remédios, assistência médica e odontológica e tantas mais; são as necessidades básicas do ser humano. A tarefa de suprir essas necessidades cabe às empresas. Por isso, devemos realizar aprofundado estudo sobre a empresa e seu papel na economia do país.

Segundo o artigo 966 de nosso Código Civil, é empresa quem exerce profissionalmente atividade econômica organizada para a produção e venda de bens ou de serviços. Julgamos imprecisa e redundante a expressão *bens ou serviços*, por considerar *serviços* como *bens*. Bem é tudo aquilo que satisfaça às necessidades humanas, ou seja, *mercadorias e serviços*. Digamos então que *bem* é um gênero, do qual *mercadoria* e *serviço* são espécies. Mercadoria é uma coisa, concreta e definida, com características individualizadoras; tem cor, tamanho, peso, tal como é considerada pelo Direito das Coisas. Para que a coisa seja mercadoria é preciso que ela se destine à satisfação das necessidades humanas; ela é produzida para ser vendida, entregue no mercado, para que fique à disposição dos consumidores. É o que acontece com as roupas, as utilidades domésticas, brinquedos, e tantos outros itens.

Os serviços são outro tipo de bem. Serviço é um trabalho executado por uma pessoa em benefício de outra. As empresas prestadoras de serviços não tinham importância até meio século atrás, mas, desde então, têm-se desenvolvido muito e hoje adquirem grande importância, e muitas se tornando grandes empresas. Antes eram um tipo de artesanato, executado por pessoas físicas, mas hoje é tarefa executada em série, por grandes organizações, adotando evoluída tecnologia e se internacionalizando. Vamos citar alguns exemplos, como o serviço de vigilância e o de limpeza. Há empresas de vigilância que empregam 10 a 20 mil funcionários, usando tecnologia de ponta, equipamentos sofisticados e profissionais super treinados. Elas prestam serviços às empresas, livrando seus clientes desses encargos; as empresas de vigilância são especializadas nesses serviços, o que não acontece com seus clientes, por isso elas são mais produtivas.

Outro tipo de serviço é o de limpeza, exercido por empresas especializadas, com equipamentos especiais e produtos específicos, pessoal muito bem treinado, com tecnologia adequada. Elas prestam serviços a outras empresas, a preços inferiores aos que seriam executados pelos clientes. A prestação de serviços, tanto quanto a produção e distribuição de mercadorias para a satisfação do mercado, constitui a tarefa da empresa. Assim sendo, o mercado, ou seja, a massa dos consumidores, é suprido pelas

empresas, reguladas pelo Direito Empresarial. Contudo, o Direito Econômico dá às empresas, para que elas cumpram seu destino, os mecanismos necessários para que funcionem bem e tenham segurança em suas operações, garantindo o futuro e sucesso delas. Em outras palavras:
- O Direito Empresarial tutela as empresas que suprem o mercado;
- O Direito Econômico tutela o mercado.

1.4. Distanciamento do Direito Penal

Se existe ampla correlação entre o Direito Econômico e o Direito Empresarial, haverá também correlação com o Direito Penal, ante as inúmeras implicações criminais na ordem econômica. É considerado crime e submete o infrator às regras do Direito Processual Penal qualquer infração que prejudique ou disturbe a ordem econômica. As sanções envolvem multas pesadas ou mesmo prisão, bastando citar a Lei 8.317/90, que define e prevê sanções aos crimes contra a ordem tributária, econômica e contra as relações de consumo; a Lei 7.492/66 sobre os crimes contra o sistema financeiro; e a Lei 8.176/91 referente aos crimes contra a ordem econômica.

Essa legislação distancia-se, porém, do Direito Penal pelo enfoque dado a esses crimes, ao tipo de sanção adotado, às formalidades dos processos, para os quais foram criados órgãos especiais, como a SNDE – Secretaria Nacional de Direito Econômico e o CADE – Conselho Administrativo de Defesa Econômica. Estudaremos adiante, com os devidos pormenores, essas leis e esses órgãos. Algumas normas do Direito Econômico não se aplicam ao Direito Penal e vice-versa. Some-se ainda o intenso dinamismo da vida econômica dos países, com evoluções constantes na ordem econômica.

As modificações verificadas com frequência causaram alguma flexibilidade às normas e às práticas do Poder Público na regulamentação do mercado consumidor. Há necessidade de rápidas adaptações aos estados fáticos da economia. Vamos citar um exemplo ocorrido no passado, com influência à produção e à exportação do café; após a crise de 1929 houve farta produção da rubiácea, abarrotando os estoques ante a queda das exportações. Houve a intervenção do Poder Público nessa questão econômica, modificando a legislação e adotando medidas práticas e urgentes para debelar a crise, como a isenção de impostos de exportação do produto, criando planos de vendas e até comprando estoques e queimando-os. Poucos anos após, a produção deixou de suprir as exportações, forçando o Poder Público a adotar medidas de incentivo à produção. Vimos assim que as variações econômicas abalam a estabilidade do Direito Econômico, exigindo dele certa flexibilidade, o que não acontece com o Direito Penal e outros ramos do direito.

1.5. As áreas do Direito Econômico

Teremos melhor noção do Direito Econômico se examinarmos do que ele se ocupa; o que ele faz; o seu campo de ingerência. Podemos citar:
1. Repressão ao abuso do poder econômico, principalmente de empresas, impedindo que as grandes absorvam as médias e estas as pequenas;
2. Evitar a concentração de poder, graças à fusão e incorporação de empresas, formando trustes, cartéis e monopólios;
3. Evitar a concorrência desleal entre empresas eliminando disputas e lutas;
4. Preservar a propriedade intelectual das empresas, como marcas e patentes;
5. Garantir a livre produção e venda de produtos e serviços;
6. Reprimir os crimes contra as relações de consumo, a propriedade intelectual, a ordem econômica e o sistema financeiro;
7. Reprimir o *dumping* e a guerra de preços;
8. Regulamentar a intervenção do Estado na ordem econômica, reprimindo o arbítrio, graças à prática arbitrária do poder estatal e à jurisdicização da política econômica;

9. Assegurar a harmonia e a defesa dos interesses coletivos, que devem se sobrepor aos individuais;
10. Disciplinar o funcionamento das agências reguladoras do mercado;
11. Disciplinar a moeda e o crédito.

1.6. Objetivos do Direito Econômico

Os objetivos do Direito Econômico são os mesmos da ordem econômica: o controle das fontes de produção e distribuição de mercadorias e serviços, com vistas ao bem-estar social. Tem sempre em vista a realização do interesse público. Disciplina as relações público-privadas, ou seja, entre o Poder Público e as pessoas privadas, ou entre os diversos setores do Poder Público, visando à harmonia desses interesses. Esses objetivos estão expressos no artigo 170 da Constituição Federal, conforme ele diz: **a valorização do trabalho humano** e a **livre-iniciativa**. Objetiva a valorização do trabalho humano graças à influência da atividade humana e à combinação dos esforços dos detentores dos fatores de produção, ajustando o interesse de todos para atender às necessidades da população.

O objetivo seguinte é preservar a livre-iniciativa, para que ela realize os ideais da nação brasileira, apontados no artigo 3º da Constituição: construir uma sociedade livre, justa e solidária; garantir o desenvolvimento nacional; erradicar a pobreza e a marginalização; reduzir as desigualdades sociais e regionais; promover o bem-estar de todos, sem preconceitos de origem, raça, sexo, cor, e quaisquer outras formas de discriminação.

1.7. Princípios básicos do Direito Econômico

Muitos são os princípios informadores do Direito Econômico, mas os mais importantes são os apontados na Constituição referentes a ele:

- Valorização do trabalho, com a busca do pleno emprego;
- Defesa do consumidor de bens;
- Redução das desigualdades regionais e sociais;
- Defesa do meio ambiente;
- Existência digna da nação, segundo os ditames da justiça social.

De forma geral o direito se subordina a princípios básicos, verdades supremas e elevadas que informam o direito e o modula de acordo com sua ideologia. A ideologia de um país deverá sempre estar expressa na Constituição. Muitos consideram essa ideologia os provérbios criadores do direito romano, os brocardos jurídicos, cujo conjunto forma a filosofia do direito. Vamos citar alguns desses provérbios:

> Jus publicum privatorum pactis derrogare non potest = *acordo entre partes não pode derrogar um direito público*

Enaltece a primazia dos interesses públicos sobre os privados. Não podem pessoas privadas conciliar seus interesses, celebrar acordos e contratos, se contrariarem os interesses coletivos ou expressos na Constituição e leis superiores.

> Observantia legum summa libertas = *A obediência à lei é a suma liberdade.*

A liberdade ou as liberdades públicas são garantidas pelas leis e quem age de acordo com elas é livre e não será incomodado pelo Poder Público. O direito econômico estabelece leis que garantam a liberdade do mercado e a medida da autoridade do Poder Público na regulação do mercado. O Estado pode interferir no funcionamento do mercado, dentro das leis baixadas por ele próprio. Destarte, o Estado tem o poder de regulação do mercado, servindo-se das leis elaboradas por ele. Se o Estado agir dentro dessas leis terá ele plena liberdade; no momento em que desobedecê-las terá que ser reprimido, pois estará tolhendo a liberdade do mercado. Louve-se ainda o velho ditame: nossa liberdade termina onde começa a liberdade de outrem.

Nullum crimen sine lege, nulla poena sine lege = *Não há crime sem lei anterior que o defina, nem pena sem prévia cominação legal.*

É chamado de princípio da legalidade. Só pode ser crime o que a lei diz que é crime. Só pode ser, reprimido o comportamento que contrariar a lei, de tal forma que a lei alarga a liberdade do mercado ao restringir a liberdade do Estado.

2. CARACTERÍSTICAS DO DIREITO ECONÔMICO

2.1. Esforço para melhor conceituação
2.2. Dinamismo
2.3. Recenticidade
2.4. Maleabilidade
2.5. Heterogeneidade das fontes
2.6. Singularidade
2.7. Ecletismo
2.8. Baixa coercibilidade

2.1. Esforço para melhor conceituação

Estamos procurando, no início deste compêndio, conceituar, caracterizar e compreender o Direito Econômico, como se perguntasse: O que é? Do que se trata? Procuramos dar a ele uma definição, um conceito, a fim de distingui-lo dos demais ramos. Não basta, porém. Para melhor compreendê-lo, ainda teremos que apontar suas funções, suas finalidades ou objetivos, suas características diferenciadoras de outros ramos do direito. Esse esforço de identificação do Direito Econômico implica definir o seu sentido.

Definir significa delimitar, diminuir, circunscrever. Alargando o sentido de definir, podemos ir além, dizendo que definir é fixar, expor com precisão, esclarecer, explicar. Entretanto, a definição delimita, mas não esclarece tanto, não explica. Partiremos, destarte, de uma definição simplista do Direito Econômico, dizendo que é o **ramo do direito público que disciplina a intervenção do Estado na vida econômica do país**. Nas várias etapas do estudo do Direito Econômico, que empreenderemos neste compêndio, chegaremos à conclusão ampla e precisa desse direito, mas, desde já, podemos esclarecer vários aspectos dele.

O extraordinário pensador grego Aristóteles expôs seu conceito de definição e este ainda se mantém atualizado, apesar de tanto séculos decorridos. Dizemos que a divisão consiste em explicar o conceito tomado como modelo: **O Direito Econômico é o ramo do direito público que disciplina a intervenção do Estado na vida econômica do país.**

Gênero próximo é a posição mais ampla e elevada do conceito, apontando um conjunto mais completo de caracteres, no qual estão integrados os caracteres mais genéricos. O gênero próximo do Direito Econômico é: **ramo do direito público.** As diferenças específicas constituem características menores, mais restritas, que identificam e definem as várias espécies do conceito geral, expresso pelo gênero próximo. Neste exemplo dado, as diferenças específicas estão expressas em: **que disciplinam a intervenção do Estado na vida econômica do país.** O Direito Econômico é, portanto, uma espécie do direito público. Direito Econômico, Direito Tributário, Processual, Financeiro, Constitucional são espécies de direito público, da mesma forma que Direito Civil, Empresarial, Trabalhista são espécies do direito privado.

Da mesma forma, podemos dizer que o Direito Civil é o ramo do direito privado que disciplina os direitos e deveres do cidadão; o gênero próximo é: **ramo do direito privado**, e as diferenças específicas são: **que disciplina os direitos e deveres do cidadão.** O Direito Civil é um gênero, tendo o Direito das Coisas, de Família, das Sucessões, das Obrigações, como espécies. As espécies são caracterizadas pelas diferenças específicas. Entendemos então o Direito Econômico como um ramo do direito público por ter caracteres gerais que formam o conceito bem amplo desse ramo do direito, e o Direito Econômico como espécie do direito público por ser dotado de diferenças específicas; estas são as características próprias dele. Indicaremos as diferenças específicas do Direito Econômico, ou seja, suas características diferenciadoras, suas qualidades individualizantes: dinamismo, recenticidade, maleabilidade, singularidade, ecletismo, baixa coercibilidade.

2.2. Dinamismo

O dinamismo do Direito Econômico implica a mutabilidade de suas normas. Essas normas regulam a economia, que é uma ciência extremamente dinâmica, apresentando, a todo momento, novas relações humanas, sociais e econômicas. Os fenômenos econômicos são frequentes e mutáveis: do dinamismo da economia surge o dinamismo do Direito Econômico. Sendo dinâmica a economia, passa por intensa e frequente mutação, à qual o Direito Econômico precisa se adaptar à nova realidade, pois será desastroso aplicar à economia de um país um direito econômico defasado.

Pelo seu dinamismo, o Direito Econômico não pode se apegar a leis muito rígidas e perenes. Difícil, se não impossível, é estabelecer um conceito de direito econômico, se ele for baseado numa lei, estável, pétrea, incapaz de acompanhar *pari passu* a evolução econômica. Não se poderá elaborar um **código de direito econômico**. Ele exigiria constante atualização, transformando-se em breve numa *colcha de retalhos*, numa *salada legislativa*. A legislação componente do Direito Econômico é normalmente farta e de efêmera duração, produzida fora do Poder Legislativo, mas por órgãos especializados, como o BACEN – Banco Central do Brasil, CECEX – Carteira de Comércio Exterior do Banco do Brasil, a SNDE – Secretaria Nacional de Direito Econômico, a CVM – Comissão de Valores Mobiliários. Esses órgãos emitem normas céleres e adaptáveis, podendo ser reformadas, substituídas e revogadas com facilidade.

2.3. Recenticidade

Trata-se de um direito moderno, de formação recente, não chegando a um século sua existência. Seus primeiros rudimentos surgiram no Brasil na década de 1930/1940. Resultou da tendência ao intervencionismo do Governo na economia, surgindo a macroeconomia, que veio exigir essa intervenção. Compare-se, por exemplo, o Direito Civil, que existe desde a antiga Roma, há mais de 2.000 anos, passando por muitas transformações, mas sem perder seu tronco, sua estrutura e mantendo as normas básicas. O curto tempo de existência, porém, não permitiu ao Direito Econômico elaborar sua estrutura.

2.4. Maleabilidade

A legislação do Direito Econômico não é aplicada de forma rígida, mas de maneira flexível. O Poder Público pode usá-lo em certas ocasiões, e evitá-lo em outras, mesmo análogas. As sanções estabelecidas por suas leis são muitas vezes atenuadas de acordo com a conveniência do momento.

2.5. Heterogeneidade das fontes

As fontes do Direito Econômico são, mais ou menos, as mesmas do direito em geral ou dos demais ramos. São, contudo, bem mais vastas e heterogêneas, como, por exemplo, podemos citar a complexidade das normas jurídicas. Além das leis, há um vasto cipoal de normas reguladoras da economia do país, como, por exemplo, do Banco Central; esse órgão regulamentador da moeda, do crédito e do sistema financeiro tem um vastíssimo manual de normas e instruções, que se renovam constantemente. Os fatos geradores dessas normas são de proveniências diversas, quer nacionais, quer internacionais, determinados por fatores não só econômicos, mas também políticos, administrativos e outros. Suas normas são também heterogêneas: leis, circulares, portarias, resoluções, instruções normativas.

2.6. Singularidade

É singular por não ser universal como quase todos os ramos do direito. É um ramo próprio do direito de cada país, sem observar a mesma estrutura do Direito Econômico do universo dos países, sendo também distinto do antigo direito romano. Essa singularidade decorre do fato de ser fruto da ideologia dominante num determinado país e em certo momento histórico. A ideologia predominante no Brasil está expressa em vários capítulos de nossa Constituição Federal, como, aliás, acontece no mundo inteiro; por isso se diz ser ideologia constitucionalmente adotada.

Nossa constituição consagra a ideologia neoliberal, ou seja, o liberalismo tradicional, mitigado por algumas tendências socialistas do século XXI e que já se faziam sentir no final do século XX. Tem como objetivo o bem-estar e a justiça sociais e se assenta na valorização do trabalho humano e na livre-iniciativa. Realça a propriedade privada e a função social da propriedade, e como manifestação do liberalismo a livre-iniciativa. Esses fundamentos ideológicos estão expressos principalmente no artigo 170, e, como diz seu parágrafo único: É assegurado a todos o livre exercício de qualquer atividade econômica, independentemente de autorização de órgãos públicos, salvo nos casos previstos em lei.

A singularidade do Direito Econômico brasileiro, baseado nessa ideologia, não poderia ser a mesma singularidade do direito dos países muçulmanos ou dos países socialistas, em que a livre-iniciativa fica restringida. Os países de sistema consuetudinário terão também de adotar outra ideologia, diferente da que vigora em nossa constituição, por termos um direito legislado e calcado na Constituição Federal, com muitas disposições de natureza econômica.

2.7. Ecletismo

Já afirmamos ser o Direito Econômico brasileiro um ramo do direito público. Temos que reconhecer também que, malgrado seja um ramo autônomo do direito, mescla muitos outros ramos, não só de direito público, mas também de privado. Íntima é a sua correlação com o Direito Empresarial e adota muitas normas empresariais, que são de direito privado, como, por exemplo, as sociedades públicas e as sociedades de economia mista, empresas estatais, mas submetidas às normas de direito privado.

É também íntima sua correlação com o Direito Tributário e com o Direito Financeiro, o primeiro referente à receita pública e o segundo à despesa pública. Ocorre nesses ramos do direito público o fenômeno denominado de parafiscalidade, em que as normas deles são às vezes usadas pelo Direito Econômico. Frequentemente o Governo se utiliza do Direito Tributário e do Direito Financeiro para interferir na ordem econômica.

2.8. Baixa coercibilidade

A coerção, vale dizer, o poder de reprimir do Estado, encontra-se muito mitigada no Direito Econômico. As medidas punitivas do Estado são muitas vezes dispensadas ou até usadas como incentivadoras da iniciativa privada. Adota-se, muitas vezes, a negociação, a mediação e a arbitragem na solução de problemas, com possíveis concessões do Poder Público.

3. FONTES DO DIREITO ECONÔMICO

3.1. O sentido de fontes do direito
3.2. Tratados internacionais
3.3. Costume
3.4. Princípios gerais do direito
3.5. A doutrina
3.6. A jurisprudência
3.7. A lei

3.1. O sentido de fontes do direito

A palavra fonte designa o lugar de onde flui a nascente da água; por extensão, designa de onde provém alguma coisa, como, por exemplo, a fonte de notícias, a fonte de um incêndio. É o lugar onde nasce, de onde brota. É sinônimo de nascente, manancial. Na ciência jurídica, a fonte de direito possui um significado especial e importante, ao designar a procedência do direito, assumindo diversos ângulos, dos quais dois são os principais: as fontes de cognição do direito e as fontes de produção do direito.

As fontes de cognição do direito representam o conjunto de documentos ou fatores diversos sobre os quais os juristas vão-se basear para elaborar sua doutrina ou as hipóteses. Essas hipóteses serão expostas, às vezes, à Justiça, para comparar a solução proposta a um litígio. Podem ser chamadas de fontes para interpretação do direito, pois é por essas fontes que um jurista fará seu estudo para interpretação do direito e das soluções que apontará para uma contenda judicial.

Outros juristas admitem outras duas acepções das fontes do direito: formais e materiais. As fontes formais revelam o direito; faz com que ele seja conhecido. Correspondem mais ou menos às fontes de cognição. As fontes materiais fazem surgir o direito; são as criadoras do direito, como, por exemplo, as transformações sociais. Correspondem às fontes de produção do direito.

A Lei de Introdução ao Código Civil aponta, no art. 4°, as outras fontes para interpretação do direito nacional, às quais um juiz pode se apegar para as decisões judiciais. São elas: a **lei**, os **costumes**, a **analogia** e os **princípios gerais do direito**. Embora não tenham sido incluídas nesse elenco, apontam os juristas mais duas fontes: a **doutrina** e a **jurisprudência**.

As fontes de produção do direito são as realidades e os fatores que levam à criação das leis e do direito. A principal fonte de produção é o costume. Normalmente, as leis regulamentam práticas consuetudinárias que pelos tempos começaram a exigir uma regulamentação legal. Assim ocorreu no Brasil com as leis que regulamentaram o arrendamento mercantil e a alienação fiduciária. O costume exigiu depois a regulamentação do *franchising* (franquia), que ocorreu no final de 1994, está exigindo a do estacionamento de veículos, de transferência de tecnologia e outros vários de caráter internacional, costumeiramente utilizados no Brasil (crédito documentário, *know-how, turn key* ou *clé en main, factoring*).

As fontes predominantes do Direito Econômico são mais ou menos as mesmas dos demais ramos do direito, mas há variações e não se aplicam com a mesma intensidade em ambos os ramos do direito: nacional e internacional. A Lei de Introdução ao Código Civil indica, no artigo 4°, as fontes do direito interno, mas, para o Direito Internacional, as fontes são indicadas no artigo 38 do Estatuto da Corte Internacional de Justiça. Contudo, esse dispositivo não estabelece um *númerus clausus*, mas outras fontes podem ser incluídas no elenco. É de bom alvitre transcrever o artigo 38 da CIJ:

> *1. A Corte, cuja função é decidir de acordo com o Direito Internacional as controvérsias que lhe forem submetidas, aplicará:*
>
> *a) as convenções internacionais, quer gerais, quer especiais, que estabeleçam regras expressamente reconhecidas pelos estados litigantes;*
>
> *b) o costume internacional, como prova de uma prática geral aceita como sendo de direito;*

c) os princípios gerais do direito reconhecidos pelas nações civilizadas;

d) sob ressalva da disposição do artigo 59, as decisões judiciais e a doutrina dos publicistas mais qualificados das diferentes nações, como meio auxiliar para a determinação das regras do direito.

2. A presente disposição não prejudicará a faculdade da Corte de decidir uma questão "ex aequo et bono", se as partes assim concordarem.

Vemos, assim, que o artigo 38 da CIJ estabelece como fontes de direito as convenções internacionais, o costume e os princípios gerais do direito em primeiro escalão, e a jurisprudência e a doutrina em escala inferior. Podemos, por nossa conta, incluir a arbitragem e o direito comparado. Justifica-se a ausência dessas duas fontes no artigo 38 em vista de não haver naquela época o direito comparado, que só se realçou com o direito da União Europeia; e a arbitragem porque não tinha ainda elaborado sugestiva jurisprudência de suas decisões. Por outro lado, podemos excluir a lei como fonte de direito internacional, mesmo porque a lei não foi incluída como uma das fontes no artigo 38.

Estamos vendo, neste compêndio, que há duas versões do Direito Econômico: o Direito Econômico Nacional e o Direito Econômico Internacional. Cada um deles tem suas fontes, que, aliás, são quase as mesmas, com algumas diferentes e outras com intensidade maior ou menor. Diremos, como exemplo, que a fonte primordial do Direito Econômico Nacional são as leis, a partir da Constituição, enquanto a do Direito Econômico Internacional são os tratados.

A razão de a lei não ter sido incluída, quando constitui a fonte primordial no direito interno, é a de que não existe um legislador internacional, ou seja, um Poder Executivo ou um Poder Legislativo internacional, capazes de fazerem leis de aplicação em diversos países. As convenções internacionais não constituem leis propriamente ditas; não são emanadas de um poder legislativo ou executivo e não são impostas coativamente aos cidadãos ou aos países, tanto que qualquer país pode retirar-se das convenções internacionais.

É conveniente falar um pouco dessas fontes.

3.2. Tratados internacionais

Os tratados (também chamados convenções) constituem a fonte primordial do Direito Econômico Internacional. Surgem de reuniões de determinados países para estabelecer normas a serem seguidas pelos países participantes sobre qualquer questão que vier a criar conflitos na área internacional. Normalmente, as convenções reúnem grande número de países, mas é possível que seja estabelecida entre só dois países, sendo, por isso, chamado de tratado bilateral.

São inúmeras as convenções de que o Brasil participa e os assuntos são variados: transporte aéreo, transporte marítimo, exploração e zelo pelo mar, exploração do espaço aéreo, segurança, proteção ambiental, combate ao terrorismo, ao tráfico de drogas ou de escravas brancas. A mais famosa é a Convenção de Genebra, que regulamentou no mundo inteiro a Letra de Câmbio e a Nota Promissória. Algumas das convenções a que o Brasil aderiu são publicadas numa obra do professor Vicente Marotta Rangel, denominada *Direito e Relações Internacionais*.

Importantíssima é a influência dos tratados internacionais no Direito Econômico brasileiro, por serem inúmeros aqueles de que o Brasil participa, como o Tratado de Marraqueche, de 1994, criando a OMC – Organização Mundial do Comércio, criando sérias responsabilidades principalmente quanto ao Direito da Propriedade Industrial. Esse tratado foi transformado em lei nacional pelo Decreto 93.941/87 e Decreto 93.962/87.

3.3. Costume

A segunda fonte, apontada no item "b" do artigo 38 do Estatuto da CIJ, é o costume, que, aliás, é também a segunda fonte apontada no artigo 4º da Lei de Introdução ao Código Civil para o direito interno. O artigo 38 conceitua o costume como "**uma prática geral aceita como sendo do direito**". Ao falar do costume, vamos considerá-lo como a prática reiterada de um determinado comportamento, aceito pela sociedade em que ele é praticado. Estamos aqui falando tanto do costume interno como externo, pois ambos são da mesma natureza jurídica, mas variam pela abrangência espacial, ou seja, o costume internacional tem um âmbito de aplicação mais amplo, pois atinge o território de dois ou mais Estados independentes. Observa-se, portanto, numa comunidade internacional, pelo menos, num conjunto de Estados.

O costume é encarado por dois elementos que o constituem: o objetivo e o subjetivo. O elemento objetivo é o comportamento de uma pessoa de forma reiterada e aparente, constante, dando a impressão de uma diretriz traçada. Quando essa prática se verifica, faz uma comunidade esperar por um comportamento coletivo.

O elemento subjetivo é esse estado de espírito de uma comunidade, reconhecendo e aceitando aquela prática constante de atos. Afirmam diversos jurisconsultos que o costume é a primeira fonte de direito; este não surge *a priori*. De fato, uma sociedade adota determinados tipos de comportamento, até que sente a necessidade de normatizar aqueles costumes, transformando-os em leis. Até que essas leis sejam promulgadas, o costume constitui o próprio direito, que é chamado de Direito Consuetudinário ou Direito Costumeiro.

O Direito Consuetudinário é muito importante nos países que não adotam o direito originário da antiga Roma. É o que acontece nos países de sistema jurídico anglo-saxão, como a Inglaterra, EUA, Canadá e outros. Os EUA, por exemplo, têm um direito legislado muito restrito; há pouco número de leis. Vigora mais o direito baseado nos costumes, que é chamado de *common law*.

Há, porém, certos costumes que não são suficientes para constituir um direito eficaz, ante a complexidade de certos problemas que ele vai regulamentar. Quando assim acontece, o Direito Consuetudinário torna-se direito legislado, ocorrendo, portanto, uma transformação. Justifica-se o brocardo jurídico: *Consuetudo parem vim habet cum lege* (o costume parece ter força igual à da lei).

Vários requisitos são exigidos para que o costume tenha força de lei: precisa ser constante, uniforme, contínuo, quer no tempo, que no espaço. A CIJ já decidiu que não constitui costume a prática de atos, mesmo que sejam repetidos, se forem eles praticados de forma irregular e esporádica. Subjetivamente, o costume precisa ser aceito e respeitado pelo grupo social (*tacitus consensus popoli* = consenso tácito do povo). Não chega a constituir costume a prática reiterada de certos atos com algumas características de costumeiros, mas que a maioria da população critica e repele.

Igualmente, o costume deve ser uma prática não vedada pela lei. Assim, não é possível que a prática de jogo do bicho possa ser fonte de direitos e obrigações só porque todo mundo joga regularmente, nem o tráfico internacional de drogas, por ser comum, pode ser considerado costume gerador de direitos.

3.4. Princípios gerais do direito

Não se chega a um denominador comum na consideração do que seja a expressão: "Princípios Gerais do Direito". Afirmam uns que seja o primitivo direito romano expresso nas máximas dos grandes jurisconsultos da antiga Roma; outros que seja a filosofia do direito; outros o Direito Natural; outros que seja as causas do direito. O artigo 4º da Lei de Introdução ao Código Civil adota-os, mas não estabelece parâmetros para ele, deixando a cargo da doutrina cogitar do verdadeiro sentido dos princípios. Diz o artigo 4º da Lei de Introdução ao Código Civil:

> *Quando a lei for omissa, o juiz decidirá o caso de acordo com a analogia, os costumes e os princípios gerais do direito.*

Assim também faz o artigo 38 da Corte Internacional de Justiça, ao apontar os princípios gerais do direito como uma das fontes primordiais do Direito Internacional.

Destarte, estando a cargo de quem estuda criteriosamente o direito examinar o conceito dos princípios gerais do direito, preferimos optar pela primeira das considerações acima expostas.

Consideraremos como princípios gerais do direito os fundamentos mais elevados do direito, estabelecidos na antiga Roma e expressos nos brocardos, máximas, aforismos que nos legou o direito romano. Alguns estão no Digesto, como normas estabelecidas; outros foram base de raciocínio elaboradas por jurisconsultos famosos, como Ulpiano, Modestino, Papiniano, Gaio, Paulo e outros. Para fazermos melhor ideia, procuraremos aqui expor alguns deles, com breve interpretação.

EX AEQUO ET BONO (de acordo com o equitativo e o que é bom para todos)
O julgamento leva em consideração aquilo que estiver de acordo com a equidade natural e o justo. A equidade natural é uma regra do bom senso e de uma justiça suprema, dando razão a quem a tem, mas reservando algum direito a quem perde a questão. Procura não aplicar a regra do "tudo ou nada", mas temperar a justiça, de tal forma que possa agradar a todos. A Lei de Introdução ao Código Civil, no artigo 5º, adota esse princípio, embora com outras palavras:

> Na aplicação da lei, o juiz atenderá aos fins sociais a que ela se dirige e às exigências do bem comum.

ACCESSORIUM SEQUITUR PRINCIPALE, ou ACCESSORIUM SEQUUNTUR SUUM PRINCIPALE (O acessório segue o principal)
É muito utilizado no Direito Contratual e no Direito das Coisas, como em outros ramos do direito. Está expresso também no direito interno, segundo o artigo 287 de nosso Código Civil:

> Salvo disposição em contrário, na cessão de um crédito abrangem-se todos os seus acessórios.

Esse princípio fundamenta ainda os artigos 233, 1.232 e 1.392 do Código Civil.

ALLEGARE NIHIL ET ALLEGARE NON PROBARE PARIA SUNT (Falar e não provar é o mesmo que não falar)

ACTORE NON PROBANTE, REUS ABSOLVITUR (O autor não provou, o réu está absolvido)

Esses dois princípios, com o mesmo sentido, são muito invocados principalmente no Direito Processual. O juiz julga a questão de acordo com as provas que constam dos autos. O que falam as partes deve ser corroborado pelas provas. No Direito Internacional, como nos demais ramos do direito, esses princípios também vigoram.

ALLEGATIO PARTIS NON FACIT JUS (Alegação das partes não faz o direito)

É paralelo aos anteriores. As partes de uma questão processual defendem o que julgam ser seu direito, mas só terá poder de lei a decisão judicial.

CEDANT ARMAE TOGUE (Cedam as aramas à toga)

No estado de direito a força não deve prevalecer sobre a lei; na solução dos conflitos humanos as armas e a força devem ser substituídas pelo direito. É também um brado contra as pressões que forças possam fazer sobre a Justiça.

ALIUD EST DARE, ALIUD PROMITTERE (Uma coisa é dar, outra prometer)

FRA IL DIRE ED IL FARE C'È DI MEZZO IL MARE (Entre o dizer e o fazer há o mar)

Dar gera transferência de propriedade, prometer gera obrigação.

BENEFICIUM JURIS NEMINI EST DENEGANDI (Não se pode denegar a ninguém o benefício da lei)

Todos têm o direito de invocar a lei em seu favor. É proverbial esta máxima do praxista português Lobão: "Perante a Justiça pede quem quer, prova quem pode, arrazoa quem sabe". Sente-se esse princípio no inciso XXXVI, do artigo 5º de nossa Constituição: "a lei não excluirá da apreciação do Poder Judiciário lesão ou ameaça a direito".

CONFESSIO EST PROBATIO OMNIBUS MELHOR (A confissão é a melhor de todas as provas.

CONFESSIO PRO JUDICATO HABETUR (A confissão tida como coisa julgada)
Realça o valor da confissão como prova, razão por que ela é chamada "rainha das provas".

CAUSA PRAECEDERE EFFECTUM DEBET (A causa deve preceder ao efeito)

CAUSA COGNOSCITUR AD EFFECTUM (conhece-se a causa pelo efeito)
As consequências de um ato jurídico adicionam um juízo de valor a esse ato. No Direito Penal, por exemplo, se não for conhecido o autor de um crime, deve-se inquirir a quem beneficiaram os efeitos desse crime.

DA MIHI FACTUM, DABO TIBI JUS (Dá-me o fato, dar-te-ei o direito)
O direito surge dos fatos e aplica-se aos fatos. De acordo com os fatos jurídicos, escolhe-se o direito a eles aplicado.

DE MINIMIS NON CURAT PRAETOR (O pretor não cuida de coisa irrelevante)
Os objetivos mais elevados do direito não devem ser absorvidos pelos pormenores. Num processo, será desvio da questão (*ignoratio elenchi*) discutir um pormenor que não tenha relevância com seu objetivo.

DORMENTIBUS NON SUCCURRIT JUS (O direito não socorre aos que dormem)

É o fundamento da prescrição. O direito é um instrumento de ação e deve ser defendido com ela, quem não o exerce e não luta por ele, perde sua capacidade defensiva.

DURA LEX SED LEX (A lei é dura, mas é a lei)

Radicaliza a aplicação da lei, baseando-se nos seus rigores. Não leva em consideração a equidade ou benefícios sociais que a lei deva atingir. Fundamentado nesse princípio, Draco elaborou um código na antiga Grécia, caracterizado pelo excessivo rigor nas penas. Choca-se esse princípio com o artigo 5º da LICC, há pouco falado.

ES MODUS IN REBUS (Haja moderação nas coisas)

De certa maneira, contrapõe-se ao anterior. Preconiza a moderação e a equidade, esta última também conhecida como princípio *ex aequo et bono*. Procura refrear os extremismos.

JURIS PRAECEPTA SUNT HAE: HONESTE VEVERE, NEMINEN LAEDERE, SUUM CUIQUE TRIBUERE (Os preceitos jurídicos são estes: viver honestamente, a ninguém prejudicar, atribuir a cada um o que lhe é devido)

Interpretado por muitos juristas como o mais importante dos princípios gerais do direito, foi formulado por Ulpiano e consta das "Institutas". Consideram alguns como o verdadeiro conceito do direito. Viver honestamente é a observância das leis e dos costumes. A ninguém prejudicar é fazer uso da liberdade, de nossos semelhantes. Atribuir a cada um o que lhe é devido representa o cumprimento das obrigações para com aqueles que sejam credores dessas obrigações.

NEMO AUDITUR PROPRIAM TURPITUDINEM ALLEGANS (Ninguém pode alegar a própria torpeza em sua defesa)

Ninguém pode invocar perante a justiça um ato imoral que tiver praticado para fazer dele um princípio de ação; fazer de uma indignidade uma justificativa para reclamar direitos.

NEMO INAUDITUS DAMNARI POTEST (Ninguém deve ser condenado sem saber)

É princípio de defesa processual, pelo qual uma pessoa não pode ser julgada sem ser comunicada do julgamento e sem que lhe seja oferecida oportunidade de defesa.

NEMO ESSE JUDEX IN CAUSA PRÓPRIA POTEST (Ninguém deve ser juiz em causa própria)

O juiz, ou seja, quem vai julgar, deve ficar entre as partes e acima delas, não podendo ter qualquer interesse no julgamento. Se o julgamento de uma questão trouxer vantagem ou prejuízo ao juiz, estará ele julgando em causa própria. Caso uma das partes sinta essa situação, poderá opor exceção contra o exercício das funções jurisdicionais, então poderá anular o julgamento.

NON OMNE QUOD LICET HONESTUM EST (nem tudo que seja lícito é honesto)

3.5. A doutrina

A doutrina não foi apontada no artigo 4º da Lei de Introdução ao Código Civil, mas consta do Estatuto da CLT. Não deixa, contudo, de constituir fonte de direito no plano interno, e no plano externo adquire importância bem maior. Sua importância já era ressaltada no direito romano, em que se sobressaíram, como doutrinadores, os jurisconsultos papiniano, Gaio, Ulpiano e Modestino. Era também conhecida como *communis opinio*. Aliás, mesmo nos tempos do Império Romano, esses quatro juristas, juntamente com Paulo, eram chamados de "Tribunal dos Mortos", pois a opinião deles era considerada como uma jurisprudência, uma lei.

A doutrina consta de pareceres, teses, opiniões de professores, tratados de juristas, expostos normalmente em livros publicados e artigos em jornais ou em revistas especializadas. É a interpretação da lei que é feita pelos juristas, apontando o sentido dos dispositivos legais, as virtudes e os defeitos deles, indicando a correta aplicação da lei. No Brasil, ficaram famosos os pareceres doutrinários de Vicente Rao, Pontes de Miranda e Temístocles Cavalcanti.

3.6. A jurisprudência

Da mesma forma que a doutrina, a jurisprudência não constou do artigo 4º da Lei de Introdução ao Código Civil, mas consta do artigo 38 do Estatuto da CIJ. Realmente, há muitas objeções à jurisprudência como fonte de direito e à sua eficácia, mas não há dúvida de que se faz pesar nas decisões judiciais, principalmente em questões internacionais. A CIJ, ao tomar conhecimento da questão e adotar uma decisão, sempre revê as decisões anteriores que tomou a respeito de questões análogas.

A jurisprudência é o conjunto de decisões tomadas pela Justiça superior, formando opinião mais ou menos uniforme sobre determinada questão. É diferente da doutrina, pois esta é a opinião dos que interpretam o direito, dos estudiosos, enquanto a jurisprudência é a opinião dos magistrados, dos que aplicam a lei. Por essa razão, muitos negam à jurisprudência a condição de fonte de direito, porquanto o magistrado não o cria, mas o aplica. Todavia, o juiz, ao prolatar uma sentença, faz doutrina. Interpreta os fatos, atribuindo-lhes um valor e encontra a norma que a eles se aplica; justifica o porquê de sua decisão. Elabora a dogmática jurídica.

No plano nacional, a jurisprudência é formada pelas decisões da justiça superior, também chamada de justiça do segundo grau ou de segunda instância, ao julgar as decisões dos juízes de primeiro grau.

3.7. A lei

A lei é a principal fonte do Direito Econômico, já que este é essencialmente legislado. Nem vamos traçar considerações sobre a lei, seus aspectos conceituais e características, uma vez que é assunto tratado em todas as matérias estudadas nos cursos de Direito. Vamos apenas realçar certas normas legais ligadas diretamente ao Direito Econômico, porquanto falaremos nelas com frequência no decorrer deste compêndio. Citaremos:

- **Constituição Federal.** É a lei primordial do Direito Econômico, uma vez que paira sobre as leis ordinárias, partindo principalmente dos artigos 182 e 183, que fazem parte do Título VII: DA ORDEM ECONÔMICA E FINANCEIRA. Muitos outros artigos dispõem sobre o assunto que estamos tratando, a ponto de podermos dizer que não conhecemos constituição de qualquer país que contenha tantas disposições sobre Direito Econômico como a nossa. Pelo menos a Constituição da Itália e da França, países mais desenvolvidos juridicamente.
- **Lei 8.884/94.** Transforma o CADE – Conselho Administrativo de Defesa Econômica em autarquia.
- **Lei 8.137/90.** Define crimes contra a ordem tributária, econômica e contra as relações de consumo.
- **Lei 6.385/76.** Cria a Comissão de Valores Mobiliários.
- **Lei 4.595/64.** Dispõe sobre a Política e as Instituições Bancárias e Creditícias, e cria o CMN.
- **Lei 8.078/90.** Institui o Código de Defesa do Consumidor.
- **Lei 10.257/2001.** Institui o EC – Estatuto da Cidade.
- **Lei 9.841/99.** Institui o estatuto da microempresa e empresa de pequeno porte.
- **Lei 4.232/62.** Estabelece o regime jurídico do capital estrangeiro.
- **Lei 1.602/9.** Lei *Antidumping*.

4. A ORDEM ECONÔMICA E SEUS FUNDAMENTOS

4.1. Conceito de ordem econômica
4.2. A legislação do Direito Econômico
4.3. Fundamentos e objetivos da regulamentação
    4.3.1. A valorização do trabalho humano
    4.3.2. A peça de uma máquina
    4.3.3. A Constituição como um todo
    4.3.4. O trabalhador e as relações de consumo
4.4. A livre-iniciativa
    4.4.1. Conceito de livre-iniciativa
    4.4.2. Restrições à livre-iniciativa

4.1. Conceito de ordem econômica

Muito temos falado até agora sobre a ordem econômica e muito ainda falaremos, pois é o ponto central do Direito Econômico. Muito falam dela os artigos e obras doutrinárias sobre a economia e a ordem econômica. Nossa Constituição também se ocupa bastante dela, mas não há muitas definições do que seja. Que nossas leis e nossa Constituição se omitam sobre seu conceito, não se deve reclamar porque definir institutos jurídicos não é tarefa da lei, mas da doutrina. Entretanto, as inúmeras manifestações doutrinárias também são omissas nesse aspecto; falam dos princípios, fundamentos, efeitos, tipos, mas não expõem um conceito do que se trata. Naturalmente, cada jurista tem o seu conceito, o que nos leva a crer que haja muitos conceitos, em que um não se amolda totalmente a outro.

Se vamos fazer tantas referências à ordem econômica temos que fixar antes um conceito bem claro, objetivo e estável sobre ela, definindo-a primeiramente para depois elaborar as teorias que se ocuparão dela. Diremos, a princípio, que a ordem econômica é a ECONOMIA JURIDICAMENTE ORGANIZADA. Vemos nessa frase várias expressões com significado específico, embora sejam usadas vulgarmente. O que poderemos entender como ordem? Ordem é boa disposição; é a disposição das coisas no seu devido lugar, como se fosse um sistema. Por exemplo: uma biblioteca de livros jurídicos é um conjunto de coisas; um amontoado de livros; mas se esses livros estiverem agrupados em classes, essa classificação será uma ordem: livros de Direito Civil, depois livros de Direito Empresarial, depois Direito Econômico, numa ordem alfabética. Será então uma biblioteca ordenada, ou seja, organizada sob certo critério. Nossa Constituição segue uma ordem: vem um tema mais geral, outro menos geral, outro especial, observando uma ordem pelo critério de generalidade.

Fala-se ainda em ordem civil, ordem social, ordem econômica, ordem jurídica. O termo é de origem latina: *ordinis* = disposição, direção. A economia tem uma ordem natural há milhões de anos, em que um fato sucede a outro; um será consequência do outro. A produção é um fato econômico que provoca a venda do produto e esta venda provoca o pagamento do preço, e assim por diante. A economia é uma ciência com ordem natural, sem provocação do ser humano: um fato provoca outro naturalmente.

Entretanto, pode haver uma economia dirigida pelo ser humano. Essa economia dirigida é o nosso objeto de estudo, mas é a economia regulamentada que constitui o Direito Econômico; é a economia normatizada pelo Direito Econômico. Portanto, a função do Direito Econômico é transformar a economia natural em ordem econômica, dando a ela uma regulamentação legal, partindo da Constituição. É a chamada **jurisdicização** da economia. Nossa Constituição faz a **jurisdicização** da economia de forma mais elevada, no Título VII, denominado: DA ORDEM ECONÔMICA E FINANCEIRA. Esse título tem quatro capítulos:

Capítulo I. Dos princípios gerais da atividade econômica – Artigos 170 a 181.
Capítulo II. Da política urbana – Artigos 182 e 183.
Capítulo III. Da política agrícola e fundiária e da Reforma Agrária – Artigos 184 a 191.
Capítulo IV. Do sistema financeiro nacional – Artigo 192.

A Constituição é complementada por extensa legislação e essas leis fazem parte do Direito Econômico, que é o ramo do direito público que dá ao Governo a faculdade e os mecanismos de intervir em todos os assuntos referentes aos itens acima, pois eles fazem parte do Direito Empresarial.

4.2. A legislação do Direito Econômico

A fonte primordial do Direito Econômico é a sua legislação específica; é ela quem ordena a ordem econômica, regulamentando-a e lhe dando a estrutura. Estabelece seu âmbito de ação e abrangência, seus princípios e objetivos. Vamos expor o artigo 170, o principal do Título, ao qual iremos nos referir a todo o momento em que falarmos sobre o Direito Econômico e a ordem econômica:

- **Lei 8.884/94.** Cria o CADE e dispõe sobre outras questões de ordem econômica;
- **Lei 8.078/90.** Cria o Código de Defesa do Consumidor;
- **Lei 4.595/64.** Cria o Conselho Monetário Nacional e dispõe sobre o sistema financeiro, sobre a Política e as instituições monetárias e creditícias;
- **Lei 9.841/99.** Estabelece o Estatuto da Microempresa e Empresa de Pequeno Porte.

4.3. Fundamentos e objetivos da regulamentação

A Constituição fala no Título VII da **ordem econômica**, mas no capítulo I fala em **atividade econômica**. A ordem econômica é um sistema, uma política; a atividade econômica é o conjunto de operações econômicas, de atos praticados pelos agentes econômicos. A produção de bens é uma operação econômica; a venda dos bens também; são operações empresariais, constituindo atividade privada. O tabelamento de preços é uma atividade exercida pelo Governo para interferir na ordem econômica e nas operações públicas e privadas; são operações oficiais.

Ao nosso modo de ver, se o Governo interfere na ordem econômica, interfere também na atividade econômica, conforme o exemplo que acabamos de ver. Se o Governo empreende a construção de uma usina hidroelétrica, está exercendo uma atividade e está interferindo na ordem econômica, ao criar energia elétrica para a iniciativa econômica. Pode-se entender, por isso, que a troca de termos, a mudança de palavras – ordem econômica e atividade econômica – não perturba a interpretação do Capítulo I do Título VII da Constituição, atinente à ordem econômica.

4.3.1. *A valorização do trabalho humano*

Notam-se no artigo 170 os dois fundamentos primordiais da ordem econômica:
- Valorização do trabalho humano;
- Livre-iniciativa.

Os objetivos também estão expressos no artigo 170:
- Existência digna do ser humano;
- Justiça social.

Parecem-nos muito vagos e genéricos os fundamentos e objetivos da ordem econômica expostos no artigo 170, o que nos obriga a fazer remissão a vários outros artigos, para apontar a conexão entre eles. A valorização do trabalho humano deve ser invocada pelo direito de todos os países e proclamada por qualquer partido político e facções ideológicas. Todavia, não parece que o Brasil valoriza o trabalho humano; a excessiva carga tributária sobre os salários desvaloriza o trabalho humano. Podemos citar um fato: o empregador deve pagar uma multa de 40% sobre o FGTS no caso de despedida injusta. O Governo aumentou essa multa para 50%, mas esse aumento de 10% fica para o Governo, em nome do trabalhador. Podem ser citadas dezenas de exemplos de que não há valorização do trabalho humano neste país. O Direito do Trabalho seria medida de valorização do trabalhador, mas, se for assim considerado, o Direito do Trabalho deveria ser parte do Direito Econômico.

A valorização do trabalho humano implica o realce do trabalho como importante fator da atividade produtiva. Segundo uma teoria capitalista, a atividade econômica depende de três fatores essenciais: capital-tecnologia-trabalho. O primeiro fator desse trinômio é o capital, uma soma de dinheiro que faculta a uma empresa sua organização inicial, para arrumar sua sede, contratar pessoal, comprar materiais e atender aos demais gastos.

Outro fator essencial é a tecnologia, constituída pelos equipamentos de trabalho, escolha de matérias-primas, organização administrativa, métodos de trabalho, elementos vários de propriedade intelectual, como marcas, desenho industrial, conquista de clientela e inúmeros outros fatores que garantam o sucesso da empresa.

O terceiro fator são os recursos humanos, o pessoal que irá acionar a empresa. A empresa moderna ou qualquer outro agente econômico, como o próprio Governo, não pode prescindir do capital e da tecnologia; porém são os seres humanos que formam a tecnologia e o capital. Além disso, a tecnologia é instrumento de trabalho do ser humano; o valor dela depende de sua aplicação pelas pessoas que exercem a atividade produtiva.

Vemos assim que dos três fatores o trabalho humano é o mais importante; é o elemento de maior valor. E o que preconiza nossa ordem econômica é a valorização desse fator: do trabalho humano; que seja reconhecida sua importância. Um empresário norte-americano disse uma vez: se um incêndio destruir minha empresa e reduzi-la a cinzas, espero que meu pessoal tenha sobrevivido; com ele reconstruirei minha empresa.

O valor do trabalho humano, porém, tem sido descurado ultimamente, pelo menos no Brasil, apesar do que prescreve nossa Constituição. Realça-se em demasia a participação do capital e dos fatores materiais; preocupa-se muito com os aspectos físicos da atividade econômica, mas relega a terceiro plano o fator humano. Exemplo dessa discriminação é encontrado nas atividades dos estabelecimentos bancários; os bancos investem generosamente em instalações luxuosas e espaçosas, tendo, por exemplo, *box* para os caixas de atendimento do público, em grande quantidade. Esses box necessitam de funcionários para operar o funcionamento do caixa. Entretanto, vê-se nas agências muitos *box* vazios, sem funcionários; apenas algumas caixas funcionam e a maioria está abandonada por falta de funcionários. Conclui-se, pois, que o empregador não faz economia em investir nas instalações materiais, mas evita a manutenção de funcionários para a execução do serviço. Enquanto isso, formam-se nos caixas do banco filas intermináveis com clientes mal atendidos por falta de funcionários, mas não por falta de luxo nas instalações materiais.

Ante esses fatos, viu-se o Estado coagido a intervir na iniciativa privada, levando as leis de defesa do consumidor a estabelecer multa ao banco que fizer seu cliente esperar mais de quinze minutos numa fila para ser atendido.

4.3.2. *A peça de uma máquina*

A ausência de maior valorização do trabalho humano nos faz comparar a força do trabalho como peça de uma máquina. Uma empresa é como a máquina que se faz e funciona com a coordenação dos vários fatores produtivos. O capital faculta a produção e compra dessa máquina; a tecnologia faz a máquina funcionar a contento e os funcionários acionam a máquina. São três peças que devem ser engrenadas, em que uma depende da outra. Todavia, o empregado é uma peça barata e de fácil reposição; por isso seu trabalho não é tão valorizado.

A empresa não está trabalhando a contento? A solução é fácil e barata: dispensa-se o empregado e admite-se outro em seu lugar, geralmente com salário menor. A empresa tem sempre finalidade lucrativa; seus atos devem fazer parte da obtenção de lucro, segundo a filosofia empresarial e segundo os fundamentos do Direito Empresarial. O trabalho é valorizado segundo esse objetivo: se for lucrativo para o empregador a valorização será maior, mas, se a lucratividade decai, a valorização decai consequentemente. Os olhos do empresário brilham de alegria quando ele adquire um equipamento industrial que produz mais e melhor, e ocorre aumento de seu lucro. Quando vai admitir empregados para acionar esse equipamento seu humor escurece, pois as despesas aumentarão.

A admissão de empregados implica responsabilidades e despesas; sua folha de pagamento aumentará e dentro em breve o empregado admitido será o demandante na Justiça do Trabalho, querendo receber milhões de horas extras e outros encargos. A aquisição de uma máquina representa investimento; a aquisição de um funcionário, um gasto. O trabalhador sofre os efeitos psicológicos da não valorização de seu trabalho e muitos se conscientizam de que são a peça de uma máquina, que se torna velha e desgastada, precisando ser substituída. As ofertas de emprego publicadas nos jornais estabeleciam limite de idade para a contratação de funcionários, o que obrigou o Poder Público a proibir legalmente essa discriminação. O trabalhador sente, mesmo inconscientemente, que lhe são aplicados os mesmos critérios da obsolescência material.

A não valorização do trabalho humano tem causado esses problemas e muitos outros mais, deixando de haver uma coexistência pacífica entre o capital e o trabalho. A ascensão do marxismo, tomando como seu fundamento a luta de classes, parece ter contaminado a consciência de capitalistas e proletários e estamos sentindo seus efeitos. As disposições da Constituição brasileira a este respeito é uma reação contra isso, pelo que se vê no artigo 170 e diversos outros.

4.3.3. *A Constituição como um todo*

Os intérpretes de nossa Constituição têm chegado à conclusão quase unânime de que a valorização do trabalho, tanto quanto os fundamentos, objeto e princípios da ordem econômica, não deve se circunscrever exclusivamente ao capítulo referente aos princípios gerais da ordem econômica, ou mesmo ao Título VII: DA ORDEM ECONÔMICA E FINANCEIRA, mas analisados em função de muitas outras disposições. Comecemos com o início da Constituição, no artigo 1º, dizendo que o Brasil, ou seja, o Estado brasileiro tem como fundamentos: I – a soberania, II – a cidadania, III – a dignidade da pessoa humana.

A ordem econômica do Brasil tem como fundamentos: I – a valorização do trabalho humano, e II – a livre-iniciativa, mas é a ordem econômica do Brasil e ela terá que se submeter a fundamentos mais elevados. Há, portanto, fundamentos da ordem econômica da República Federativa do Brasil e os fundamentos desta. Por essa razão a valorização do trabalho humano e a livre--iniciativa são fundamentos que se dirigem a fundamentos mais altos: a soberania, a cidadania, a dignidade da pessoa humana e os valores sociais do trabalho e da livre-iniciativa. Em outras palavras, a valorização do trabalho humano e da livre-iniciativa são fundamentos não só da ordem econômica, mas também da República Federativa do Brasil.

Indo mais adiante, encontraremos o Capítulo II, com o nome DOS DIREITOS SOCIAIS. Entre esses direitos estão relacionados os direitos trabalhistas, regulamentados na CLT – Consolidação das Leis do Trabalho e muitos outros relacionados à dignidade humana. Todos eles se completam com os objetivos da valorização do trabalho humano e da livre-iniciativa, apontados no artigo 170. Esses fundamentos objetivam: **assegurar a todos existência digna, conforme os ditames da justiça social**.

Há, portanto, dois planos de fundamentos:
- **Do Estado Brasileiro**: cidadania, dignidade da pessoa humana; valores sociais do trabalho e da livre-iniciativa;
- **Da ordem econômica**: valorização do trabalho humano, livre-iniciativa.

Vemos assim que a letra e o espírito da Constituição do Brasil almeja não apenas a valorização do trabalho humano e a livre-iniciativa, mas o valor da pessoa humana, a dignidade da pessoa humana, o bem-estar da população brasileira. Com esse *desideratum* constitucional, o trabalhador não pode ser olhado apenas como peça de uma máquina, ou como um item no orçamento da empresa, mas como um parceiro do empregador, na atividade econômica. O trabalhador não é uma coisa ou mercadoria, mas a contribuição do trabalhador na produção e venda dos bens produzidos pela atividade econômica. Deve haver uma conciliação entre os três principais fatores da produção econômica: capital-tecnologia-trabalho.

O capital e a tecnologia são coisas e podem ser descartadas a qualquer hora. O trabalho, porém, não é uma coisa e nem um item no orçamento de uma empresa; são seres humanos, e, ainda mais, dotados de sentimentos, não devendo ser aplicados a eles os mesmos critérios dos demais fatores da produção. Para se notar a ausência dessa distinção coisa-ser humano, basta notar o volume maior de demissões no mês de dezembro, às vésperas do Natal e Ano Novo. Olha-se apenas a economia para a empresa, representada pelas demissões, mas não se olha a possibilidade de trauma ou desânimo dos demitidos nas festas de fim de ano. O Banco Central do Brasil criou uma linha de crédito especial às empresas, com a finalidade de lhes proporcionar recursos para o pagamento das verbas rescisórias e facilitar a demissão.

O trabalho é um fator criativo da **dignidade da pessoa humana, da existência digna, conforme os ditames da justiça social,** como diz o artigo 170. Não valorizar o trabalho humano é não valorizar a pessoa humana e sua dignidade, preconizada pelo artigo 1º da Constituição.

Os dois fundamentos da ordem econômica parecem, realmente, antagônicos. A livre-iniciativa garante à empresa a obtenção de lucros, dá-lhe os instrumentos para a luta por sua sobrevivência, enquanto o pagamento de salários parece um gasto. Na realidade, contudo, não são antagônicos, mas parceiros: da união de ambos resulta a obtenção dos objetivos gerais do Estado brasileiro.

4.3.4. *O trabalhador e as relações de consumo*

Há uma passagem do artigo 170, em que ele aponta como um dos princípios da ordem econômica a defesa do consumidor; está no inciso VI. Vemos assim que o Direito do Consumidor está integrado no Direito Econômico. Não é de se admirar, porque um dos conceitos do Direito Econômico diz que ele dá ao Poder Público os mecanismos de controle e defesa do mercado consumidor. Se o Direito Econômico tem por objetivo a defesa do mercado consumidor, deverá ter como princípio a defesa do consumidor, que constitui a clientela ou freguesia dos produtores de bens produzidos pelos agentes econômicos, mormente as empresas.

A força da atividade econômica está no equilíbrio entre a produção e o consumo. O consumo demanda e exige os produtos necessários às necessidades humanas. O desequilíbrio entre esses dois fatores gera normalmente sérios conflitos e problemas: se houver produção superior ao consumo, abarrota o mercado, ocasionando prejuízos aos produtores. Se houver produção inferior à demanda, pode haver carestia e prejuízo aos consumidores.

Os mais abalizados economistas afirmam a existência de uma *mão invisível* provocando o equilíbrio entre a produção e consumo, o que nem sempre ocorre. O desequilíbrio gera crises na ordem econômica.

É o momento em que o Governo precisa intervir na ordem econômica para garantir o equilíbrio entre produção e consumo, evitando prejuízos ao mercado. Para tanto, o Governo se socorre dos recursos jurídicos que o Direito Econômico coloca à sua disposição. Podemos citar como exemplo o tabelamento de preços, evitando alta deles e dificuldades de consumo. Se houver falta de certos produtos, o Governo pode incentivar a importação momentânea dos produtos faltantes ou concedendo isenção de impostos ou linhas de financiamento e outras medidas.

Sentimos assim o esforço do Governo em preservar o equilíbrio entre oferta e procura de bens, e do Direito Econômico em criar os mecanismos de intervenção do Estado na Economia. Por outro lado, o mercado consumidor é constituído pela massa, pelo amplo conjunto de pessoas físicas e jurídicas que consomem, ou seja, que adquirem os produtos elaborados pela chamada *classes produtoras*. Nessa massa de consumidores, os componentes da força de trabalho, vale dizer, os trabalhadores assalariados ocupam lugar de primordial realce.

Portanto, a maioria dos consumidores é constituída de trabalhadores assalariados. Por esse fato, vamos notar que a valorização do trabalho produz efeitos imediatos nas variações do mercado consumidor. Há, portanto, íntima correlação entre um e outro: valorizar o trabalho humano é valorizar o mercado consumidor. Um especialista em mercadologia afirmou que o **trabalhador empregado é comprador ativo; trabalhador desempregado é comprador congelado.** Se houver aumento de salários, haverá aumento de poder aquisitivo, incremento do consumo.

Carlos Marx, o tão criticado pelas *classes produtoras*, criou uma teoria chamada de *mais-valia*. Segundo essa teoria marxista, que é um dos fundamentos do marxismo, os trabalhadores, ou seja, o trabalho humano é o fator primordial na produção de bens, e é um item do custo na produção. Nesse custo, o produtor, chamado por Marx de *capitalista*, fica com uma parte, correspondendo ao seu direito de lucro; a outra parte fica com os trabalhadores, com o nome de salário, que é o seu direito no lucro. A força do trabalhador, o labor dos trabalhadores proporciona, destarte, o lucro do patrão. Quem faz o orçamento do salário e o impõe é o patrão, ou seja, o capitalista. O empregado, chamado de *proletário*, recebendo seu salário, aplica-o no consumo de bens, os bens produzidos por ele, mas que pertencem ao seu patrão.

Desta forma, o trabalhador deve adquirir os bens necessários, pagando o preço imposto pelo produtor, que é o seu patrão. O trabalhador recebe um salário orçado pelo empregador (seu patrão) e com esse salário vai adquirir bens a preço igualmente orçado pelo vendedor (também seu patrão). O empregador lucra quando paga o salário e lucra quando vende os produtos, enquanto o empregado leva prejuízo quando recebe o salário e quando compra os produtos que ele próprio produz. Assim se observa o enriquecimento constante do produtor e o empobrecimento constante do consumidor.

Vemos então as relações entre o pagamento de salário e o gasto do consumidor. A valorização do trabalho humano é um reforço no mercado consumidor e as classes produtoras, tanto quanto toda a sociedade, deverão compreender que a consideração dada ao preceito constitucional traz vantagens para todos: para o produtor, para o consumidor, para a sociedade, para o país.

4.4. A livre-iniciativa

4.4.1. *Conceito de livre-iniciativa*

Vejamos o segundo fundamento da ordem econômica previsto no artigo 170, mas sempre tendo em conta a amplitude da Constituição, examinando-a como um todo, e os desígnios mais altos do país, nos quais se integram os fundamentos da ordem econômica. Da mesma forma da valorização do trabalho humano, a livre-iniciativa tem muitas interpretações, mas com ideia mais clara e objetiva, embora sua interpretação seja bem diversificada. Interpretamos a livre-iniciativa como a liberdade do ser humano em desenvolver a atividade econômica que quiser, sem ser imposta nem perturbada pelo Poder Público. É esta a interpretação dada pelo texto constitucional.

Surge às vezes alguma confusão entre livre-iniciativa e livre concorrência, que em breve examinaremos, pois a livre concorrência é também aspecto importante do Direito Econômico. A livre-iniciativa tem, porém, sentidos diversos, tendo como base o afastamento do Estado na liberdade do agente econômico, vale dizer, o Estado evita ser concorrente da iniciativa privada, atuando como agente econômico, ou então como agente normativo e regulador da ordem econômica, conforme declara o artigo 174 de nossa Constituição. Naturalmente, a livre-iniciativa não é total, pois se assim fosse, não haveria o Direito Econômico. Se a ordem econômica procura regulamentar a intervenção do Estado na atividade econômica é sinal que reconhece a legitimidade dessa intervenção. A doutrina liberal do *laissez faire, laissez passer et le monde va de lui-même* = deixai fazer, deixai passar, e o mundo vai por si próprio sofre também o efeito regulador do Estado.

Frise-se que a livre-iniciativa é instituto próprio do Direito Econômico, ou seja, proclama a liberdade de cada um em agir como quiser na ordem econômica e não em outros campos da atividade humana; é a liberdade de agir como agente da ordem econômica. O princípio da livre-iniciativa traduz a liberdade econômica com o livre exercício de qualquer trabalho, ofício ou profissão; é a liberdade de empresa e da execução do trabalho, sem ser obrigado nem restringido pelo Estado. Há logicamente restrições de ordem legal, e a liberdade deve terminar onde a lei impõe limites ou onde começa a liberdade do alheio

4.4.2. *Restrições à livre-iniciativa*

Ao mesmo tempo em que a Constituição assegura à pessoa privada a livre-iniciativa, prevê casos em que ela sofre algumas restrições. O próprio artigo 170, que consagra a livre-iniciativa, traz um parágrafo único, advertindo sobre essas restrições, ao dizer: ***salvo os casos previstos em lei***. Nossa Constituição não concede ao Estado o poder largo de restringir a livre-iniciativa, mas submete-a às autorizações legais. Para melhor elucidação será conveniente reproduzir esse parágrafo único:

> *É assegurado a todos o livre exercício de qualquer atividade econômica independentemente de autorização de órgãos públicos, salvo nos casos previstos em lei.*

Entretanto, por outro lado, a Constituição restringiu a liberdade privada pelos casos previstos em lei, restringe também a liberdade do Estado em restringir a iniciativa privada, no artigo 173, que também transcrevemos:

> *Ressalvados os casos previstos nesta Constituição, a exploração direta de atividade econômica pelo Estado só será permitida quando necessária aos imperativos da segurança nacional ou a relevante interesse coletivo, conforme definido em lei.*

A intervenção do Estado na livre-iniciativa, como já vimos, ocorre de duas maneiras, sendo uma como agente econômico, atuando nas vestes de empresário, conforme faz por meio da empresa pública e da sociedade de economia mista. A outra maneira é atuando como poder regulador e disciplinador da atividade econômica. Quanto à primeira forma, ou seja, a do Estado empresário, as leis, inclusive a própria Constituição, preveem certas áreas restritas ao Estado ou à iniciativa privada. Trata-se de um privilégio como a iniciativa referente à segurança nacional, ou quando houver relevante interesse coletivo, conforme aponta o artigo 173. Podemos citar como exemplo o sistema financeiro, em que o Estado atua como agente econômico, por meio do Banco do Brasil, por exemplo, ou regulamentando o sistema, como faz com o Banco Central do Brasil.

5. OS PRINCÍPIOS DA ORDEM ECONÔMICA

5.1. Conceito de princípio
5.2. Conceito de fundamento
5.3. Conceito de lei
5.4. Conceito de objetivo e objeto
5.5. Princípio de soberania nacional
5.6. Princípio de propriedade privada
5.7. Princípio de função social da propriedade
5.8. Princípio de livre concorrência
5.9. Princípio de defesa do consumidor
5.10. Princípio de defesa do meio ambiente
5.11. Princípio de redução das desigualdades regionais e sociais
5.12. Princípio de busca do pleno emprego
5.13. Princípio do tratamento favorecido para as empresas de pequeno porte

5.1. Conceito de princípio

O princípio é uma lei, segundo afirmam. Todavia, está acima da lei, acima da própria Constituição. É uma verdade mais elevada, sob a qual as leis devem se agasalhar. Não atende bem à origem etimológica do termo: *principium* = origem, começo, início. Poderíamos justificar esse significado se considerarmos que a lei deve iniciar de um princípio, antes de tudo. Ao surgir uma lei, deve-se levar em consideração um princípio que autorizará o nascimento da lei; portanto, a existência da lei começa no princípio.

Muitos princípios dão legitimidade às leis do Direito Econômico, mas apontaremos os que estão elencados no artigo 170, em número de nove, a saber:

I. Soberania nacional;
II. Propriedade privada;
III. Função social da propriedade;
IV. Livre concorrência;
V. Defesa do consumidor;
VI. Defesa do meio ambiente;
VII. Redução das desigualdades regionais e sociais;
VIII. Busca do pleno emprego;

XIX. *Tratamento favorecido para as empresas de pequeno porte constituídas sob as leis brasileiras e que tenham sua sede e administração no País.*

5.2. Conceito de fundamento

O artigo 17 aponta os dois fundamentos da ordem econômica e mais nove princípios, que passaremos a analisar. Antes, porém, será melhor interpretar bem o sentido dessas palavras: **princípio-fundamento**, bem como de outras, a fim de discriminá-las e distingui-las. Não basta ter um conceito de princípio se ele puder ser embaralhado com o conceito de outras realidades jurídicas.

Fundamento é uma palavra que nos faz lembrar os fundamentos de um edifício. É o alicerce de uma ideia, como o alicerce do edifício; é a base de sustentação de uma ideia ou de um edifício. Um pequeno dicionário da língua portuguesa traz o significado de alicerce, desta maneira:

> ***Alicerce*** *– Em uma construção, parte que fica abaixo da superfície edificada e que é responsável por sua sustentação.*
> *Sinônimo – Aquilo que constitui a base ou o início de algo, como, por exemplo: as provas apresentadas foram o alicerce para decisão do juiz.*

Em termos de Direito Processual, o termo fundamento tem sentido semelhante. Se um advogado faz alegações ou pede um provimento jurisdicional, deve apresentar os fundamentos de seu pedido, ou seja, no que se baseia para formular sua pretensão. Há fundamentos fáticos e legais; fáticos são os eventos que demonstram a legitimidade da pretensão; jurídicos são as disposições legais que embasam o pedido. Fundamento tem, portanto, o sentido de base, amparo legal.

Vejamos ainda essa expressão: *Essa notícia não tem fundamento.* Quer dizer que a notícia não se assenta em base firme, mas em alicerce movediço. Os fundamentos jurídicos da ordem econômica têm o mesmo sentido e, por isso, podemos compreender melhor o significado deles. A ordem econômica tem por base, por fundamento, a valorização do trabalho humano e a livre-iniciativa, como se perguntasse: Qual é a razão da ordem econômica? Para que ela existe? Compreenderemos assim o texto do artigo 170.

5.3. Conceito de lei

Na antiga Roma, a forma mais comum de elaboração da uma lei era a chamada **Lex Rogata**, pela qual alguém escrevia o texto da lei e o afixava no fórum romano, em praça pública, em que a população se reunia para aprová-la. O texto deveria ser lido pela população e daí surgiu o termo lei, de *legere* = ler. A lei, portanto, era uma norma escrita. Tem o mesmo significado de regra, norma, preceito. Entre nós, a lei tem significado bem semelhante; é uma norma escrita, promulgada por um poder competente para tanto. Importante característica da lei é sua força cogente, por ser dotada de sanção. Nota-se que ela é bem diferente do princípio e do fundamento.

5.4. Conceito de objetivo e objeto

Objetivo é a finalidade, o fim que se quer atingir. O objetivo de uma ação judicial é obter sentença favorável. O objeto da ação judicial é o assunto que se está discutindo. O objeto está dentro; o objetivo fora. Observemos estas frases:
- Nosso objetivo é acabar com o analfabetismo no Brasil.
- O objeto de nossa luta é a justiça social.

Uma empresa tem seu **objeto** e seu **objetivo**, apontado na Lei das S.A:

OBJETO: é o seu assunto, o ramo da atividade, seu segmento de mercado, como, por exemplo, indústria química, indústria têxtil, comércio de tecidos.

OBJETIVO DA EMPRESA: o lucro, o rendimento do capital.

5.5. Princípio de soberania nacional

A soberania nacional é outra realidade submetida a muitas interpretações. Vamos encontrá-la no artigo 17 da Lei de Introdução ao Código Civil, quando fala na aplicação do direito estrangeiro no Brasil, o que toca também ao assunto que estamos examinando. Iremos falar nesta questão quando estudarmos o Direito Internacional, com a aplicação, em nosso país, dos tratados internacionais celebrados pelo Brasil. É de bom alvitre transcrever esse artigo 17 da LICC:

> *As leis, atos e sentenças de outro país, bem como quaisquer declarações de vontade, não terão eficácia no Brasil, quando ofenderem a soberania nacional, a ordem pública e os bons costumes.*

Vamos ainda encontrar referências à soberania no artigo 1º, inciso I da Constituição, que aponta a soberania nacional como um dos fundamentos da República Federativa do Brasil, ficando ela como um princípio da ordem econômica e um fundamento do Estado brasileiro.

Afinal, o que vem a ser soberania nacional na ordem econômica? Preferimos encarar o tema de forma restrita, ou seja, no que tange à ordem econômica: é a soberania nacional nas atividades econômicas. Esse aspecto é relevante porque há forte influência e interferência de grupos internacionais em nossa economia. Há também a aplicação no Brasil de compromissos internacionais firmados no artigo 17 da Lei de Introdução ao Código Civil, impondo a obediência à soberania nacional, regulamentando essa aplicação com várias normas reguladoras.

Há, destarte, a soberania político-estatal, que é fundamento da República Federativa do Brasil, mas a soberania econômica é um dos princípios informadores da ordem econômica. A primeira refere-se à supremacia do Poder Estatal no plano interno e sua independência ante os outros Estados semelhantes; a segunda realça sua independência ante o capital, a tecnologia e a economia alienígena. A primeira é mais geral e a segunda mais restrita.

Num sentido mais avançado, podemos dizer que a soberania econômica depende da soberania político-estatal e vice-versa. Um país dependente de outro, sob o ponto de vista econômico e tecnológico, fatalmente será dependente sob o ponto de vista político e ideológico. É o que se vê no mundo de hoje, como, por exemplo, o Haiti em relação à França: a economia do Haiti repousa na produção de açúcar, da qual se encarregam empresas francesas. O açúcar produzido é totalmente exportado para a França, seu único freguês, que impõe inclusive o preço do produto. Não se pode dizer, em consequência, que o Haiti seja um país independente. Da mesma forma se vê na política externa do Governo brasileiro, procurando estabelecer relações econômicas com países africanos e asiáticos, bem como com os países sul-americanos, a fim de não depender exclusivamente dos EUA, seu principal parceiro comercial.

O simples fato de o Brasil participar de convenções internacionais e assumir compromissos perante outros países e organizações internacionais já é um ato de soberania, como também o ato de aplicar no Brasil essas convenções. Além disso, as normas internacionais para serem aplicadas no Brasil devem transformar-se em leis nacionais. A nacionalização de normas internacionais se faz por meio de duas decisões internas: é preciso que o Congresso Nacional aprove a convenção por um Decreto Legislativo e o Poder Executivo a promulgue por um Decreto Executivo. O que o Brasil passa a aplicar é a lei nacional e não mais estrangeira. É a manifestação da soberania nacional sob o aspecto legislativo.

Quanto ao aspecto econômico, previsto no inciso I do artigo 170, a soberania nacional consiste no poder brasileiro de impor ao Brasil a sua ordem econômica e o ordenamento jurídico regulador das atividades econômicas. As transações econômicas, como a importação e exportação de bens, o crédito internacional e nacional, a produção e venda de bens e de serviços, devem atender aos interesses internos, sem interferência política de organizações estrangeiras. Essa pretensão pode parecer óbvia, porém existe, por debaixo do pano, muita pressão de grupos econômicos internacionais, contrariando às vezes nossos interesses. Eis porque nossa Constituição e nossas normas preservam sempre a posição do Brasil como país independente, livre e soberano.

5.6. Princípio de propriedade privada

A atividade econômica, como a produção de bens e serviços e sua consequente venda ao mercado consumidor, é tarefa de particulares, de pessoas privadas, seja física ou jurídica. O Estado só participará da propriedade privada quando for necessária sua participação e houver fundamento legal para tanto. Para o exercício de atividades econômicas, as pessoas privadas precisam ser proprietárias dos meios de produção e dos seus instrumentos: imóveis, máquinas, veículos, matérias-primas, produtos manufaturados, equipamentos de execução de serviços.

O Estado, sendo a União, Estados, Municípios ou o Distrito Federal, tem seus bens, que são denominados bens públicos. Nossa Constituição também aponta os bens da União em vários artigos, mormente no artigo 20. Eles não são destinados à atividade econômica. Nossa Constituição, nosso sistema jurídico e econômico e nossa filosofia de vida consideram a propriedade privada como sendo a mola propulsora da atividade econômica. Nosso sistema repele a intervenção e o desrespeito do Estado ao intervir na propriedade privada; é uma afronta à Constituição, que preserva esse direito no artigo 170-III, bem como o artigo 5º, cujo inciso XXII diz: É garantido o direito de propriedade.

Frise-se que a propriedade privada é uma das características essenciais, um corolário do regime capitalista e o Brasil se insere no sistema capitalista de produção e venda de bens. Nessas condições, predomina a propriedade privada dos bens de produção e dos bens de consumo. Há realmente uma tendência social na propriedade, tanto que o artigo 170-IV fala na **função social da**

propriedade. O sistema econômico condena a propriedade privada não produtiva. Ela deve ser usada pelo proprietário para a produção de bens e serviços ou para suprir as suas necessidades, e não apenas pela posse. O uso da propriedade privada está condicionado a um objetivo; devem ser dinâmicos, ou seja, colocados em serviço em favor do proprietário e da coletividade. Em outras palavras, a propriedade privada é um bem dinâmico e não estático.

O primado da propriedade privada foi realçado até na doutrina da Igreja Católica, e ressaltado na *Encíclica Mater et Magistra*, do Papa João XXIII:

> *O direito de propriedade privada, mesmo sobre bens produtivos, tem valor permanente, pela simples razão de ser um direito natural fundado sobre a prioridade ontológica e finalista de cada ser humano em relação à sociedade.*

Seria, aliás, inútil insistir na livre-iniciativa pessoal em campo econômico se a essa iniciativa não fosse permitido dispor livremente dos meios indispensáveis para se afirmar.

Além disso, a história e a experiência provam que, nos regimes políticos que não reconhecem o direito de propriedade privada sobre os bens produtivos, são oprimidas ou sufocadas as expressões fundamentais da liberdade; é legítimo, portanto, concluir que estas encontram naquele direito garantia e incentivo.

5.7. Princípio de função social da propriedade

Ao defender a propriedade privada, a *Encíclica Mater et Magistra* ressalta outro aspecto, que é o da função social da propriedade, seguido por nossa Constituição, que o previu no inciso III do artigo 170.

Outro ponto de doutrina, proposto constantemente pelos nossos predecessores, é que o direito de propriedade privada sobre os bens possui intrinsecamente uma função social.

No plano da criação, os bens da terra são primordialmente destinados à subsistência digna de todos os seres humanos, como ensina sabiamente o nosso predecessor Leão XIII na *Encíclica Rerum Novarum*:

> *Quem recebeu da liberalidade divina maior abundância de bens, ou externos e corporais ou espirituais, recebeu-os para os fazer servir ao aperfeiçoamento próprio, e simultaneamente, como ministro da Divina Providência, à utilidade dos outros.*

> *Quem tiver talento, trate de não o esconder; quem tiver abundância de riquezas, não seja avaro no exercício da misericórdia; quem souber um ofício para viver, faça participar o seu próximo da utilidade e proveito do mesmo.*

Continuando os dizeres acima, podemos dizer que o princípio da função social da propriedade, previsto no artigo 170-IV, bem como no artigo 5º-XXIII (a propriedade atenderá à sua função social) representa não uma limitação, mas complementação do princípio anterior. O direito garante a propriedade privada, mas também obriga o proprietário a fazer bom uso dela. Não se pode considerar uma proibição ou tolhimento da liberdade no uso da propriedade, apesar dessa liberdade originar-se do próprio conceito que o direito romano dava à propriedade privada: *jus utendi, fruendi et abutendi* = direito de usar, fruir e dispor. O verbo *abutendi* é também traduzido por abusar. Entende-se então que no direito romano o proprietário tinha a faculdade de fazer o que quisesse com sua propriedade. Poderia doá-la, vendê-la, alugá-la ou até destruí-la. Assim vigorou a concepção de propriedade privada por muitos séculos.

Todavia, o desenvolvimento geral da humanidade e o aumento da população foram tornando o ser humano dependente um do outro. Na época do Império Romano, havia mais uma vida individual; nela cada um bastava a si próprio: cada um plantava e colhia no quintal de sua casa, fazia sua comida, tecia suas roupas; se ficava doente, tratava-se; não precisava de trem, metrô, ônibus, táxi, pois suas pernas eram o seu meio de locomoção. Fazia seu pão e criava cabras e ovelhas para ter seu leite.

Em nossos dias, precisamos do padeiro, do leiteiro, do chacareiro, da feira e do mercado, do médico, do farmacêutico, do alfaiate. Essa dependência vai tolhendo nossa liberdade. No passado, cada um tinha sua propriedade, uma casa, uma chácara, separada da propriedade alheia. Hoje, a nossa propriedade é contígua à propriedade alheia, comunica-se com outras e uma influencia a outra. Não moramos mais isoladamente, mas em casas geminadas, em edifícios de apartamentos em condomínio, em conjuntos residenciais. Um provérbio nos diz que *nenhum homem é uma ilha, mas somos parte de um arquipélago*. A nossa propriedade também é assim: faz parte de um patrimônio coletivo, e surgiram leis de convivência, para que a propriedade de um não perturbe a propriedade de outrem.

Iremos encontrar outras manifestações jurídicas em defesa da propriedade privada e da função social da propriedade, e de forma mais objetiva e particularizada, como, por exemplo, no artigo 1.228 do Código Civil, que nos dá a entender o conceito romano de propriedade no seu *caput*:

> *O proprietário tem a faculdade de usar, gozar e dispor da coisa, e o direito de reavê-la do poder de quem quer que injustamente a possua ou detenha.*

Por outro lado, o parágrafo 1º desse artigo prevê a função social da propriedade, ressaltando o exercício do direito de propriedade em consonância com as finalidades econômicas e sociais. Prevê inclusive a defesa do meio ambiente no uso do direito de propriedade. Será conveniente transcrever também esse parágrafo por ser elucidativo:

> *O direito de propriedade deve ser exercido em consonância com as suas finalidades econômicas e sociais e de modo que sejam preservados, de conformidade com o estabelecido em*

lei especial, a flora, a fauna, as belezas naturais, o equilíbrio ecológico e o patrimônio histórico e artístico, bem como evitada a poluição do ar e das águas.

Por outro lado, torna-se difícil desaferrar o ser humano da propriedade, por força de um instinto irresistível que o liga aos bens terrenos, mormente os bens mais diretamente ligados a ele, como a sua casa. Um jurista francês disse que o ser humano apega-se tanto à sua casa, que, mesmo depois de morto, para tirá-lo da lá, haverá necessidade de no mínimo quatro.

Há afirmações no folclore policial de que os malandros, quando se apropriam dos bens alheios, na hora de dividir os despojos de um roubo, eles matam e morrem na defesa dos bens que eles julgam como seus. O apego aos bens é mais forte do que o apego à vida. O fracasso das ideias que se arremetem contra a propriedade privada deve-se à imprevisão dos seus criadores em não compreender a estima do ser humano aos seus bens ou que julga ser seus.

Mesmo assim, tem surgido ultimamente muitas teorias críticas do exclusivismo da propriedade privada, criando então a teoria da função social da propriedade. Voz importante foi a do Papa João XXII, que lançou a *Encíclica Mater et Magistra*, condenando as ideias exclusivistas a respeito da propriedade privada e ressaltando o valor da propriedade como instrumento de produção de riquezas em benefício coletivo. Reforçou essa ideia a *Encíclica Populorum Progressio*, do Papa Paulo VI. Tendo o Brasil a maior população católica do mundo, é de se acreditar que essas encíclicas tenham influenciado a publicação da propriedade e a constitucionalização desses critérios, como se vê em muitos artigos da Constituição, além dos artigos 5-XXII e 170-IV.

Entre os diversos tipos de propriedade, parece que se aplica com mais vigor o princípio da função social da propriedade aos bens da propriedade agrária. É na seara da propriedade rural que mais se acentua o princípio da função social da propriedade. Trata-se de bens destinados à produção de alimentos, imprescindíveis à vida humana. Se não for levada em conta a função social da propriedade no tocante a esses bens, poderia ser provocada crise e escassez de alimentos, levando a população à fome, à miséria e à revolta. Além do mais, a propriedade agrícola é a base da produção de bens do agronegócio e fornece matéria-prima para a agroindústria e outras atividades industriais.

5.8. Princípio de livre concorrência

Esse princípio não se confunde com o da livre-iniciativa, embora integrado neste último. A livre-iniciativa é a liberdade de cada um dedicar-se à atividade que lhe agrada. O princípio de livre concorrência é a liberdade de cada um disputar o mercado consumidor, ou seja, produzir e vender aos consumidores sem ser constrangido ou molestado sem motivo legal. O primeiro é um **fundamento** da ordem econômica; o segundo é um **princípio** da atividade econômica. A livre concorrência é a liberdade do produtor em conquistar sua clientela, competindo com seus rivais em igualdade de condições de disputa.

Essa palavra origina-se do termo latino *concorrentia*, com o significado de disputa, rivalidade, e a concepção desse tema confirma sua origem etimológica: concorrência é a disputa, rivalidade entre produtores na conquista do mercado consumidor de seus produtos, competindo entre si, de forma correta e honesta, sem embaraços artificiais para a venda de produtos ou impedimentos inexplicáveis para o ingresso de novas empresas nessa competição. A concorrência dá ideia de luta, competição e perseguição dos mesmos objetivos ao mesmo tempo em que os demais, sem interferência indevida do Poder Público. A interferência do Governo deve existir, mas no sentido contrário: é para a manutenção e conservação da livre-iniciativa na conquista do mercado e defesa do direito de concorrência para a disputa por maior e melhor espaço no âmbito dos consumidores.

A restrição da liberdade de concorrência pela iniciativa privada forma-se muitas vezes naturalmente e sem participação oficial, com a formação dos **oligopólios**. Esse fenômeno de concentração tem etimologia grega: *oligo* = poucos e *polio* (venda). É menos comum, pois exige altos investimentos e refinada tecnologia, inacessíveis às empresas de pequeno porte, ficando reservado às grandes corporações, os grandes produtores. Oligopólio é uma estrutura montada por pequeno número de empresas, mas com alto grau de concentração e poderio de domínio. É o que ocorre com a indústria automobilística, em que a pequena indústria não tem poder de penetração no mercado. Acontece também na indústria de computadores.

A livre concorrência estimula o produtor em aprimorar seus produtos e seus métodos de trabalho, visando à maior produtividade, ao mesmo tempo em que reprime a ânsia de lucros com a elevação do preço de venda. O sucesso do produtor ou de seus produtos deve ser com base nas leis do mercado, dentro do sistema legal e das praxes da atividade econômica honesta.

Ao revés, os produtores querem que o Estado lhes dê garantia de sobrevivência e concorrência entre si, dentro de normas equitativas e equilibradas, para a conquista da clientela. Se houver intervenção do Estado nas regras do mercado é para os casos em que a livre-iniciativa esteja sendo abalada, ou esteja havendo concentração de poderes nas mãos de poucos e sacrifício para muitos. Atenta contra o princípio da livre-iniciativa qualquer ação do Estado que conceda privilégios a uns e não a todos. Podemos citar alguns exemplos: o Estado cria taxas para certa linha de produtos, mas não para produtos similares, desviando assim a clientela de uma para outras; o Estado adquire produtos sem licitação, pagando ao fornecedor preço maior do que o praticado por empresas concorrentes.

Da mesma forma, o Estado dá concessão a uma empresa sem dar oportunidades a outras de participar de uma licitação. Nota-se nos serviços bancários essa concentração sob a proteção do Estado, forçando os bancos a serem absorvidos por outros, de tal forma que sobraram apenas dois bancos, quando havia centenas anos atrás. Até mesmo os bancos oficiais se retraíram, sobrando o Banco do Brasil.

Considera-se também cerceamento à livre-iniciativa qualquer ação do Estado restringindo a liberdade de consumo; deve haver liberdade também deles. O mercado livre é aquele em que há grande número de vendedores e compradores; o vendedor escolhendo seus clientes e o comprador escolhendo seu fornecedor. Todos atuam de forma independente e livre, um em face do outro. O vendedor conquista sua clientela dentro das normas legais, oferecendo melhor preço e melhor qualidade dos produtos e melhores serviços. Os compradores adquirem os produtos para a satisfação de suas necessidades, de acordo com seus interesses, olhando o preço, a melhor qualidade dos produtos e os serviços.

O regime de livre concorrência, com liberdade garantida pelo Poder Público, estimula um mercado seguro, estável e dinâmico, animando as empresas e outros produtores a investir em equipamentos, criação de novos produtos, divulgação e política de vendas, utilizando sempre o livre jogo da oferta e procura. Havendo grande numero de vendedores e compradores, todos se lançam na conquista mercadológica, fazendo o preço abaixar. Segue-se a este respeito a lei do mercado: quando dois fornecedores vão à procura de um comprador, o preço abaixa; quando dois compradores vão à procura de um fornecedor, o preço aumenta. É a atomização do mercado, com maior correlação entre a oferta e a procura.

O *dumping* é uma agressão à livre concorrência. Faremos um estudo especial sobre o *dumping*, que consiste em vender produtos a preço abaixo dos que são praticados no mercado consumidor, esvaziando a concorrência. Ao conseguir desbaratar a concorrência, a autora do *dumping* se assenhora do mercado e impõe seus preços, ante a falta de concorrência. É o canibalismo ou terrorismo econômico. Nestes casos, há interferência ilegal, não do Estado, mas dos próprios agentes econômicos particulares; estes visando a lucros extraordinários e anormais.

5.9. Princípio de defesa do consumidor

Faremos neste compêndio amplas considerações sobre a defesa do consumidor, que ocupará um capítulo especial. Devemos falar, de início, sobre o princípio de defesa da concorrência, previsto no artigo 170-VI, da Constituição, como também fora previsto pelo artigo 5º-XXXII, dizendo: *O Estado promoverá, na forma da lei, a defesa do consumidor.* A lei mais completa sobre o assunto foi a Lei 8.078/90, criando o Código de Defesa do Consumidor. Importante igualmente foi a Lei 8.137/90, capitulando os crimes contra as relações de consumo.

Em consequência desses dispositivos legais, formou-se um novo ramo do direito: **Direito do Consumidor**, antes inexistente, pois o consumidor não constituía sujeito de direito; era uma figura jurídica não tutelada pelo direito. Na verdade o contrato de consumo é um contrato de compra e venda, em que o fornecedor é o vendedor e o comprador é o consumidor. A defesa do consumidor está prevista na regulamentação do contrato de compra e venda no Código Civil.

O Direito do Consumidor, contudo, deu novos matizes ao contrato de compra e venda, considerando o consumidor como o comprador final, em que o produto termina nele. Não se considera consumidor o comprador intermediário. Por exemplo: uma indústria de calçados vende seus produtos a uma sapataria e esta para seus fregueses. A sapataria não é consumidor, pois não usa, não consome o produto; consumidor é o comprador da sapataria, que compra o sapato e o consome. Da mesma forma, uma quitanda fornece víveres para um restaurante, que faz refeições para seus fregueses. O restaurante não é considerado consumidor, pois os produtos não terminam nele; consumidores são os fregueses do restaurante, nos quais os víveres terminam.

O Direito Econômico tem por finalidade o controle e a proteção do mercado consumidor. A massa dos consumidores forma o mercado consumidor. Eis porque o Direito Econômico, ao proteger o mercado, forçosamente tem que defender o consumidor, como um dos principais componentes da atividade econômica. E há outro aspecto: o consumidor é a parte mais fraca e por isso necessita da proteção do ordenamento legal. O Governo, os produtores e outros componentes da atividade econômica têm seus meios de defesa, enquanto o consumidor está ao desamparo.

A exploração e a tapeação do consumidor constituem crime contra as relações de consumo, previsto não só no Código de Defesa do Consumidor, como ainda a Lei 8.137/90, esta última de caráter penal. O consumidor lesado poderá apelar para a Justiça civil e criminal, como também o Ministério Público e entidades de defesa do consumidor, como as agências reguladoras da atividade econômica.

5.10. Princípio de defesa do meio ambiente

Esta questão é bem semelhante à do consumidor; até uns 25 anos atrás era problema irrelevante. Começou tomar vulto antes da Constituição de 1988, tanto que, em 1981, a Lei 6.938/81 instituiu a **Política Nacional do Meio Ambiente**. O impulso dado a este assunto surgiu e foi estimulado pela Constituição, que previu a defesa do meio ambiente no inciso VI do artigo 170. Mais adiante, a Constituição trouxe o Capítulo VI, denominado: **Do Meio Ambiente**, com o artigo 225, cujo *caput* transcrevemos:

> *Todos tem direito ao meio ambiente ecologicamente equilibrado, bem de uso comum do povo e essencial à sadia qualidade de vida, impondo-se ao Poder Público e à coletividade o dever de defendê-lo e preservá-lo para as presentes e futuras gerações.*

Meio ambiente é o mundo físico-social em que vivemos e nos dá condições de vida. Temos que viver nele e necessitamos dele, razão pela qual devemos protegê-lo, e manteremos com ele relações permanentes, a tal ponto de não podermos viver sem ele. Meio ambiente é tudo o que nos cerca: a terra, o ar, as águas, os animais e as plantas. É enfim o mundo material em que vive o ser humano com seus semelhantes. Da convivência do ser humano com o meio ambiente surgiu a ecologia, ciência que se ocupa dessa convivência.

Em decorrência, surgiu novo ramo do direito que recebeu o nome de Direito Ambiental ou Direito Ecológico. Seus rudimentos, entre nós, datam de uns 25 anos atrás, mas vêm-se desenvolvendo e se consolidando, para contar com vasta legislação. Esse ramo do direito público procura impedir a destruição ou degradação dos recursos naturais, e, com a preservação do meio ambiente, a consequente melhoria da qualidade de vida.

O tema juridicamente relevante do princípio do meio ambiente é a consequência do trabalho humano, da atividade econômica sobre a natureza, sobre os recursos naturais da terra. É consequência principalmente do progresso e do sucesso da atividade econômica, que faz o ser humano modificar a natureza. Por causa disso surgiu a necessidade de disciplinar e regulamentar a ação dos agentes econômicos sobre o meio ambiente, sobre a natureza. A atividade econômica, mormente a industrial, trouxe inestimáveis serviços ao bem-estar social e à dignidade da pessoa humana. Há, entretanto, o reverso da medalha; os benefícios trazem reversões agressivas à natureza. Nenhuma agressão à natureza fica sem resposta, por mais leve que seja; se cortamos uma árvore, ela deixa de purificar o ar que respiramos; se sujamos as águas, elas diminuem a produção de peixes. As consequências negativas do progresso constituem um mal necessário, mas esse mal começa a preocupar.

Houve, portanto, a necessidade da criação da ecologia e do Direito Econômico, bem como medidas de combate às infrações à ordem econômica. Dessas iniciativas foram surgindo várias leis, das quais relacionamos algumas:

- **Lei 6.938/81.** Dispõe sobre a Política Nacional do Meio Ambiente;
- **Lei 9.605/98.** Dispõe sobre os Crimes contra o Meio Ambiente;
- **Lei 7.347/85.** Disciplina a Ação Civil Pública de Responsabilidade por Danos Causados ao Meio Ambiente;
- **Lei 9.795/99.** Estabelece a Política Nacional de Educação Ambiental.

É bom ressaltar que a Política Nacional do Meio Ambiente não pretende opor obstáculos ao progresso, mas evitar que os impactos ambientais dificultem o bem-estar da nação, *a existência digna, conforme os ditames da justiça social*, como preconiza o *caput* do artigo 170. O mau relacionamento do ser humano com seu meio ambiente abate sua qualidade de vida. A ecologia não estuda apenas as relações entre o ser humano e o meio em que vive, mas também as formas de aprimoramento dessas relações e a melhor adaptação de um ao outro. É também o objetivo do Direito Ambiental, que se ocupa dos princípios e normas para impedir a degradação e destruição do meio ambiente, que é o *habitat* natural, evitando a poluição do ar e da água, e a extinção de certas espécies animais e vegetais.

Infelizmente esse aspecto da interpretação é descurado. Proliferam entidades de defesa do meio ambiente, cuja função é dificultar qualquer passo do progresso. São Paulo luta há muitos anos para construir um rodoanel que evite o trânsito de caminhões pela cidade e a cada passo aparece uma liminar de Justiça, requerido por alguma entidade, impedindo a construção, ora porque tem que cortar uma árvore, ora porque desvia um rio e qualquer outro motivo.

A cidade de São Paulo, há 500 anos, era um vasto prado, com mananciais de água e árvores frutíferas. Há 200 anos o Vale do Anhangabaú era chamado Vale do Chá, porque havia uma plantação de chá, que atendia vasta região; hoje é um campo de asfalto. São Paulo, a maior cidade do Brasil, não existiria se houvesse na época associação de defesa do meio ambiente. E nenhuma cidade haveria no mundo. Portanto, o que visa ao Direito Ambiental é a defesa do meio ambiente, é a harmonia no relacionamento entre o ser humano e a natureza, evitando o uso predatório, e *proibir o abuso é consagrar o uso*.

Para cumprir o preceito constitucional, o Brasil criou vários órgãos, como a SEM – Secretaria Especial do Meio Ambiente, o CONAMA – Conselho Nacional do Meio Ambiente, o CONSEMA – Conselho Estadual do Meio Ambiente, a SMA – Secretaria do Meio Ambiente, o CETESB – Cia. de Tecnologia de Saneamento Básico Ambiente, o IBAMA – Instituto Brasileiro do Meio Ambiente e Recursos Naturais Renováveis, e outros.

Vamos citar dois campos da atividade empresarial, em que falhamos ao exercer atividades econômicas não predatórias e autossustentáveis. As indústrias açucareiras lançam nos rios grande quantidade de resíduos químicos, tornando esses rios mortos de vida por vários quilômetros, em prejuízo dos pescadores. As indústrias de papel e celulose lançam resíduos, denominados lixívia, à base de soda cáustica, destruindo a vida aquática. O rio Tietê é um rio morto até 200 quilômetros além de São Paulo e só daí começam a ser notados alguns sinais de vida. A morte do rio se deve principalmente aos resíduos industriais.

5.11. Princípio de redução das desigualdades regionais e sociais

Eis um problema delicado e de solução bem difícil, mas nossa Constituição o previu como um dos princípios da ordem econômica. É um espinho encravado na ordem econômica do mundo inteiro e as medidas tomadas provocam, de ordinário, reações adversas. Recentemente o Governo francês adotou isenção de tributos e incentivos para a produção de patê de fígado de ganso em determinada região; foi constrangido pela Justiça a revogar as medidas e levou até o Parlamento da União Europeia a adotar legislação antiprotecionista.

No Brasil existem bolsões de desenvolvimento, uns de pobreza, outros de miséria. Há regiões abandonadas, mas de alta potencialidade econômica, exigindo medidas que facilitem seu aproveitamento. Por outro lado, existem áreas desenvolvidas e de concentração econômica, instigando ciúmes e repulsa das áreas desprotegidas. É o que acontece com o Estado de São Paulo, onde se concentra grande parte da população brasileira, de poderio econômico e da produção industrial.

Há queixas de que grande parte dos recursos financeiros do país se concentra em São Paulo. É também o centro financeiro e bancário, concentrando-se em dois bancos com ampla cobertura oficial. Essa supremacia econômica atrai a desconfiança e antipatia dos Estados, que se sentem somente como vagões de uma locomotiva. Ao revés, aparecem queixas de paulistas que trabalham em empresas fora de seu Estado, em sofrerem discriminações, como também os que trabalham em empresas de outros Estados operando em São Paulo. Na antiga VARIG, por exemplo, era limitada a participação de paulistas na tripulação de bordo, nos postos diretivos e nas unidades fora do Estado de São Paulo.

No Governo Militar foram construídos muitos aeroportos ou ampliados os antigos, mas houve sérias resistências à construção de aeroporto internacional em São Paulo, que foi o último a ser construído e após as pressões das circunstâncias. Esse fenômeno parece ser natural e vem sendo notado em muitos países, segundo dizem os naturais deles. Na Itália, por exemplo, as empresas acima de Roma só admitem funcionários oriundos no sul, isto é, abaixo de Roma, em última instância e só para cargos inferiores. O pessoal do sul olha os oriundos das regiões desenvolvidas do Norte com desconfiança e desprezo. Cada um se queixa da atenção econômica do Governo para o outro; cada um diz que o outro é protegido.

Entretanto, não é este o espírito de nossa Constituição, que preconiza o desenvolvimento equilibrado do país, e como diz o inciso VIII, equilibrado sob o ponto de vista regional e social. No artigo 180, nossa Constituição preconiza a promoção do turismo, como forma do desenvolvimento econômico para as regiões subdesenvolvidas. A obediência a esse preceito impulsionou a economia do Nordeste e do Norte, desbravando muitas regiões. O Estado do Rio Grande do Norte, há poucos anos um Estado pobre e inexpressivo, é hoje pujante e desenvolvido, graças ao turismo.

Há relação entre o desenvolvimento regional e o social. As regiões pobres têm geralmente nível mais baixo de vida, ao contrário das regiões mais desenvolvidas, em que a qualidade de vida melhora. Por isso fala a Constituição na redução das desigualdades regionais e sociais.

O desenvolvimento econômico equilibrado não traz prejuízos, por ser compensatório para todos. O Estado de São Paulo contribui com elevadas somas de tributos, carreados para outras regiões, principalmente do Nordeste e do Norte. Em compensação recebe mão de obra das regiões carentes, que constitui grande parcela da força de trabalho paulista. Aspecto mais relevante ainda é que, sendo São Paulo o centro produtor do Brasil, vê alargar sua clientela com o aumento do potencial econômico das populações mais carentes. Desta forma o dinheiro remetido para as regiões mais pobres acaba revertendo para as mais ricas. Fica então restabelecido o equilíbrio entre a geração e o consumo de riquezas em todo o território nacional.

Há três maneiras de se concretizar esse imperativo constitucional; uma é por meio das isenções fiscais; outra pelos incentivos creditícios; outra pelas facilidades administrativas. São estímulos às empresas, para se instalarem nas regiões subdesenvolvidas ou para lá se transfiram. Não se trata apenas de ideias, mas elas se concretizaram e atingiram seu objetivo. Muitas empresas que se instalaram nas regiões carentes realizaram outros desígnios constitucionais, como o pleno emprego, a defesa do consumidor, o desenvolvimento da pequena e média empresa. A proliferação de empresas gera o aproveitamento da mão de obra da região e diminui os custos das vendas; atraem outros investimentos.

Vamos citar dois projetos no sentido da redução das desigualdades regionais e sociais: a SUDAM e a SUDENE. A SUDAM foi a iniciativa mais profunda e produziu resultados mais satisfatórios, com a industrialização da Amazônia. A SUDENE não produziu resultados tão expressivos pelo fato de os recursos terem sido reservados principalmente a empresas pertencentes a políticos corruptos. Apesar de tudo, muito colaborou nas atividades econômicas do Nordeste.

5.12. Princípio de busca do pleno emprego

É um princípio não muito bem definido o previsto no inciso VIII referente à busca do pleno emprego. Uns interpretam que seja a busca de todo ser humano de encontrar o emprego de sua força de trabalho e não ficar em disponibilidade. Outros consideram a busca empreendida pela sociedade como um todo, mormente pelo Poder Público, por intermédio de leis incentivadoras da produção. Preferimos olhar esta questão pelo segundo critério, tendo em vista que é um princípio constitucional e no campo do Direito Econômico. Se formos nos basear no primeiro critério, a questão deveria pertencer ao Direito do Trabalho e não ao Direito Econômico.

É problema mais elevado, tanto que está no nível constitucional. As soluções primam pela complexidade, pela necessidade de se atacar as causas e não os efeitos do desemprego. Em nossa opinião, o pleno emprego está em íntima correlação com o desempenho da economia. O Direito Econômico deve prever legislação que estimule atividades e iniciativas para a exploração do potencial econômico do país. Como consequência do desenvolvimento, haverá a demanda de mão de obra.

Vamos examinar alguns aspectos da política econômica que estamos examinando. Quando se fala em emprego e desemprego, entra-se logo na produção industrial. O trabalho rural mereceu tratamento especial no Capítulo referente à ordem econômica; entretanto, não se vê medidas mais amplas e concretas para aumentar a produção agropecuária, sempre em desproporção à indústria. Esta área apresenta potencial bem maior no Brasil do que em outros países. Vejamos o erro estratégico em que incorremos com a SUDAM e a SUDENE, incrementando a instalação de indústrias com tecnologia superada em outros países, exportada para o Brasil praticamente como sucata.

Não podemos concorrer com países altamente industrializados, querendo produzir computadores e outros itens mais sofisticados. Todavia, somos superiores a todos na agropecuária; temos terras extensas e férteis, com clima favorável. Na França, Itália, Espanha e outros países europeus, ao chegar o inverno, as vacas diminuem a produção do leite e a reprodução. Desaparecem as pastagens e há necessidade de importar alimentos para o gado. Não temos essas deficiências, mas nosso sistema e nossa mentalidade não priorizam essa área em que somos privilegiados. Devemos ainda levar em consideração que o esforço da indústria no mundo todo é o de levar em conta a produtividade, que garanta maior lucro. A tendência é manter o mínimo possível de empregados, substituindo o ser humano pelo robô. Quanto maior for o número de empregados, maior será o número de problemas e menor lucro. Essa é a tônica da moderna indústria. Estimular então o incremento de outras áreas, em que não haja preocupação em reduzir pessoal, será a política mais acertada na busca do pleno emprego.

Pelo nosso clima e uberdade de nosso solo, produzimos frutas excelentes, que conquistam facilmente o paladar mundial. Contudo, só as produzimos e vendemos porque os estrangeiros vêm aqui buscá-las, mas nós não temos iniciativa e agressividade em levar nossos produtos a eles. Não há preocupações marcantes na legislação e na política da ordem econômica brasileira para esse tipo de exploração econômica, que seria viável, mormente no Norte e Nordeste do Brasil.

Frise-se que as frutas tropicais são bem melhores do que as de clima frio; além do mais são maiores, de mais volume. Vamos comparar o tamanho de nossas frutas, como a melancia, a jaca, mamão, manga, com as europeias, como cereja, morango. É falta de previsão de nosso sistema econômico, falha do Direito Econômico e desídia de nossos governantes. Quantos empregos pode proporcionar o cultivo de frutas no Brasil, afora as outras inúmeras vantagens que possa provocar! Criará, portanto, nova fonte de empregos.

Podemos dizer também que o Direito Econômico cumpriu sua missão ao criar o estatuto da microempresa e da empresa de pequeno porte, da qual falaremos no item seguinte, criando e incentivando a criação de oportunidades de trabalho para que todos encontrem e criem uma vida digna e com esforço próprio.

Outra medida salutar foi a regulamentação da sociedade simples no novo Código Civil, valorizando e incentivando a prestação de serviços, o que representou um desvio da preocupação na área industrial. Está comprovado que hoje a área de prestação de serviços emprega mais pessoas do que as indústrias. Foi criada então nova fonte poderosa de empregos. Dentro dessa diretriz, foi importante o desenvolvimento da franquia, dando ao pequeno empresário a oportunidade de empregar-se. A franquia representou ainda a expansão das oportunidades de emprego, e a profissionalização de empregados.

É um tanto ingrato e delicado o objetivo do Direito Econômico, pois não basta criar fontes de emprego, mas manter o equilíbrio entre a oferta e a procura de empregos. Se a economia do país retrai, a oferta de empregos será motivo de inquietação; se houver oferta demais de emprego com escassez de candidatos a emprego, gera desperdício. Em ambos os casos, os efeitos são desastrosos. Deverá haver, assim, o equilíbrio: a maior produção possível de bens e serviços, com o maior aproveitamento de mão de obra.

Da mesma forma que outros dispositivos constitucionais, a busca do pleno emprego deve ser analisada em correlação com eles, e não como aspecto isolado da ordem econômica. A busca do pleno emprego é um meio e não um fim; é um instrumento de ação da ordem econômica para atingir seus objetivos e os do Brasil. Destina-se a conquistar para o cidadão melhor qualidade de vida, um trabalho decente, em, consonância com as condições econômicas da sociedade brasileira. É princípio previsto no artigo 170, que, nos seus dizeres, tem por fim: *assegurar existência digna, conforme os ditames da justiça social*. Esses ditames são ainda o reflexo do Direito Internacional do Trabalho, cujos princípios estão expressos nas inúmeras convenções da OIT – Organização Internacional do Trabalho. A este respeito foram expostas amplas considerações em nossa obra *Direito Internacional Público*, publicado pela Ícone Editora.

A China resolveu o problema do desemprego num país de um bilhão e trezentos milhões de habitantes, seis vezes mais que a população brasileira. Contudo, foi à custa dos trabalhadores, reduzidos praticamente à escravidão. Dentro da política da máxima redução de custos dos produtos, para que eles não tivessem concorrência no mundo, o ser humano passou a ser um cifrão, um custo a ser reduzido cada vez mais. O país conseguiu atingir o pleno emprego, mas sem proporcionar condições de trabalho decentes, e que representasse melhor qualidade de vida e dignidade do trabalhador.

Não é esta a tônica da ordem econômica do Brasil, que propugna por proteção social adequada. Igualmente, o pleno emprego preconizado pela nossa ordem econômica não se restringe apenas ao trabalho assalariado, com registro e carteira assinada, mas a todos os que trabalham, a todo cidadão, àquele que deseja exercer atividade produtiva remunerada. Pode ser um vendedor autônomo, um camelô, um temporário, um feirante e auxiliar de feirante, o pequeno empresário individual, um liberal como dentista, médico, advogado, o jornaleiro e catador de papel e de latinhas. E o caso do representante comercial autônomo, de contingente superior a 500 mil no Brasil, que não é empregado, mas autônomo. Pode ser incluído um artista, enfim todos aqueles que vivem do seu trabalho, explorando sua capacidade pessoal e exercendo qualquer tarefa produtiva ou reprodutiva.

Enfim, o princípio do pleno emprego, como os demais princípios da ordem econômica, não existem por si mesmos, mas constituem instrumentos de que se serve a ordem econômica para atingir os fundamentos do Estado Democrático de Direito, e eles estão fixados no artigo 1º de nossa Constituição, e vamos até reproduzi-los:

I. A cidadania;
II. A dignidade da pessoa humana;
III. Os valores sociais do trabalho e da livre-iniciativa.

5.13. Princípio do tratamento favorecido para as empresas de pequeno porte

O inciso IX, o último do artigo 170, preconiza o tratamento favorecido para as empresas de pequeno porte. Visa assim a favorecer os pequenos empresários, fazendo com que se tornem patrões de si mesmos e usem os membros de sua família nas atividades. Atende também ao princípio do pleno emprego, pois uma empresa de pequeno porte mantém com segurança a atividade dos membros de uma família. Dá, ainda, motivação ao pequeno empresário para crescer e deixar de ser pequeno.

Assim fazendo, esse princípio alarga o complexo empresarial, pulverizando-o com milhares de empresas, fazendo surgir grande número delas.

A lei não estabelece a dimensão da empresa de pequeno porte, sem apontar os patamares e os critérios para considerar uma empresa como grande, pequena e média. Também não aponta os tipos de empresas que podem ser consideradas como de pequeno porte. A sociedade anônima dificilmente pode ser pequena empresa, pois é um tipo societário de manutenção custosa, incompatível com a pequena empresa, não se conhecendo algum que não o seja.

Parece que a Constituição não quis se referir à **microempresa** e à **empresa de pequeno porte,** assim definidas em lei especial e das quais falaremos em seguida. Estas, porém, pelo próprio nome e por força ou autoridade da lei, podem ser consideradas sempre como empresa de pequeno porte, referidas na Constituição.

6. SISTEMA FINANCEIRO NACIONAL

6.1. Organização e atribuições
6.2. Constituição do SFN
6.3. Do CMN – Conselho Monetário Nacional
  6.3.1. Funções
  6.3.2. Atividades de sua competência
6.4. O BACEN – Banco Central do Brasil
  6.4.1. Aspectos conceituais
  6.4.2. Competência do banco
  6.4.3. Administração do BACEN
6.5. O Banco do Brasil
  6.5.1. Competência privativa
  6.5.2. Competência não privativa
  6.5.3. Administração do Banco do Brasil
  6.5.4. As receitas
6.6. Das instituições financeiras
  6.6.1. Aspectos conceituais
  6.6.2. Instituições financeiras públicas
  6.6.3. Instituições financeiras privadas

6.1. Organização e atribuições

Capítulo IV do Título VII de nossa Constituição, chamado DO SISTEMA FINANCEIRO NACIONAL, regulamenta nossa vida financeira, secundado por várias leis. É constituído de apenas um artigo, de número 192, que estabelece o SFN, como se verá:

> *O sistema financeiro nacional, estruturado de forma a promover o desenvolvimento equilibrado do País e a servir aos interesses da coletividade, em todas as partes que o compõem, abrangendo as cooperativas de crédito, será regulado por leis complementares que disporão, inclusive, sobre a participação do capital estrangeiro nas instituições que o integram.*

Complementando a Constituição, um conglomerado de leis regulamentou a intervenção do Estado no Sistema Financeiro Nacional, nas diversas áreas de que ele se compõe, afora as normas complementares expedidas pelos órgãos reguladores do mercado financeiro. Vamos citar as principais:
- **Lei 4.131/62.** Lei do Capital Estrangeiro;
- **Lei 4.595/64.** Lei da Reforma Bancária (Regulamenta a atividade bancária no Brasil);

- **Lei 6.024/74.** Dispõe sobre a intervenção e liquidação extrajudicial de instituições financeiras;
- **Lei 9.710/98.** Dispõe sobre medidas de fortalecimento do SFN e cria o PROER;
- **Lei 4.728/65.** Lei do Mercado de Capitais;
- **Lei 6.385/76.** Lei do Mercado de Valores Mobiliários;
- **Lei 9.447/97.** Dispõe sobre a responsabilidade solidária de controladores de instituições financeiras;
- **Lei 7.357/85.** Define crimes contra o SFN – Sistema Financeiro Nacional;
- **Lei 9.613/98.** Dispõe sobre crimes de lavagem de dinheiro ou ocultação de bens, direitos e valores;
- **Lei 10.214/01.** Dispõe sobre a atuação das câmaras e dos prestadores de serviços de compensação e de liquidação no âmbito do sistema de pagamento brasileiro;
- **Lei Complementar 105/2001.** Lei do sigilo das operações de instituições financeiras.

O SFN – Sistema Financeiro Nacional cuida da autorização para o funcionamento das instituições financeiras, estabelecimentos de seguro, resseguro, previdência privada e capitalização; das condições para a participação do capital estrangeiro nas instituições, cooperativas de crédito, taxas de juros reais, e outros temas correlatos.

Cuida ainda do crédito, do mercado de dinheiro, ou seja, do uso do dinheiro circulante no país, com sua aplicação nas atividades produtivas. Esse mercado divide-se em dois: **mercado de capitais** e **mercado financeiro**. O mercado de capitais é a movimentação do dinheiro mais aplicado, mais imobilizado, de recuperação mais demorada e somente em situações especiais; é o caso do dinheiro investido no capital de empresas. Não nos ocuparemos, neste compêndio de **Direito Econômico**, desse tipo de mercado, uma vez que é tema pertencente a outro ramo do Direito Empresarial, o **Direito do Mercado de Capitais**. É este realmente um ramo paralelo ao Direito Bancário, mas com características próprias.

Ocupamo-nos agora do mercado financeiro, de movimentação mais ágil, móvel e flexível do dinheiro, aplicado para recuperação em curto prazo. É fácil localizá-lo, por ser o dinheiro encontrado em depósito nos bancos, e usado por estes nos empréstimos em curto prazo. Quando falamos em curto prazo, referimo-nos ao tempo de até 120 dias. E quando falamos em bancos queremos nos referir a todos os tipos de banco e conjunto de empresas chamadas de instituições financeiras.

Esse mercado exige rígido controle, regulamentação ampla e interesse constante, pois qualquer transtorno verificado nele provocará abalos na economia do País. Além disso, ele é extremamente sensível a qualquer acontecimento, noticiário, boatos. Sua regulamentação é representada pela lei básica, chamada Lei da Reforma Bancária, a Lei 4.595/64. Trata-se de lei de quase meio século e está exigindo nova reformulação. Todavia, ela é constantemente atualizada por um enorme cipoal legislativo, formado por resoluções, circulares e outros atos normativos expedidos pelos órgãos reguladores do SFN, como o BACEN – Banco Central do Brasil, o CMN – Conselho Monetário Nacional, e, às vezes, a CVM – Comissão de Valores Mobiliários.

Todo esse complexo de normas constituem um direito especial, referente à regulamentação do SFN. Este, por sua vez, é formado por ampla e complexa rede de bancos e outras organizações, que, direta ou indiretamente, atuam no mercado de crédito. Essa estrutura é que garante a estabilidade e segurança no mercado de dinheiro.

Outros consideram o SFN, sob outro lado, como o conjunto de órgãos e instituições financeiras formados para a gestão da política monetária do Governo Federal. As atribuições do Sistema Financeiro Nacional cuidam ainda das condições para a participação do capital estrangeiro nas instituições de crédito, tendo em vista principalmente os interesses nacionais e os acordos internacionais. Deve prever a criação de fundo ou seguro, com o objetivo de proteger a economia popular, garantindo créditos, aplicações e depósitos até determinado valor, vedada a participação de recursos da União.

6.2. Constituição do SFN

O SFN – Sistema Financeiro Nacional é formado por um complexo de órgãos e instituições que operam na vida econômica do País, mais precisamente no mercado financeiro e no mercado de capitais. São instituições financeiras públicas e privadas e órgãos públicos, cada um com finalidades específicas: uns são reguladores, outros supervisores, outros operadores. É difícil classificá-los, ante os diferentes pontos de vista, mas podemos apresentar alguns quadros:

Órgãos públicos normativos:
Conselho Monetário Nacional, Banco Central do Brasil, Conselho Nacional de Seguros Privados, Conselho de Gestão da Previdência Complementar.

Órgãos públicos operacionais:
Banco do Brasil, Banco Nacional de Desenvolvimento Econômico e Social, instituições financeiras públicas.

Comissões consultivas:
Conselho Superior das Caixas Econômicas, Bancos e caixas econômicas estaduais, bancos privados, Comissão Bancária, e muitos outros órgãos públicos e privados, que são consultados quando necessário.

6.3. Do CMN – Conselho Monetário Nacional

6.3.1. *Funções*

É o órgão máximo do SFN e formula a política da moeda e do crédito. Sua finalidade é a de formular a política da moeda e do crédito, objetivando o progresso econômico e social do País. Essa política norteia os objetivos mais diretos desse órgão, como adaptar o volume dos meios de pagamento às reais necessidades da economia nacional e ao seu processo de desenvolvimento.

Pertence ao Ministério da Fazenda e seu presidente é sempre o Ministro da Fazenda.

Regula o valor interno da moeda e o equilíbrio no balanço de pagamento do País, tendo em vista a melhor utilização dos recursos em moeda estrangeira. Orienta a aplicação dos recursos das instituições financeiras, quer públicas, que privadas, tendo em vista propiciar, nas diferentes regiões do País, condições favoráveis ao desenvolvimento harmônico da economia nacional.

Propicia o aperfeiçoamento das instituições e dos instrumentos financeiros, com vistas à maior eficiência do sistema de pagamentos e de mobilização de recursos. Zela pela liquidez e solvência das instituições financeiras. Coordena as políticas monetária, creditícia, orçamentária, fiscal e da dívida pública.

6.3.2. *Atividades de sua competência*

Compete ao CMN, segundo diretrizes estabelecidas pelo Presidente da República, autorizar o BACEN a emitir, anualmente, papel-moeda até o limite de 10% dos meios de pagamento existentes a 31 de dezembro do ano anterior, para atender às exigências das atividades produtivas e da circulação da riqueza do País, devendo, porém, solicitar autorização do Poder Legislativo, mediante mensagem do Presidente da República, para as emissões que, justificadamente, se tornarem necessárias além daquele limite.

Aprova os orçamentos monetários, preparados pelo BACEN, por meio dos quais se estimarão as necessidades globais de moeda e crédito. Fixa as diretrizes e normas da política cambial, inclusive quanto à compra e venda de ouro e quaisquer operações em DES – Direitos Especiais de Saque e em moeda estrangeira.

Disciplina o crédito em todas as suas modalidades e as operações creditícias em todas as duas formas, inclusive aceites, avais e prestações de quaisquer garantias por parte das instituições financeiras. Coordena a política do CMN. Regula a constituição, o funcionamento e a fiscalização dos que exercem atividades bancárias, bem como a aplicação das penalidades previstas.

Limita, sempre que necessário, as taxas de juros, descontos, comissões e qualquer outra forma de remuneração de operações e serviços bancários ou financeiros, inclusive os prestados pelo BACEN, assegurando taxas favorecidas aos financiamentos que se destinem a promover a recuperação e fertilização do solo; reflorestamento; combate a epizootias e pragas, nas atividades rurais; eletrificação rural; mecanização; irrigação, investimentos indispensáveis às atividades agropecuárias.

Determina a percentagem máxima dos recursos que as instituições financeiras poderão emprestar a um mesmo cliente ou grupo de empresas. Estipula índices e outras condições técnicas sobre encaixes, mobilizações e outras relações patrimoniais, a serem observadas pelas instituições financeiras.

Muitas outras atribuições são da competência do CMN; aliás, como quase tudo na área bancária, a maioria prevista no artigo 4º da Lei 4.595/64.

6.4. O BACEN – Banco Central do Brasil

6.4.1. *Aspectos conceituais*

É uma autarquia federal e um órgão normatizador, orientador e controlador do SFN. Foi criado em 1964, pela Lei da Reforma Bancária, mas, anteriormente, suas funções eram executadas pela SUMOC – Superintendência da Moeda e do Crédito, que foi absorvida pelo BACEN e pelo CMN. É o principal órgão promotor das resoluções do CMN. Sendo autarquia, tem personalidade jurídica e patrimônio próprio, este constituído de bens, direitos e outros valores. Ele pode emitir títulos de responsabilidade própria, de acordo com as condições estabelecidas pelo CMN.

6.4.2. *Competência do banco*

Variadíssima gama de atribuições do BACEN está na manta de sua competência, algumas de sua **competência exclusiva**, expostas no artigo 10 da Lei 4.595/64.

1. Compete privativamente ao BACEN a emissão de papel-moeda e moeda metálica, nas condições e limites autorizados pelo CMN. Essa competência é de ordem técnica, pois muitos poderes dela participam. A competência, segundo

nossa Constituição Federal, é da União, e o BACEN é um órgão federal, integrado no sistema, e, segundo ela, cabe ao Congresso Nacional dispor sobre a moeda, seus limites de emissão e montante da dívida mobiliária federal. A competência da União para emitir moeda será exercida exclusivamente pelo BACEN, mas lhe é vedado conceder direta ou indiretamente empréstimos ao Tesouro Nacional e a qualquer órgão ou entidade que não seja instituição financeira. O BACEN poderá comprar e vender títulos do Tesouro Nacional, com o objetivo de regular a oferta de moeda ou a taxa de juros. As disponibilidades de caixa da União serão depositadas no BACEN.

2. Competência exclusiva do BACEN é a de receber depósitos compulsórios de outros bancos. Conforme se viu, os bancos são obrigados a manter em depósito no BACEN uma porcentagem de seus depósitos, mais ou menos, 10%, como reserva para uma contingência momentânea. Os bancos somente podem manter conta-corrente no BACEN. O BACEN operará exclusivamente com instituições financeiras públicas e privadas, vedadas operações bancárias de qualquer natureza com pessoas de direito público ou privado, salvo as expressamente autorizadas por lei. Os encargos e serviços de competência do BACEN, quando por ele não executados diretamente, serão contratados de preferência com o Banco do Brasil, exceto nos casos especialmente autorizados pelo CMN.

3. Em terceiro lugar, cabe ao BACEN conceder autorização às instituições financeiras, a fim de que possam funcionar no Brasil, instalar ou transferir suas sedes, ou dependências, inclusive no exterior e ser transformadas, fundidas, incorporadas ou encampadas. O BACEN autoriza a prorrogação dos prazos concedidos para funcionamento, ou para alterar o estatuto delas, alienar ou, por qualquer fora, transferir o seu controle acionário. Cabe-lhe também a fiscalização dos bancos. As instituições financeiras estrangeiras, porém, dependem de

autorização do Poder Executivo, mediante decreto, para que possam funcionar no País.
4. Somente o Banco Central pode realizar redesconto de títulos descontados por bancos. Realizamos neste compêndio o estudo do desconto e do redesconto de títulos, operações tipicamente bancárias. Qualquer tipo de empréstimo de dinheiro (mútuo) a bancos só poderá ser feito pelo BACEN.
5. É da competência do BCB exercer o controle do crédito sob todas as suas formas e executar os serviços do meio circulante. Efetua ainda o controle dos capitais estrangeiros. Efetua, como instrumento de política monetária, operações de compra e venda de títulos públicos federais.
6. O BACEN regula a execução dos serviços de compensação de cheques e outros títulos. A Câmara de Compensação (*clearing house*) é prática internacional, mas pode ser criada como câmara privada no Brasil. Entretanto, só se conhece a Câmara de Compensação do Banco do Brasil. A regulamentação desse serviço, porém, cabe ao BACEN.
7. A vigilância nos mercados financeiros e de capitais se deve principalmente ao BACEN, embora colaborem nessa tarefa vários órgãos como o CMN e a CVM. Ele atua sobre as entidades que, indireta ou indiretamente, interfiram nesses mercados e em relação às modalidades ou processos operacionais que utilizem.

6.4.3. *Administração do BACEN*

O BACEN será administrado por uma diretoria de nove membros, um dos quais será o Presidente, todos nomeados pelo Presidente da República, entre brasileiros de ilibada reputação e notória capacidade em assuntos econômico-financeiros, sendo demissíveis *ad nutum*. Presidente do BACEN será substituído pelo diretor que o CMN designar. O término do mandato, a renúncia ou a perda da qualidade de membro do CMN determinam igualmente a perda da função de diretor do BACEN. Compete ao seu Presidente definir a competência e as atribuições de sua diretoria.

O regimento interno do BACEN prescreverá as atribuições do presidente e dos diretores e especificará os casos que dependerão de deliberação da diretoria, a qual será tomada por maioria de votos.

6.5. O Banco do Brasil

É o maior e o mais antigo banco do País, com mais de 4.000 agências espalhadas por todo o território nacional. É uma sociedade estatal, mas não empresa pública, por não pertencer totalmente ao Governo. É uma sociedade de economia mista, com seu capital pertencente mais ou menos 70% ao Governo Federal e os outros 30% estão pulverizado em milhões de acionistas. Sendo banco do Governo Federal, seu principal cliente é o próprio dono. Recebe os tributos e outras rendas dos contribuintes do Tesouro Nacional, lançando-os a crédito deste; e também as operações de crédito da União por antecipação da receita orçamentária.

Conforme já falamos, o Banco do Brasil mantém e faz funcionar a Câmara de Compensação de Cheques (*Clearing House*) à qual pertencem quase todos os bancos. É um serviço amplo que facilita a ação de todos os bancos membros. Um banco recebe cheques em depósito ou pagamento de títulos, e teria muito trabalho em cobrar esses cheques. Encaminha-os então à Câmara de Compensação do Banco do Brasil, que credita aos bancos os cheques recebidos e os debita na conta dos bancos sacados. É um tipo de conta-corrente escritural, mantida entre todos os bancos, mas não há movimentação de dinheiro; só de cheques.

6.5.1. *Competência privativa*

O Banco do Brasil serve como instrumento da política creditícia e financeira do Governo Federal e Agente Financeiro do Tesouro Nacional. Realiza pagamentos por conta do Governo Federal, sendo agente pagador e recebedor fora do País. Adquire e financia estoques de produção exportável. Concede aval, fiança e outras garantias, consoante expressa autorização legal. Executa o serviço da dívida pública consolidada.

Como principal executor dos serviços bancários do Governo Federal, inclusive suas autarquias, o BB recebe em depósito, com exclusividade, as disponibilidades de quaisquer entidades federais, compreendendo as repartições de todos os ministérios civis e militares, instituições de previdência e outras autarquias e outros órgãos, com exceções das previstas em lei ou em casos especiais, expressamente autorizados pelo CMN, por proposta do BACEN. Realiza, por conta própria, recebimentos ou pagamentos e outros serviços de interesse do BACEN, nas condições estabelecidas pelo CMN.

6.5.2. *Competência não privativa*

Financia a aquisição e instalação da pequena e média propriedade rural, nos termos da legislação que regular a matéria. Financia também as atividades industriais e rurais, com favorecimentos previstos em lei, observando nos diversos financiamentos das atividades econômicas das necessidades creditícias das diferentes regiões do País. Financia ainda as importações e exportações. Desta forma difunde e orienta o crédito, inclusive as atividades comerciais, suplementando a ação da rede bancária.

6.5.3. *Administração do Banco do Brasil*

A nomeação do presidente e dos diretores do Banco do Brasil S.A. será feita pelo Presidente da República, após aprovação do Senado Federal. As substituições eventuais do presidente não poderão exceder o prazo de tinta dias consecutivos, sem que o Presidente da República submeta ao Senado Federal o nome do substituto.

6.5.4. *As receitas*

Constituem receita do BACEN as rendas de operações financeiras e de outras aplicações de seus recursos; das suas operações de câmbio, da compra e venda de ouro e de quaisquer outras operações em moeda estrangeira; rendas eventuais, inclusive as derivadas de multa de juros de mora aplicados por força da legislação em vigor.

6.6. Das instituições financeiras

6.6.1. Aspectos conceituais

Consideram-se instituições financeiras as pessoas jurídicas públicas e privadas que tenham como atividade principal ou acessória a coleta, intermediação ou aplicação de recursos financeiros próprios ou de terceiros, em moeda nacional ou estrangeira, e a custódia de valor de propriedade de terceiros. Equiparam-se às instituições financeiras as pessoas físicas que exerçam qualquer dessas atividades, de forma permanente ou eventual. Já tivemos oportunidade de relacionar as instituições financeiras, mas, a cada passo em que se trate delas, será conveniente relembrá-las:
1. Estabelecimentos bancários oficiais ou privados;
2. Sociedade de financiamento, crédito e investimentos;
3. Caixas econômicas e cooperativas de crédito ou a seção de crédito das cooperativas que a tenham.

Também se subordinam às disposições e disciplinas da Lei 4.595/64 e no que for aplicável:
1. Bolsas de valores;
2. Companhias de seguros e de capitalização;
3. Sociedades que efetuam distribuição de prêmios em imóveis, mercadoria ou dinheiro ou por qualquer forma;
4. As pessoas físicas ou jurídicas que exerçam, por conta própria ou de terceiros, atividade relacionada com a compra e venda de ações e outros quaisquer títulos, realizando, nos mercados financeiros e de capitais, operações ou serviços de natureza dos executados pelas instituições financeiras.

O BACEN, no exercício da fiscalização que lhe compete, regulará as condições de concorrência entre instituições financeiras, coibindo-lhes os abusos. Dependerão de prévia autorização do BACEN as campanhas destinadas à coleta de recursos do público, praticadas por pessoas físicas ou jurídicas na Lei 4.595/64, salvo para subscrição pública de ações, nos termos da Lei das Sociedades por Ações.

6.6.2. *Instituições financeiras públicas*

As instituições financeiras públicas são órgãos auxiliares da execução da política de crédito do Governo Federal. O Conselho Monetário Nacional regulará as atividades, capacidade e modalidade operacionais das instituições financeiras públicas federais, que deverão submeter à aprovação daquele órgão, com a prioridade por ele prescrita, seus programas de recursos e aplicações, de forma que se ajustem à política de crédito do Governo Federal.

A escolha dos diretores ou administradores das instituições financeiras públicas federais e a nomeação dos respectivos presidentes e designação dos substitutos seguem o critério adotado para o presidente e diretores do Banco do Brasil, ou seja, deverão ser pessoas de reputação ilibada e notória capacidade.

O Banco Nacional do Desenvolvimento Econômico e Social é o principal instrumento de execução de política de investimentos do Governo Federal. As instituições financeiras públicas federais ficam sujeitas a disposições relativas às instituições financeiras privadas. As caixas econômicas estaduais equiparam-se, no que couber, às caixas econômicas federais, estando isenta da taxa de fiscalização. Todavia, no presente momento só restou a Caixa Econômica Federal, pois as estaduais estão sendo absorvidas.

As instituições financeiras públicas deverão comunicar ao BACEN a nomeação ou a eleição de diretores e membros de órgãos consultivos, fiscais e semelhantes, no prazo de quinze dias da data de sua ocorrência. As instituições privadas estão sujeitas às mesmas obrigações.

6.6.3. *Instituições financeiras privadas*

As instituições financeiras privadas, exceto as cooperativas de crédito, constituir-se-ão unicamente sob a forma de sociedade anônima, devendo a totalidade de seu capital com direito a voto ser representada por ações nominativas. Atualmente só existem ações nominativas, pois as ações ao portador foram abolidas.

As instituições financeiras de direito privado, exceto as de investimento, só poderão participar de capital de quaisquer sociedades com prévia autorização do BACEN, solicitada justificadamente e concedida expressamente, ressalvados os casos de garantia de subscrição, nas condições que forem estabelecidas, em caráter geral, pelo CMN.

É vedado às instituições financeiras conceder empréstimos ou adiantamentos a seus diretores e membros dos conselhos fiscal, administrativo, e semelhantes, bem como aos respectivos cônjuges, aos parentes, até segundo grau dessas pessoas. Nem tampouco para pessoas físicas ou jurídicas que participem de seu capital, com mais de 10%. Será possível, mas com autorização específica do BACEN, em cada caso, quando se tratar de operações lastreadas por efeitos comerciais resultantes de transações de compra e venda ou penhor de mercadorias, em limites que forem fixados pelo CMN, em caráter geral.

Também não poderá fazer empréstimos a pessoas jurídicas das quais a instituição financeira participe do capital com mais de 10%. E também se os diretores ou administradores da instituição financeira, ou cônjuges e respectivos parentes até o segundo grau, participarem do capital da empresa que receberá o empréstimo em mais de 10% do capital.

Há outras vedações para as instituições financeiras: não podem emitir debêntures e partes beneficiárias. Também não podem adquirir imóveis, a não ser os destinados ao próprio uso, salvo os recebidos em liquidação de empréstimos de difícil ou duvidosa solução. Neste último caso, deverão vendê-los dentro do prazo de um ano, a contar do recebimento, prorrogável até duas vezes, a critério do BACEN.

Muitos tipos de instituições financeiras privadas podem ser apontadas, todas sujeitas à fiscalização pelo BCB, citando: banco comercial, também chamado banco de varejo ou banco de depósitos, como é o caso das numerosas agências bancárias encontradas na cidade, associação de poupança e empréstimo, banco cooperativo, banco de investimento, cooperativa de crédito, sociedade de arrendamento mercantil, sociedade corretora de câmbio, sociedade de financiamento, crédito e investimento, sociedade de crédito imobiliário.

7. DA EMPRESA

7.1. Conceito de empresa
7.2. Os três tipos de empresa do Código Civil
    7.2.1. Empresário (Arts. 966 a 971)
    7.2.2. Sociedade empresária (Arts. 1.039 a 1.096)
    7.2.3. Sociedade simples (Arts. 997 a 1.038)
7.3. O advento da fase empresarial
7.4. A atividade econômica
7.5. O intento lucrativo
7.6. A especialidade da empresa
7.7. O exercício continuado da atividade empresarial
7.8. A intermediação
7.9. Empresa e sociedade
7.10. Empresa nacional e estrangeira

7.1. Conceito de empresa

Vimos que o Direito Empresarial é o ramo do direito privado, aplicado às atividades concernentes à produção de mercadorias e serviços, a fim de suprir o mercado consumidor. A população mundial aumenta incessantemente, alargando também as necessidades de consumo. O mesmo fenômeno ocorre com nosso país: a população do Brasil cresce de forma explosiva, contando hoje com aproximadamente 200 milhões de pessoas, tornando-se um dos países mais populosos do mundo. Essa população forma o mercado consumidor brasileiro; necessita de mercadorias e de serviços. Pesquisar essas necessidades e atendê-las é tarefa delicada e difícil, reservada a uma evoluída ciência empresarial, chamada no mundo moderno de **mercadologia**, também designada com o nome anglo de *"marketing"*.

Levantar as necessidades do mercado consumidor, produzir mercadorias e serviços que satisfaçam essas necessidades e fazer com que cheguem às mãos daqueles que necessitam não pode ser tarefa empírica, ocasional e isolada. Deve ser trabalho maiúsculo, planejado e cientificamente executado dentro de tecnologia apropriada; envolve a participação de técnicos especializados. É o trabalho das empresas. Por isso, dizemos que o Direito Empresarial é o conjunto de normas e princípios que disciplinam o trabalho realizado sob o regime de empresa. A empresa é quem exerce a tarefa a que estamos nos referindo. Seu conceito mais recomendável é encontrado, desde 1942, no Código Civil italiano:

> Imprenditore – É imprenditore chi esercita profissionalmente una attività organizzata al fine della produzione o dello scambio di beni e di servizi.
>
> *Empresário – É empresário quem exerce profissionalmente uma atividade econômica organizada com o objetivo da produção ou circulação de bens e de serviços.*

Esse artigo inspirou o art. 966 de nosso Código Civil:

> *Considera-se empresário quem exerce profissionalmente atividade econômica organizada para a produção ou a circulação de bens ou de serviços.*

"*Data máxima vênia*", e sem a veleidade de discordar dos legisladores, formamos opinião, com fulcro em vários doutrinadores, que a expressão "bem" não tem sentido exato. Para nós, serviços são bens. "Bem" é tudo aquilo que satisfaz às necessidades humanas, podendo ser bens materiais ou imateriais. "Coisa" seria a expressão mais adequada, mas o termo mais apropriado seria "mercadoria". Mercadoria é um bem e é uma coisa, mas quando se fala em direito mercantil, mercadoria é uma coisa destinada a ser vendida, a ser distribuída para a satisfação dos interesses de outrem.

Quando falamos em "empresa", ficam incluídas as empresas estatais e as prestadoras de serviços; as empresas estatais, considerando-se nessa nomenclatura a empresa pública e a sociedade de economia mista, tanto uma, quanto outra, pertencentes ao Governo. Todavia, a função delas é produzir e vender, transformando-se juridicamente, não em órgão da administração pública, mas num centro de interesses, regido pela legislação empresarial.

Ao incluirmos empresa cujo objeto seja a prestação de serviços, procuramos arredar a não exigência de registro na Junta Comercial, sendo assim considerada empresa civil. Contudo, tanto as empresas públicas como as prestadoras de serviços amoldam-se ao conceito exarado pelo art. 966 de nosso código. Há realmente algumas peculiaridades, como o não enquadramento da empresa civil na legislação mercantil; não faz registro na Junta Comercial, não se submete à Lei de Recuperação de Empresas. Não deixa, porém, a empresa civil de ser empresa.

As atividades econômicas do mundo atual têm sido concentradas em três categorias: primárias, secundárias e terciárias. As atividades primárias são as referentes à extração direta, da natureza, dos produtos que ela nos proporciona. É o caso da agricultura, da pesca, da pecuária e da mineração. A atividade secundária refere-se à manipulação dos produtos, transformando-os em outros, fazendo chegar às mãos do consumidor, não o produto comprado, mas um novo produto. Colher cacau é atividade primária, mas transformá-lo em tablete de chocolate é atividade secundária. A atividade secundária é a indústria, a mais sugestiva sob o ponto de vista empresarial.

Atenção especial merece, no mundo moderno, a atividade terciária: a de prestação de serviços. Inclui-se nela o comércio puro, o comércio "*strictu sensu*", ou seja, a compra de produtos para sua venda ao consumidor, sem modificá-lo. É o que ocorre na indústria automobilística; a indústria fabrica o produto, mas não o vende ao consumidor (exerce, pois, atividade secundária). A concessionária de veículos compra-os e vende-os sem modificar a substância deles; exerce atividade terciária. Esse terceiro tipo de atividade desenvolve-se demais em nossos dias; é a atividade de prestação de serviços, por terceiros à empresa. Recebe o nome de "terceirização", introduzido recentemente. O prestador de serviços desempenha o papel de agente auxiliar das atividades empresariais.

O Direito Empresarial disciplina todas essas atividades, desde que exercidas em sistema de empresa, ou seja, como atividade econômica organizada, para a produção de mercadorias e serviços, destinados à satisfação das necessidades dos consumidores. As empresas, porém, são divididas em vários grupos, sendo algumas delas declaradas, legalmente, como civis e não mercantis. É o caso de empresas agrícolas ou pecuaristas, que exercem atividades consideradas civis, como também as empresas imobiliárias ou administradoras de imóveis, de empresas de prestação de serviços, de cooperativas e várias outras. São empresas civis por força ou determinação da lei.

7.2. Os três tipos de empresa do Código Civil

Há muitas classificações de empresas, conforme o critério adotado para classificá-las, como a que falamos acima: empresas de atividade primária, secundária e terciária. Nosso Código Civil fala em três tipos de empresa, a que ele dá o nome:

7.2.1. *Empresário (Arts. 966 a 971)*
É a pessoa individual que se registra na Junta Comercial para exercer atividades empresariais em nome próprio.

7.2.2. *Sociedade empresária (Arts. 1.039 a 1.096)*
É empresa coletiva, ou seja, formada por duas ou mais pessoas, registrando-se na Junta Comercial, e trabalha com mercadorias. Encontraremos as características dessa empresa em várias passagens legislativas, das quais citaremos as principais:
- a) Precisa registrar-se no Registro Público de Empresas Mercantis;
- b) Precisa exercer atividade econômica;
- c) É dotada de personalidade de direito privado, personalidade essa distinta da de seus sócios (Decreto 900);
- d) Ter seu capital constituído por contribuições de seus sócios;
- e) Persegue lucros (Art. 2º da Lei das S.A.);
- f) Deve revestir-se das formas previstas na lei e seguir as disposições do Direito Empresarial;
- g) As atividades empresariais devem ser lícitas;
- h) Deve ter organização interna, com livros fiscais, registros, contabilidade e demonstrações financeiras;
- i) Deve dedicar-se a atividades mercantis, isto é, trabalhar com mercadorias: na produção delas (indústria) ou na distribuição delas (varejo).

A sociedade empresária, também chamada de "empresa mercantil", tem vários modelos, grande parte regulamentados no Código Civil, a saber:
1. Sociedade em conta de participação – Arts. 991 a 996;
2. Sociedade limitada – Arts. 1.052 a 1.087;
3. Sociedade anônima – Arts. 1.088 a 1.089;
4. Sociedade em comandita por ações – Arts. 1.090 a 1.092;
5. Sociedade cooperativa – Arts. 1.093 a 1.094.

A sociedade anônima e a sociedade em comandita por ações são apenas mencionadas e caracterizadas no Código Civil, mas são regulamentadas em lei própria, a Lei 6.404/76, denominada Lei das S.A., ou Lei das Sociedades por Ações. O mesmo fenômeno ocorre com a sociedade cooperativa, regulamentada por lei própria.

7.2.3. *Sociedade simples (Arts. 997 a 1.038)*

Está fartamente regulamentada nos 42 artigos do Código Civil e suas disposições aplicam-se a outros modelos societários, o que revela a importância que o novo Direito Empresarial deu a essa empresa. É também chamada sociedade civil. É o tipo de empresa que se dedica à atividade terciária, vale dizer, prestação de serviços. A peculiaridade desse modelo societário é a de que se registra no Cartório de Registro Civil de Pessoas Jurídicas.

7.3. O advento da fase empresarial

A empresa constitui hoje o objeto de estudo do Direito Empresarial e a pedra angular sobre a qual repousa sua dogmática. Nem sempre foi assim, mas surgiu recentemente. O desenvolvimento científico-legislativo da empresa e a sua noção jurídica surgiram ainda na primeira metade do século XX, graças aos estudos de Tullio Ascarelli, conforme veremos mais tarde, em um capítulo sobre a influência desse extraordinário pensador no Direito Empresarial.

Quando Ascarelli despontava, aos 20 anos, como genial discípulo de Cesare Vivante na Universidade de Roma, em 1923, outro extraordinário jurista, Lorenzo Mossa, manifestava sua antecipadora visão sobre o advento da empresa como nova base do então chamado "Direito Comercial". Ao pronunciar, em 1923, a aula inaugural no curso de direito daquele ano na Universidade de Sassari, na ilha da Sardenha, Lorenzo Mossa anteviu a importância da empresa na estruturação de novo direito comercial. Mossa afirmou naquela aula que o Direito Comercial seria mais tarde o direito das empresas, pois a noção atomística do ato de comércio estava perdendo, de forma acelerada e irreversível, qualquer valor concreto na uniformização do Direito Comercial.

Esse direito destinava-se, então, a disciplinar as empresas, suas relações com outras empresas e com seu público, ou seja, clientes e fornecedores. Mossa previu ainda a ascensão do Direito do Trabalho, em decorrência da ascensão da empresa, que deveria em breve constituir-se como ramo autônomo do direito. Naquela época, o Direito do Trabalho tinha sua regulamentação no Código de Comércio italiano (que não existe mais), e no Brasil no Código Civil.

Apesar das reações desfavoráveis às ideias de Mossa, suas visões se concretizaram, com o advento das empresas no domínio do Direito Comercial, em decorrência da importância que elas assumiram na economia de todos os países, até mesmo nos países de regime comunista, embora como empresas públicas. Tornaria-se despiciendo falar sobre isso, mas hoje, em nosso país, ninguém poderá desconhecer a dominação das empresas na economia e nas demais áreas de funcionamento do país, como na política.

As empresas brasileiras, entre as quais os bancos se situam, põem, e depõem governantes, como aconteceu há tempos com um Presidente da República. Com a expressiva influência das empresas, cresceu a importância do direito que as disciplina. O Direito Empresarial é hoje, não só no Brasil, o mais importante, complexo e abrangente ramo do direito. Estabelece ainda ampla conexão com os demais ramos do direito, como, por exemplo, o Direito Econômico, no que tange principalmente aos mecanismos reguladores da economia e do mercado consumidor.

7.4. A atividade econômica

Conforme vimos, e veremos várias vezes no decorrer de nosso trabalho, a empresa exerce atividade econômica, e esta última expressão necessita de comentários e de interpretação. O sentido do termo fica mais bem esclarecido no exame do objetivo dessa atividade econômica: para a produção e venda, a título oneroso, de mercadorias e serviços. A atividade econômica é considerada no seu valor social, no interesse da coletividade. O termo "econômica", aqui aplicado, interpreta-se como uma atividade criadora de riquezas, pois as mercadorias e serviços produzidos devem representar um acréscimo ao patrimônio social.

Tanto as mercadorias como os serviços representam um valor econômico; são patrimonialmente avaliáveis. É o caso de um agricultor, de uma empresa agrícola, que, exercendo trabalho sobre a terra, dela produz cereais; essa produção representa o aumento da riqueza social. A indústria que fabrica determinados produtos, como automóveis, faz aumentar a riqueza nacional, não só porque adquire a matéria-prima e paga seus empregados, mas seus produtos aumentam o patrimônio da coletividade. Uma empresa prestadora de serviços também exerce atividade econômica (como um banco) se os seus serviços engrandecem a riqueza nacional, aumentando a produtividade.

A atividade econômica vem esclarecida pela produção e troca de mercadorias e serviços. A troca a que a lei se refere é a troca de mercadorias por dinheiro; a empresa dedica-se à produção e venda de seus produtos, mais precisamente, a produção para venda. O agricultor que planta e colhe para satisfazer suas necessidades nunca se constituirá como empresa, pois esta se destina a satisfazer as necessidades do mercado e não as suas; colocando seus produtos no mercado, aumenta o patrimônio desse mercado.

7.5. O intento lucrativo

Outra expressão passível de explicações, utilizada no conceito de empresa, é a do profissionalismo. Ao dizer que é empresa quem exerce "profissionalmente" atividade econômica organizada, o conceito atribuiu-lhe diversos significados. O advogado e o médico também exercem profissionalmente sua atividade. O que significará esse profissionalismo? Em primeiro lugar, o advogado e o médico vivem de sua profissão, vale dizer, têm intento lucrativo, procuram ganhar o seu sustento com sua atividade.

Em segundo lugar, por ser profissional, não pratica atos isolados, mas exerce atividade, renovando seus atos de forma habitual. Atos isolados não formam profissão: o aluno que vende alguns livros a seus colegas não é vendedor de livros. Em terceiro lugar, o advogado não pratica atos variados, mas específicos da advocacia; da mesma forma, o médico pratica atos de medicina, atos de sua profissão.

Mais ou menos como os profissionais liberais, a empresa tem também a sua profissão. A empresa tem ainda uma qualificação como as pessoas físicas; tem nome, nacionalidade, profissão, domicílio e documentos que a identificam. Só não tem estado civil, mas pode ser uma empresa casada com outra, pelo seu capital, ou então independente. A profissão da empresa é o seu objeto social, a sua especialidade; pode ela ser industrial ou varejista, como pode dedicar-se à prestação de serviços. A profissão da empresa não decorre apenas de necessidade organizacional, mas de exigência legal.

O fator mais importante do profissionalismo é o intento lucrativo. Toda empresa tem seu objeto e seu objetivo: o objeto é o seu ramo de atividade; o objetivo é o lucro. O intento lucrativo é da essência da empresa; ninguém monta uma empresa por diletantismo ou passatempo, por benemerência ou por vaidade. O empresário é um profissional, pois investe seu dinheiro na empresa, para fazê-la gerar lucros com que possa viver e prosperar. Esse é o objetivo da empresa: proporcionar lucros para si, para distribuí-los aos seus donos. A formação da empresa coletiva processa-se por uma estruturação jurídica, retratada no contrato denominado contrato social ou contrato de sociedade. Se diversas pessoas constituem empresa pelo contrato social têm um objetivo em vista: obter lucros.

A lucratividade da empresa é exigência legal. Nosso direito não regulamenta devidamente a empresa, mas o novo Código Civil traça as normas sobre a sociedade, que é a sua estruturação jurídica. Essa questão fica pormenorizadamente explanada em nossa obra *Direito Societário*, publicada por esta mesma editora.

Vê-se, pelas considerações acima, que o dirigente da empresa tem dois ônus ao organizá-la: contribuir com o capital e responsabilizar-se pelos prejuízos; assume, pois, os riscos da profissão. Será equitativo, portanto, que haja o reverso da medalha: se ele se responsabiliza pelos prejuízos, deverá desfrutar dos lucros. Encontramos maior clareza se examinarmos o art. 2.247 do Código Civil italiano:

> Con il contratto di società due o più persone conferiscono beni o servizi, per l'esercizio in comune di una attività econômica, allo scopo di dividirne gli utili.

> *Com o contrato de sociedade, duas ou mais pessoas conferem bens ou serviços para o exercício de uma atividade econômica, com o escopo de dividir seus lucros.*

Seguindo a esteira do Código Civil italiano, o nosso apenas muda algumas palavras, no art. 981:

> *Celebram contrato de sociedade as pessoas que reciprocamente se obrigam a contribuir, com bens ou serviços, para o exercício de atividade econômica e a partilha, entre si, dos resultados.*

Embora fale a lei em "sociedade", interpreta-se como "empresa", visto que a sociedade é a estrutura jurídica da empresa. Se, portanto, a empresa tem finalidade lucrativa, por princípio e pela lei, o direito que a regulamenta, o Direito Empresarial, caracteriza-se pela onerosidade. A atividade empresarial tem sempre o escopo lucrativo, ainda que seja aparente, pois atividade empresarial será sempre onerosa. Por exemplo: uma empresa lança produtos a preço mais baixo do que o seu custo, tendo prejuízo;

pretende, entretanto, conquistar freguesia para esse produto, para depois lucrar com vendas maiores. Outro exemplo: a empresa faz doação de brindes; embora gratuitos, visa a conquistar clientela e obter mais lucros. Todos esses atos revelam intento lucrativo ao formarem a atividade empresarial; todos têm sentido profissional.

Nota-se, ainda, dupla finalidade lucrativa: da empresa e do seu dono. A empresa visa lucros para quê? Para destiná-los aos seus donos, aos que investiram dinheiro nela. Há objetivo mútuo da pessoa jurídica e da pessoa física que compõem a empresa.

7.6. A especialidade da empresa

A atividade empresarial é atividade especializada, não atividade variada, genérica, tipo "faz qualquer coisa". O advogado é um profissional porque se dedica à advocacia, atividade específica e especializada. O médico é um profissional porque se dedica a certa e determinada profissão: a medicina; esta constitui conjunto de atos profissionais compatíveis. A empresa, tanto quanto o profissional liberal, tem a sua profissão, sua atividade especializada.

Sob o ponto de vista jurídico, a profissão da empresa está expressa no seu objeto social, observada nos atos constitutivos da estrutura jurídica da empresa, na sociedade que lhe dá a forma legal. Ao estruturar-se juridicamente, a empresa coletiva tem, como primeiro ato, o ato constitutivo que estrutura a empresa: o contrato social ou contrato de sociedade. Nesse contrato deve constar obrigatoriamente a profissão da empresa, com o nome de "objeto social". Para melhor compreensão do tema, devemos examinar como a Lei das S.A. (Lei 6.404/76) aprecia o objeto social da empresa, no seu art. 2º:

> **Objeto social:**
> *Pode ser objeto social da companhia qualquer empresa de fim lucrativo, não contrário à lei, à ordem pública e aos bons costumes.*

> 1º. Qualquer que seja o objeto, a companhia é mercantil e se rege pelas leis e usos do comércio.
> 2º. O Estatuto social definirá o objeto de modo preciso e completo.

Vê-se por esse dispositivo legal que o empresário tem dois ônus ao organizar uma empresa: contribuir com o capital e responsabilizar-se pelos prejuízos; assume, pois, os riscos de sua profissão. Será equitativo que haja o reverso da medalha: se ele se responsabiliza pelos prejuízos, deverá desfrutar dos lucros. Encontramos maior clareza se examinarmos o artigo nº 2.247 do Código Civil italiano:

> Con il contratto di società due o più persone conferiscono beni o servizi per l'esercizio in comune di uma attività econômica allo scopo di dividirne gli utili.

> Com o contrato de sociedade duas ou mais pessoas conferem bens ou serviços para o exercício em comum de uma atividade econômica com o fim de dividir os lucros.

Se, portanto, a empresa tem finalidade lucrativa, por princípio e pela lei, o direito que a regulamenta, o Direito Empresarial, caracteriza-se pela onerosidade. A atividade empresarial tem sempre escopo lucrativo, ainda que seja apenas aparente, por ser onerosa. Por exemplo: uma empresa faz doação de brindes; embora sejam gratuitos, esses brindes constituem ato empresarial e, portanto, oneroso. Outro exemplo: uma empresa lança um produto a preço mais baixo do que seu custo, tendo prejuízo; também pratica ato empresarial. Eles vão ter intento lucrativo, ao formarem a atividade empresarial.

Nota-se, ainda, um duplo escopo lucrativo da empresa e do seu dono. A empresa visa lucros para quê? Para dá-los ao dono. Há, pois, objetivo mútuo da pessoa jurídica e das pessoas físicas ou jurídicas que a compõem.

O artigo *"ut supra"* refere-se à companhia, ou S.A. Aplica-se igualmente aos demais tipos de sociedade, como a sociedade limitada. Essas duas formas societárias representam a quase totalidade das empresas brasileiras, motivo pelo qual se trata de uma disposição do direito nacional. Fala ele no estatuto e não no contrato social, uma vez que a S.A. não tem contrato social, mas é regida pelo estatuto, que tem, mais ou menos, a mesma finalidade.

Deve, pois, constar no estatuto da S.A., ou no contrato social das outras formas de sociedade mercantil, a profissão dela, ou seja, o objeto de modo preciso e completo. Não basta dizer apenas se é indústria ou prestação de serviços, e os produtos com que vai trabalhar não podem ser expressos de forma incerta, vaga ou variada. Exporemos, como exemplos, o objeto social extraído do contrato social ou do estatuto de algumas empresas:

- Indústria e comércio de confecções têxteis;
- Edição e venda de livros jurídicos;
- Indústria e comércio de motores elétricos;
- Representação por conta própria ou de terceiros de produtos de leite e derivados.

7.7. O exercício continuado da atividade empresarial

O exercício profissional da atividade da empresa implica outro fator; que seja continuado. Não caracteriza a empresa a prática de um ou de alguns atos, mas que a atividade seja permanente, seguindo o caminho traçado. A atividade empresarial é, então, constituída de longa série de atos, coordenáveis entre si, com vistas a um objetivo. A prática de atos isolados não forma a atividade empresarial, portanto, não caracteriza a empresa. Nem mesmo a simples repetição, mas a repetição continuada e regular de certos atos concatenados. A esse respeito há alguma diferença entre a empresa individual e a coletiva.

A empresa individual é formada por um só componente, que se registra na Junta Comercial em nome próprio, sem ter sócios, portanto, sem contrato social, por não haver sociedade. Confundem-se e se identificam, num só centro de interesses, a empresa e seu componente. Para ele, a profissionalidade consiste na habitualidade. O hábito é a aptidão humana para exercer uma atividade, com facilidade e perfeição crescentes, quantas vezes sejam repetidos os atos que constituem essa atividade. É o hábito, por conseguinte, inerente ao ser humano, à personalidade humana, nunca a uma pessoa jurídica. Eis por que a habitualidade constitui o traço marcante da empresa individual. Não há mútuo intento lucrativo da empresa e do empresário, já que o intento é único.

O hábito provoca no empresário individual uma experiência constante, um aperfeiçoamento no exercício de sua atividade. A organização que ele adquire é consequência da repetição de atos mais ou menos uniformes, da sua experiência pessoal. A lei não lhe impõe o intento lucrativo, que decorre apenas da natureza de sua atividade.

Examinando agora a empresa coletiva, ou seja, a empresa formada por duas ou mais pessoas que fazem acordo escrito entre si, registrando na Junta Comercial, não o nome próprio delas, mas o acordo celebrado. Não se confundem a empresa e seus donos, que possuem personalidades jurídicas claramente distintas. A profissionalidade é a prática continuada de uma série imensa de atos empresariais, mesmo diferentes entre si, mas que sejam coordenados para um objetivo. O objetivo nunca se pode perder de vista: o exercício da atividade empresarial, ou seja, de uma atividade econômica organizada, para a produção de mercadorias ou de serviços.

Não é atividade profissional a exercida por conta própria. Essencial ao conceito de profissionalidade é a atividade para o uso ou usufruto de outrem, a um destinatário situado fora do próprio âmbito pessoal ou familiar. A profissionalidade é um fenômeno social, ante o caráter eminentemente social da empresa. Um cidadão que mantém em sua casa um equipamento para fabricar pão, balas e doces para ele e seus familiares não é empresário nem empresa, pois não há empresa por conta própria.

7.8. A intermediação

Pode parecer meio camuflada uma característica da empresa, ínsita na consideração expressa pelo art. 2.082 do Código Civil italiano, quando ele se refere à produção e troca de bens e de serviços. A expressão "troca" não se refere, nesse caso, à produção e troca de bens ao estrito sentido do contrato de troca. Troca, para a interpretação do Direito Empresarial, tem o sentido de comercialização, de intermediação. A empresa dedica-se à produção de bens e serviços, mas não os produz para si; é para suprir as necessidades do mercado consumidor. A troca que realiza a empresa é pela entrega de seus produtos no mercado, recebendo em troca o preço desses produtos. Não é também a troca como a prevista no Código Civil, "*res pro res*"; é a troca de mercadorias ou serviços por dinheiro, "*res pro pecúnia*".

Seria mais próprio, na linguagem atual, dizer que a empresa dedica-se à produção e venda de bens e de serviços. A venda é, não obstante a terminologia, uma troca; mas é a troca de uma coisa por outra coisa bem especificada: o dinheiro. A troca de mercadorias, isto é, aquisição e venda de mercadorias, constituiu o objeto da atividade empresarial. Na realidade, a palavra comércio não está totalmente banida de nossos dicionários, quer léxicos, quer jurídicos. O comércio puro, o comércio "*strictu sensu*" é a compra de mercadorias, para vendê-las com lucro, sem alterar-lhes a substância; é a intermediação entre o produtor e o consumidor.

O comerciante (ou negociante) também existe; é a pessoa que se instala num local, para vender ao consumidor, no varejo, as mercadorias que compra por atacado. Em São Paulo, como nos demais centros maiores, há uma categoria profissional muito importante e comentada; é a dos "intermediários", os que adquirem produtos agrícolas nas fontes de produção e os trazem para o grande centro, destinando-os ao consumo.

Afora o comércio nesse "*strictu sensu*", as atividades empresariais de maior porte, o comércio "*latu sensu*", ou seja, típico de empresa organizada, também constitui intermediação. Uma indústria que fabrica e vende seus produtos exerce função intermediária; adquire matéria-prima e serviços, sempre com impulso para o consumo. Um banco e outras financeiras também fazem a intermediação entre o dinheiro de quem o tem e não precisa, entregando-o a quem dele precisa e não o tem.

Perante o direito, não é diferente a posição de quem adquire produtos no atacado para revendê-los no varejo. Em ambos os casos, as diversas operações executadas são elementos concatenados, com função intermediária e intento lucrativo, para a satisfação das necessidades do mercado consumidor.

7.9. Empresa e sociedade

Dois termos aplicados vulgarmente como sinônimos necessitam de melhor explicação, por serem distintos. A empresa não tem existência legal sem a sociedade, por ser, em si, uma ficção. Para ter existência legal, a empresa deve revestir-se de uma roupagem jurídica, de uma forma societária e do registro nos órgãos oficiais. Os registros, porém, não podem ser feitos sem determinados trâmites burocráticos. Esses trâmites partem de alguns documentos denominados atos constitutivos; estes, por sua vez, constituem objeto de registros públicos.

A empresa necessita de organização econômica, mas também de organização jurídica. Essa organização jurídica começa pela constituição da sociedade, a forma de que vai se revestir a empresa.

No direito brasileiro, estão previstas sete formas societárias de que a empresa possa se revestir: sociedade limitada, sociedade em comandita simples, sociedade anônima, sociedade em comandita por ações, sociedade em nome coletivo, sociedade simples, sociedade cooperativa.

A empresa não tem personalidade jurídica, a não ser por intermédio da sociedade que a estrutura juridicamente. Para ser representada em juízo, só tendo seu contrato social, instrumento básico de constituição da sociedade. Quem deseja exercer individualmente atividades empresariais, poderá registrar-se, em nome próprio na Junta Comercial; não tendo sócios, não há sociedade. A estruturação jurídica da empresa individual ou empresário individual dá-se pelo registro na Junta Comercial.

Empregador é a empresa individual ou coletiva que, assumindo os riscos da atividade econômica, admite, assalaria e dirige a prestação pessoal de serviços.

7.10. Empresa nacional e estrangeira

Tal como uma pessoa natural, a empresa também possui a qualificação: tem nome, registro, data de nascimento, profissão, nacionalidade, domicílio. Só não tem estado civil; mesmo assim, em sentido figurado, uma empresa pode ser "casada" com outra quando houver forte conexão entre elas, como, por exemplo, se pertencerem ao mesmo dono, ou uma prestar serviços à outra. Traçaremos, então, algumas considerações sobre um dos fatores da qualificação da empresa: o da nacionalidade.

Interessante notar que essa questão assumiu tamanha importância em nosso direito, que a Constituição Federal de 1988 dela cuidou no seu art. 171, no capítulo denominado "Dos Princípios Gerais da Atividade Econômica", assim estatuindo:

São consideradas:
I. Empresa brasileira constituída sob as leis brasileiras e que tenha sua sede e Administração no País;
II. Empresa brasileira de capital nacional cujo controle efetivo esteja em caráter permanente sob a titularidade direta ou indireta de pessoas físicas domiciliadas e residentes no País ou de entidades de direito público interno, entendendo como controle efetivo da empresa a titularidade da maioria de seu capital votante e o exercício, de fato e de direito, do poder decisório para gerir suas atividades.

Interpretando o art. 171 da Magna Carta, embora tenha sido ele revogado, ousamos dizer que empresa brasileira é toda empresa registrada na Junta Comercial. Assim concluímos porque a Junta Comercial só registrará uma empresa se ela for constituída nos termos da lei brasileira e tenha sua sede e administração no Brasil. Se os atos constitutivos de uma empresa não forem elaborados nos moldes da legislação brasileira, ou não tiver sede e administração, ou seja, o domicílio no Brasil, a Junta Comercial não poderá fazer seu registro. Malgrado tenha sido o art. 171 revogado, ele é bem sugestivo como fonte doutrinária, que pode ser adotado para formar novo direito.

Por outro lado, a empresa estrangeira deverá ser, por exclusão, a empresa não brasileira. Nossa Magna Carta não estabeleceu conceito de empresa estrangeira, mas pressupõe-se, com muita lógica, que seja a empresa cuja sede e administração estejam fora do Brasil e seus atos constitutivos tenham sido elaborados de acordo com a lei de seu país e não de acordo com a lei brasileira. Se o contrato social dessa empresa for elaborado, por exemplo, em idioma estrangeiro, não poderá ser aceito para registro, pela Junta Comercial. A empresa estrangeira, para poder operar no Brasil, precisa registrar-se na Junta Comercial, mas segue outros trâmites bem diferentes, dirigindo-se primeiro ao Ministério da Indústria, Comércio e Turismo.

Há outro tipo de empresa que fora previsto no item II do revogado art. 171: a ABCN – Empresa Brasileira de Capital Nacional. Constituída de acordo com as exigências legais, essa empresa caracteriza-se pelo fato de seu poder decisório estar a cargo de pessoas domiciliadas no Brasil. Pelo que diz a Magna Carta, não é necessário que o poder dominante esteja nas mãos de brasileiros natos ou naturalizados. Poderá a EBCN ser formada só por administradores (donos da empresa) estrangeiros, mas deverão ser domiciliados no Brasil. Poderá o capital com direito a voto dessa empresa estar nas mãos de brasileiros e estrangeiros; se a maioria do capital votante, ou seja, o poder decisório, estiver nas mãos de pessoas domiciliadas no Brasil, será uma EBCE – Empresa Brasileira de Capital Estrangeiro. Repetimos quer o art. 171 da Constituição foi revogado, mas seu conteúdo doutrinário é bem sugestivo.

Ao revés, se a maioria do poder decisório, vale dizer, o capital com preponderância nas decisões, for detido por pessoas residentes e domiciliadas no exterior, será uma EBCE – Empresa Brasileira de Capital Estrangeiro. É possível até que essas pessoas sejam de nacionalidade brasileira, mas estejam domiciliadas no exterior. É o critério do domicílio que caracteriza a nacionalidade da empresa e não a nacionalidade de seus donos e seus dirigentes, que o novo Código Civil chama de "administradores". Exemplo de EBCE são as grandes indústrias automobilísticas: Mercedes-Benz do Brasil S.A., General Motors do Brasil S.A., Volkswagen do Brasil S.A. Examinemos a posição da FORD DO BRASIL S.A.: é uma empresa brasileira legalmente constituída no Brasil, com os atos constitutivos devidamente registrados na Junta Comercial; tem sede e administração no Brasil e está em operações há muitos anos. Entretanto, é uma sociedade anônima e a quase totalidade das ações com direito a voto pertencem à FORD MOTORS CO., empresa estrangeira sediada no exterior e registrada em outro país. É, pois, a FORD DO BRASIL S.A. uma EBCE.

O mesmo art. 171 trazia, em dois parágrafos, algumas vantagens da EBCN sobre a EBCE; preferência para desenvolver atividades que dependam de aprovação governamental, como nas atividades estratégicas ou setores imprescindíveis, ou na aquisição de bens e serviços pelo Poder Público.

8. O ABUSO PELA EMPRESA DE SEU PODER ECONÔMICO

- 8.1. Aspectos conceituais
- 8.2. Os cartéis
- 8.3. O monopólio
- 8.4. O truste
- 8.5. Órgãos de controle do abuso do poder econômico
  - 8.5.1. CADE – Conselho Administrativo de Defesa Econômica
  - 8.5.2. SNDE – Secretaria Nacional de Direito Econômico
- 8.6. A Lei Antitruste
- 8.7. A *Disregard Theory*
- 8.8. As infrações
- 8.9. As sanções
- 8.10. A reformulação de 2011

8.1. Aspectos conceituais

Trata-se de uma forma mais radical de concorrência desleal praticada pela empresa. Não se resume no desvio de clientela ou na confusão de produtos com os de empresa concorrente. O **abuso do poder econômico** visa a eliminar a concorrência, esmagando empresas que possam lhe fazer sombra e disputar mercado. A questão ultrapassa a competição entre empresas, transformando-se em questão de direito público, com largas implicações sociais, econômicas e políticas, razão pela qual se formou o Direito Econômico, criador e regulamentador dos mecanismos controladores do mercado consumidor, pelo Poder Público.

Importantes leis a esse respeito surgiram em 1962, pela Lei 4.131/62, que estabeleceu o regime jurídico do capital estrangeiro no Brasil e a Lei 4.137/62 sobre a repressão ao abuso do poder econômico, substituída depois pela nova Lei Antitruste (Lei 8.884/94). Merecem ainda citação especial as recentes leis, como o Código de Proteção e Defesa do Consumidor (Lei 8.078/90), a lei que dispõe sobre a repressão de infrações atentatórias contra os direitos do consumidor (Lei 8.001/90), e a Lei que institui normas para a defesa da concorrência, as duas últimas substituídas pela Lei Antitruste de 1994.

O abuso do poder econômico pelas empresas é questão, não apenas de Direito Econômico, mas também de Direito Empresarial, por zelar pelo sadio relacionamento entre empresas, evitando entre elas uma competição ruinosa, que possa levar ao canibalismo empresarial, com as grandes engolindo as médias e estas as pequenas. O açambarcamento dos mercados consumidores por algumas empresas atenta contra o liberalismo econômico e provocará reações desfavoráveis das empresas coagidas. Essa ação deletéria, quase sempre, envolve suborno de autoridades públicas, ou a manipulação de órgãos públicos.

De certa maneira, o abuso do poder econômico constitui também uma forma de concorrência desleal, visto que visa a prejudicar empresas concorrentes e manipular a clientela de determinado segmento do mercado. Nessas condições, a Lei 8.884/94 previu mais de dois tipos de concorrência desleal. Um deles é a exigência de exclusividade para a propaganda publicitária. Não ficou plenamente estabelecido o sentido dessa disposição, mas, por princípio, toda exigência de exclusividade implica repulsa à livre concorrência. É a hipótese de uma empresa distribuidora que pretenda ser a única em dar publicidade à sua atividade de distribuição de determinados produtos; deixa manietadas todas as empresas concorrentes. O segundo tipo de concorrência desleal é a combinação prévia de preços ou ajuste de vantagens na concorrência pública ou administrativa. Essa prática é muito comum, em que uma empresa combina com outra para oferecer preços baixos numa licitação, para dividir os serviços.

8.2. Os cartéis

Uma das formas de dominação do mercado, com a eliminação parcial da concorrência, é o cartel. Consiste no ajuste entre algumas empresas do universo de determinado segmento do mercado, retalhando-o entre elas e deixando as migalhas para as empresas concorrentes. É o que acontece com vários ramos da atividade empresarial brasileira, como o de cervejas, de cimento, de leite e laticínios, de cimento-amianto e outros. Exemplifiquemos o cartel com a hipótese da indústria e comercialização de um determinado produto, para o qual existem quinze empresas produtoras. As duas principais, entretanto, fazem um pacto, dividindo o mercado brasileiro em 45% para cada uma, sobrando 10% para as outras treze concorrentes; se uma dessas treze ameaçar romper a barreira dos 10%, o cartel baixa o preço dos produtos, estrangulando a empresa que ousou dar passos além dos permitidos pelo cartel.

As funções do cartel são profundas, entre as quais se incluem a regulação da produção, o controle do mercado, a fixação de preços e a manipulação da concorrência. A consequência natural do cartel é a oscilação de preços; se a concorrência minoritária começa a ampliar sua participação no mercado, a minoria de empresas constitutivas do cartel diminuem artificialmente os preços, levando empresas menores à ruína; quando essa minoria tiver se assenhoreado seguramente do mercado, aumenta o preço de seu produto, não deixando alternativa aos competidores.

O cartel pode ser constituído também de países ou empresas com apoio de países. Afirmam alguns historiadores que as duas guerras do último século (1914-1918 e 1939-1945) têm suas causas ligadas a cartéis de empresas poderosas. Como exemplo do cartel constituído de países pode ser indicada a OPEP – Organização dos Países Exportadores de Petróleo, em que os principais produtores regulam a extração de petróleo, impõem preço e retalham o mercado consumidor, tomam represálias contra países que rompem suas diretrizes, como aumento ou diminuição de preço ou extração de petróleo acima dos limites fixados pela OPEP.

A ilegalidade da formação de cartéis no Brasil foi apontada pela Lei Antitruste como uma das modalidades de abuso do poder econômico: dominar mercados nacionais ou eliminar parcialmente a concorrência, e, se diminui a participação da concorrência, desapareçam os efeitos da oferta e da procura, propiciando às empresas mantenedoras do cartel imporem seu preço. Essa capitulação do cartel como infração ao direito, à lei e à ordem econômica foi ratificada pela Lei Anticoncorrencial, que institui normas para a defesa da concorrência.

8.3. O monopólio

O monopólio é uma forma de dominação do mercado mais avançada do que o cartel; enquanto este procura a eliminação parcial da concorrência, aquele visa à dominação total. Aliás, o próprio termo: mono (um) e pólio (vender) esclarece a pretensão da empresa monopolista à exclusividade. Nem sempre o monopólio é ilegal, por ser constituído pelo Estado, embora essa prática seja condenada pelos princípios do liberalismo. É o que ocorre com o monopólio estatal do petróleo, adotado pelo Brasil. Contudo, muitas vezes, o Estado transfere a atividade monopolizadora a empresas privadas, como acontece com a mineração. Assim sendo, uma empresa exerce um monopólio, concedido pelo Poder Público.

Há, entretanto, o monopólio de fato, artificialmente constituído por uma empresa para assenhorar-se do mercado consumidor. As formas pelas quais se constitui um monopólio são as mesmas do cartel. Considera-se forma de abuso do poder econômico dominar os mercados nacionais ou eliminar totalmente a concorrência, por meio de ajuste ou acordo com outras empresas ou entre pessoas vinculadas a tais empresas ou interessadas no objeto de suas atividades, aquisição de acervos de empresas ou de cotas, ações, títulos ou direitos. Como também a coalisão, incorporação, fusão, integração ou qualquer outra forma de concentração de empresas; concentração de ações, títulos, cotas ou direitos em poder de uma só empresa; acumulação de direção, administração ou gerência de mais de uma empresa; criação de dificuldades à constituição, ao funcionamento ou ao desenvolvimento de empresas concorrentes. Pelo que se nota, a empresa monopolista vai eliminando as empresas concorrentes, comprando-as, ou, então, impede que novas surjam.

Os efeitos do monopólio também são parecidos com os do cartel. Ao ver-se como a única atendente à clientela dos produtos de sua fabricação, a monopolista manipula livremente o preço, de tal forma que a clientela irá se ver na alternativa de pagar o preço ou privar-se dos produtos. Diga-se, a propósito, que a lei deixa bem claro as consequências e o objetivo da formação do monopólio:

> *Elevar sem justa causa os preços, nos casos de monopólio natural ou de fato, com o objetivo de aumentar arbitrariamente os lucros sem aumentar a produção.*

A Lei Antitruste pormenoriza esse esquema, incluindo como abuso do poder econômico provocar condições monopolizadoras ou exercer especulação abusiva com o fim de promover a elevação temporária de preços. Para esse objetivo, age com a destruição ou inutilização por ato próprio ou de terceiros, de bens de produção ou de consumo; açambarca mercadorias ou matéria-prima; retém-na, em condições de provocar escassez de bens de produção ou de consumo; utiliza-se de meios artificiais para provocar a oscilação de preços em detrimento de empresas concorrentes ou de vendedores de matérias-primas.

É sempre contra a clientela que recai a consequência do monopólio, uma vez que o fornecedor dela adquire influência e poder sobre o preço das mercadorias colocadas no mercado consumidor. Entendem-se por condições monopolistas aquelas em que uma empresa ou grupo de empresas controla em tal grau a produção, distribuição, prestação ou venda de determinado bem ou serviço, que passa a exercer influência preponderante sobre os respectivos preços. E se uma empresa tem domínio sobre os preços, fatalmente aumentará seus lucros, em detrimento de sua clientela. O ativo de uma empresa é o passivo de sua clientela; se um aumenta, o outro também aumenta.

Por essa razão, a lei impõe obrigações à empresa monopolista de submeter-se a controle no aumento de preços, que é feito pelo órgão específico, o **CADE – Conselho Administrativo de Defesa Econômica**. Essa obrigação fica claramente estabelecida, pois quando em relação a uma empresa exista um restrito número de empresas que não tenham condições de lhe fazer concorrência num determinado ramo de negócio ou de prestação de serviços, ficará aquela obrigada à comprovação do custo de sua produção, se houver indícios veementes de que impõe preços excessivos.

8.4. O truste

Esta palavra de origem inglesa (*trust*) é por demais utilizada, principalmente com conotações políticas e emocionais, embora de forma muito genérica, dando a impressão de que o termo é utilizado sem que se compreenda o sentido. Vamos primeiro considerar o truste como forma de abuso do poder econômico, para depois entrarmos no sentido técnico jurídico do termo. Considera-se truste a empresa que assume posição de tal proeminência, que seu poder altera o ritmo da produção nacional e a flutuação de preço no mercado. A empresa-truste poderá ser monopolista ou fazer parte de cartel. Tem a empresa desse tipo influência política, alterando a política econômica do país. Essa é a razão por que é tão cogitado o truste. Nesse aspecto o termo inglês *trust* é traduzido por *poder* ou *monopólio*.

Todavia, não é esse o seu exato sentido. O sentido gramatical é: confiança, crédito, fidúcia. No direito norte-americano e internacional, entretanto, aplica-se com vários sentidos, a maioria em institutos jurídicos em que a confiança, crédito ou fidúcia estejam presentes, como no depósito, no negócio fiduciário, no fideicomisso. A aplicação mais comum desse termo é encontrada no Direito Societário, com o instituto do *"voting trust"*, aplicado na S.A. (*corporation*). Consiste no fundo de ações com direito a voto, pertencentes a vários acionistas, mas esses acionistas delegam seu voto a um deles, o *"trustee"*, para que esse grupo de acionistas exerça o controle da companhia graças aos votos. O *"voting trust"* adquire, então, o poder dentro da companhia. Talvez, por essa razão, a palavra truste tenha adquirido o significado de poder, de domínio.

O *"trust"* também é fideicomisso, que no direito norte-americano tem o mesmo sentido do Brasil. É aplicável no Direito das Sucessões. Nota-se que nesse instituto está presente a confiança, segundo a própria origem etimológica, do latim: *fideicommitere*: confiar a alguém, entregar em confiança. O fideicomisso é a estipulação testamentária em que o *"de cujus"* constitui alguém como herdeiro, o fideicomissário (*trustee*). Este, porém, fica obrigado a transferir depois a herança a outros herdeiros. É, pois, operação em favor de pessoa merecedora de confiança, que enfeixa em suas mãos os poderes de administração dos bens da herança. Surge, pois, a aquisição do poder de administração, o que pode justificar a adoção do termo "*trust*" para designar uma empresa de grande porte.

Assim sendo, o truste passou a designar, entre nós, a empresa com as seguintes características:

a) Desfrutar de grande poder político e econômico;
b) Poder manipular os preços e o mercado consumidor;
c) Poder de eliminar ou abater a concorrência; assumindo o monopólio ou estabelecendo cartéis com outros trustes;
d) Exercer as diversas formas de abuso do poder econômico.

8.5. Órgãos de controle do abuso do poder econômico

8.5.1. *CADE – Conselho Administrativo de Defesa Econômica*

O CADE tem a função primordial de combater o abuso do poder econômico, praticado por empresas que utilizem processos ilegais de domínio excessivo do mercado, eliminando a concorrência, com vistas ao estabelecimento arbitrário de preços. Procura proteger a livre-iniciativa e a livre concorrência, ombreando-se com as empresas pressionadas, que necessitam de um poder paralelo para fazer frente às concorrentes, economicamente mais poderosas, principalmente os trustes, cartéis e monopólios.

É órgão da administração pública federal, sediado em Brasília, transformado em autarquia. Procura fiscalizar e averiguar a incidência de abuso do poder econômico e, constatando irregularidades, instaurar inquérito administrativo para apurar e reprimir os abusos; cabe-lhe aplicar sanções às empresas infratoras e requerer medidas junto a órgãos públicos. Esse órgão foi instituído pela própria Lei 4.137/62 e passou a ser autarquia federal pela nova Lei Antitruste.

Por outro lado, novo órgão surgiu recentemente para trabalhar na íntima conexão com o CADE. A Lei 8.158/91 instituiu normas para a defesa da concorrência, regulamentada pelo Decreto 36/91 e criou a **SNDE – Secretaria Nacional de Direito Econômico**. A SNDE tornou-se encarregada de fazer valer o disposto na Lei 8.002/90 que dispõe sobre a repressão de infrações atentatórias contra os direitos do consumidor. Essa nova legislação prevê dois casos de atentado ao consumidor, sujeitos à multa de 500 a 200.000 BTNs.

A primeira infração é recusar a venda de mercadoria diretamente a quem se dispuser a adquiri-la, mediante pronto pagamento, ressalvados os casos de intermediação regulados em leis especiais. A empresa que agir dessa forma colaborará para banir do mercado consumidor outra empresa, em benefício das concorrentes desta. É o caso de uma empresa deixar de fornecer matéria-prima, faltante no mercado, a uma empresa, fornecendo-a às demais. Por princípio, desde que uma empresa ofereça seus produtos ao mercado, renuncia à escolha de seu oblato, desde que este atenda às condições da fornecedora. Outro caso de atentado à clientela é condicionar a venda de mercadoria ao seu transporte ou à prestação de serviço acessório, pelo próprio vendedor ou por terceiro que ele indicar ou contratar, quando o comprador se dispuser a transportá-lo por sua conta e risco. Quando o ponto de venda da mercadoria for distinto da fábrica, o frete a ser cobrado pelo transporte entre a fábrica e aquele ponto deverá estar sujeito a controle de preços da mesma forma que a mercadoria transportada, vedado qualquer acréscimo. Seria essa prática uma maneira de aumentar o preço combinado, ou forçar o comprador a aceitar um produto encalhado.

O art. 170 da Constituição afirma que a ordem econômica funda-se na livre-iniciativa e observa os princípios da livre concorrência e defesa do consumidor. O respeito à clientela já era exigido de longa data e estava expresso na Constituição Federal. Nossa atual Carta Magna, de 1988, sintetizou a questão no parágrafo 4º do art. 173:

A lei reprimirá o abuso do poder econômico que vise à dominação dos mercados, à eliminação da concorrência e ao aumento arbitrário dos lucros.

O aspecto principal da Lei Antitruste foi a conservação do CADE – Conselho Administrativo de Defesa Econômica, criado pela Lei 4.137/62, mas transformou-o em autarquia federal vinculada ao Ministério da Justiça, com sede e foro no Distrito Federal. O CADE é um conselho composto por um Presidente e seus conselheiros, escolhidos e nomeados pelo Presidente da República, depois de aprovados pelo Senado, com mandato de dois anos, permitida uma recondução. Esses cargos são de dedicação exclusiva, não se admitindo qualquer acumulação, salvo as constitucionalmente permitidas. A perda do mandato só pode ocorrer em virtude de decisão do Senado, provocada pelo Presidente da República ou, então, se eles tiverem condenação criminal. Não podem eles ser empresários ou consultor empresarial, nem exercer atividade político-partidária.

O CADE tem várias funções, mas as principais são as de controle da ordem econômica e as judicantes, destinadas a julgar as infrações da ordem econômica, praticadas por empresas. Segundo a Lei 8.884/94, não só empresas, mas pessoas jurídicas de direito público ou privado, bem como a quaisquer associações de entidades ou pessoas constituídas de fato ou de direito, ainda que temporariamente, com ou sem personalidade jurídica, mesmo que exerçam atividade sob monopólio legal. Na verdade, porém, o infrator da ordem econômica é teoricamente a empresa, pois, só ela tem interesse. É possível que pessoas físicas, agências de propaganda, empresários, órgãos de comunicações, associações, ou outras pessoas participem das infrações, mas a serviço de empresas concorrentes. As vítimas diretas são também empresas concorrentes, enquanto a vítima indireta e mediata seja a coletividade, a massa dos consumidores, enfim, o mercado consumidor. Aliás, a própria lei diz que as diversas formas de infração da ordem econômica implicam a responsabilidade da empresa e a responsabilidade de seus dirigentes ou administradores, solidariamente. Serão também solidariamente responsáveis as empresas ou entidades integrantes de grupo econômico, de fato e de direito, que praticarem infração da ordem econômica. Ao falar em administradores, a Lei não esclarece se está se referindo aos membros do Conselho de Administração de uma S.A. ou essa denominação compreende também os gerentes da empresa infratora. A repressão das infrações da ordem econômica não exclui a punição de outros ilícitos previstos em lei. Assim sendo, é possível que um empresário ou administrador seja processado perante o CADE, por infração da Lei 8.884/94 e na Justiça Criminal por infração do Código Penal.

8.5.2. SNDE – Secretaria Nacional de Direito Econômico

A SNDE, criada pela Lei 8.158/91 e regulamentada pelo Decreto 36/91, é o órgão competente para apurar e propor medidas cabíveis com o propósito de corrigir as anomalias de comportamento de empresas, bem como seus administradores e controladores, capazes de afetar, direta ou indiretamente, os mecanismos de formação de preço, a livre concorrência, a liberdade de iniciativa ou os princípios constitucionais da ordem econômica.

É muito vasta a gama de infrações àquele princípio constitucional, que a lei prevê e caberá à SNDE evitar, para não ocorrer distorções no mercado consumidor. A Lei 8.158/91 completou e modernizou a Lei 4.137/62, ambas substituídas pela Lei 8.884/94, como o próprio Código da Propriedade Industrial, no que tange à concorrência desleal e ao abuso do poder econômico. As áreas em que deverá atuar esse órgão são as costumeiras do abuso do poder econômico, que temos falado. São as seguintes:

1. **Formação de cartéis e monopólios:** Deverá a SNDE evitar a formação de conglomerados ou grupos econômicos, que se constituem por meio de controle acionário direto ou indireto, bem como de estabelecimento de administração comum entre empresas, com vistas a inibir a concorrência; celebrar acordos com outras empresas do ramo para impor preços de aquisição ou revenda, descontos, condições de pagamento, quantidades mínimas ou máximas e margem de lucro, bem assim estabelecer preços mediante a utilização de meios artificiosos.

2. **Manipulação de preços:** Prática de *"dumping"*, como a fixação de preços dos bens e serviços abaixo dos respectivos custos da produção, bem como a fixação artificial das quantidades vendidas ou produzidas; fixar ou praticar em conluio com concorrente, sob qualquer forma, preços e condições de venda ou prestação de serviços.
3. **Eliminação da concorrência:** Cerceamento à entrada ou à existência de concorrente, seja no mercado local, regional ou nacional; criar dificuldades à constituição, ao funcionamento ou ao desenvolvimento de empresas; impedimento ao acesso dos concorrentes às fontes de insumos, matérias-primas, equipamentos ou tecnologia, bem como aos canais de distribuição; limitar ou impedir o acesso de novas empresas ao mercado.
4. **Controle do mercado:** Exercer o controle regionalizado do mercado pela empresa ou por pequeno grupo de empresas, e da rede de distribuição ou de fornecimento; dividir os mercados de produtos acabados ou semiacabados, ou de serviços, ou as fontes de abastecimento de matérias-primas ou produtos intermediários e o abuso do poder econômico, que toda essa ação de empresas infratoras visa à conquista de lucros excessivos. O combate à concorrência, a rasteira dada em todas as empresas que possam lhes fazer frente, o açambarcamento de mercadorias, o suborno de autoridades públicas e funcionários de outras empresas e todo o comportamento antissocial de uma empresa têm como fonte propulsora a ganância, a avidez de lucros acima da lei e das práticas normais da atividade empresarial.

8.6. A Lei Antitruste

A questão do abuso do poder econômico é bem recente e estabelecido principalmente pela Lei 8.884/94, portanto, uma lei hodierna. A legislação pertinente vem-se formando, contudo, há bastante tempo, sofrendo mesmo influência estrangeira, compreendendo a norte-americana. Os primeiros fundamentos dessa regulamentação começou em 1962, com a Lei 4.131/62, que instituiu o regime jurídico do capital estrangeiro. No mesmo ano promulgou-se a Lei 4.137/62 sobre a repressão ao abuso do poder econômico. Bem mais tarde surgiu a Lei 8.002/90, dispondo a respeito da repressão de infrações atentatórias contra os direitos do consumidor. No ano seguinte, a Lei 8.158/91 estabeleceu normas para a defesa da livre concorrência, confirmando tudo o que dispunha a Lei 4.137/62 e criando a Secretaria Nacional de Direito Econômico – SNDE. Por fim, a Lei 8.884/94 veio revogar as três leis anteriores, mas incorporando suas disposições.

Vemos assim que foram revogadas as Leis 4.137/62, 8.002/90 e 8.158/91, mas não o direito que elas instituíram, porquanto suas disposições penetraram na lei revogadora, a Lei 8.884/94. Esta, porém, introduziu algumas modificações. Uma delas e parece ter sido seu principal objetivo foi transformar o CADE numa autarquia, uma vez que era um órgão da administração direta. Consoante critérios do Direito Administrativo, autarquia é uma entidade paraestatal, um órgão criado pelo Poder Público por lei, com personalidade jurídica, patrimônio e receitas próprios, para executar atividades típicas da administração pública. A principal virtude de uma autarquia, como ficou o caso do CADE, é de se constituir em um órgão da administração pública indireta, tendo maior autonomia e poderes. Passou, assim, a desfrutar de maior respeito por parte das empresas. A SNDE teve seu nome mudado para SDE – Secretaria de Direito Econômico, mas com funções semelhantes.

Com base na Lei 8.884/90 está se formando um novo ramo do Direito Empresarial, dentro do Direito da Propriedade Industrial, que se convencionou chamá-lo de Direito Concorrencial. Esse novo campo do direito incorpora os aspectos importantes e estratégicos das atividades empresariais, além da questão agora estudada, o abuso do poder econômico. Envolve muitos aspectos do Direito da Propriedade Industrial, como os crimes contra a propriedade intelectual da empresa, a tecnologia, o domínio do mercado, a sadia convivência entre as empresas, o direito autoral, a proteção à propriedade intelectual da empresa. Essas questões foram realçando sua importância, em vista da nova dimensão assumida pelo Direito Comercial no mundo moderno: a consideração do mercado consumidor de bens e serviços. Esse aspecto foi enfatizado pelo notável jurista Giuseppe Ferri, sucessor do genial Ascarelli na catédra de Direito Comercial da Universidade de Roma, quando conceituou o Direito Comercial como o complexo de normas que regulam a organização e o exercício profissional de uma atividade intermediária dirigida à satisfação das necessidades do mercado geral. O consagrado mestre estendeu o significado do art. 2.082 do Código Civil italiano: ao falar em "produção e troca de bens e de serviços" pretende dizer "satisfação do mercado consumidor".

O abuso do poder econômico é uma forma de manipulação do mercado consumidor por uma ou algumas empresas, problema típico de Direito Concorrencial, já que visa a atingir empresas concorrentes. Será, pois, conveniente analisarmos devidamente o diploma básico do direito concorrencial brasileiro, a Lei 8.884/94, sucessora das leis anteriormente referidas. Esta Lei é complementada por outras, como o Código de Defesa do Consumidor e normas emanadas de diversos órgãos.

A Lei 8.884/94, a Lei Antitruste brasileira, propõe-se a acionar os princípios já referidos no art. 170, § 4º da Constituição Federal: o da livre concorrência. Contudo, essa livre concorrência considerar-se-á afrontada se alguma empresa transgredir os bens intelectuais da empresa, realçados no art. 173, § 4º:

- Dominação dos mercados;
- Eliminação da concorrência;
- Aumento arbitrário dos lucros.

A Lei 8.884/94 dispõe sobre a prevenção e a repressão às infrações contra a ordem econômica, orientada pelos ditames constitucionais de liberdade de iniciativa, livre concorrência, função social da propriedade, defesa dos consumidores e repressão do abuso do poder econômico. Visa, assim, essa lei, a proteger os bens jurídicos, cujo titular é a coletividade, que será a prejudicada pela elevação de preços em decorrência da eliminação da concorrência. Respeita, ainda, essa lei, os tratados internacionais que o Brasil tenha celebrado ou venha a celebrar, a respeito do abuso do poder econômico pelas empresas nacionais e multinacionais, mormente os acordos celebrados no âmbito da OMC – Organização Mundial do Comércio, em que se transformou o antigo GATT – General Agreement on Tariffs and Trade.

8.7. A *Disregard Theory*

Outro aspecto interessante trazido pela nova Lei é a aplicação da "*disregard theory*" em questões relacionadas a infrações da ordem econômica. A personalidade jurídica da empresa responsável pela infração poderá ser desconsiderada quando houver da parte dela abuso de direito, excesso de poder, infração da lei, fato ou ato ilícito ou violação do estatuto ou contrato social. A desconsideração também será efetivada quando houver falência, estado de insolvência ou inatividade da pessoa jurídica provocados por má administração. Esta é a segunda incidência da "*disregard theory*" (desconsideração da personalidade jurídica) da empresa, em nosso direito. A primeira foi estabelecida pelo Código Brasileiro do Consumidor, e dela já fizéramos considerações. A "*disregard theory*" implica a responsabilidade pessoal dos dirigentes de uma empresa por infrações que ela praticar contra a legislação repressora ao abuso do poder econômico. Embora o art. 15 de nosso Código Civil e o art. 37, § 6º da Constituição Federal discriminem a personalidade de uma pessoa jurídica, da personalidade das pessoas que a compõem, não julgamos que a nossa "Lei Antitruste" afronte o direito tradicional. A consideração da personalidade jurídica é uma norma geral, enquanto a desconsideração é norma especial, adotada por lei para uma finalidade específica.

8.8. As infrações da Lei

As infrações da ordem econômica tiveram, na Lei 8.884/94, maior abrangência e minúcia, apontando 24 tipos de crimes, mas, em sentido geral, baseadas no art. 173, § 4º da Constituição Federal.

Constituem infração da ordem econômica, independentemente de culpa, os atos sob qualquer forma manifestados, que tenham por objeto ou possam produzir os seguintes efeitos, embora não alcançados: limitar, falsear ou de qualquer forma prejudicar a livre concorrência ou a livre-iniciativa;
- Dominar mercado relevante de bens ou serviços;
- Aumentar arbitrariamente os lucros;
- Exercer de forma abusiva posição dominante.

Dominar o mercado relevante de bens ou serviços é a ambição natural de toda empresa e, se for ela bem administrada e dotada de tecnologia evoluída, tende a dominar o mercado consumidor e obter lucros elevados. Será considerado ilícito o domínio por processos proibidos na legislação nacional. Não caracteriza o ilícito o domínio e a conquista do mercado consumidor resultante de processo natural fundado na maior eficiência da empresa em relação aos seus competidores.

A posição dominante que uma empresa possa exercer também não é ilícita, mas a lei fala em "abusiva". Ocorre posição dominante quando uma empresa ou grupo de empresas controla parcela substancial de mercado relevante, como fornecedor, intermediário, adquirente ou financiador de um produto, serviço ou tecnologia a ele relativa. Essa posição dominante é presumida quando a empresa ou grupo de empresas controla 20% do mercado relevante, podendo esse percentual ser alterado pelo CADE para setores específicos da economia. Por essa razão, o CADE não tem aprovado a aquisição de uma empresa por outra, consoante tem sido amplamente divulgada pelos órgãos de comunicação.

Os 24 casos específicos de infração à ordem econômica formam uma lista apenas exemplificativa, não formando um "*numerus clausus*", pois o extremo dinamismo do Direito Comercial e das atividades empresariais faz surgirem inúmeras formas de domínio de uma empresa sobre a outra.

A Lei 8.884/94 evita falar em crimes, mas fala em infrações, diferente, então, do Código da Propriedade Industrial e do Código Penal, que denominam crimes contra a propriedade imaterial. O primeiro tipo de infração é a formação de cartéis: fixar ou praticar em acordo com concorrente, sob qualquer forma, preços e condições de venda de bens ou de prestação de serviços; obter ou influenciar a adoção de conduta comercial uniforme ou concertada entre concorrentes; dividir os mercados de serviços ou mercadorias, acabadas ou semiacabadas, ou as fontes de abastecimento de matérias-primas ou produtos intermediários. Todas essas práticas tendem a eliminar do mercado consumidor empresas concorrentes que não formem o cartel; congela a concorrência.

Outro conjunto de práticas abusivas é o das que tendam a limitar ou impedir o acesso de novas empresas ao mercado, ou criar dificuldades à constituição, ao funcionamento ou ao desenvolvimento de empresa concorrente ou de fornecedor, adquirente ou financiador de mercadorias ou de serviços. Não se trata de eliminar ou congelar empresas concorrentes, mas de impedir que novas empresas concorrentes venham a surgir, restringindo assim o mercado produtor.

Faz parte ainda da gama de infrações impedir o acesso de concorrente às fontes de insumo, matérias-primas, equipamentos ou tecnologia, bem como aos canais de distribuição: exigir ou conceder exclusividade para divulgação de publicidade nos meios de comunicação de massa. São duas ações desleais de sabotar o exercício das atividades empresariais por parte de empresas de comunicação, por se tornarem cúmplices das empresas infratoras.

O *"dumping"* foi mais claramente previsto pela moderna legislação antitruste, complementada pela Lei 9.019 de 30.3.95, especificamente promulgada para esse fim. O *"dumping"* consiste em introduzir no mercado consumidor produtos a preços bem abaixo dos preços praticados nesse mercado, visando a desbaratar os produtos concorrentes e criar condições favoráveis para elevar abusivamente os próprios preços. Nossa lei capitula como infrações a ação de vender injustificadamente mercadoria abaixo do preço de custo, importar quaisquer bens abaixo do custo no país exportador, que não seja signatário dos códigos *"antidumping"* e de subsídios da OMC (ex-GATT).

A Lei combate ainda os possíveis efeitos do *"dumping"* e de outras medidas desleais contra a concorrência. O efeito do sucesso de todas essas medidas é o de poder aumentar livremente o preço dos próprios produtos. O último inciso do art. 21, que capitula as infrações, veda a imposição de preços excessivos, ou o aumento, sem justa causa, do preço de mercadoria ou serviço. Na caracterização da imposição de preços, além de outras circunstâncias econômicas ou mercadológicas relevantes, levar-se-ão em conta vários outros fatores. Um deles é o preço do produto ou serviço, ou sua elevação, sem justificação pelo comportamento do custo dos respectivos insumos, ou pela introdução de melhorias de qualidade. O segundo aspecto a ser considerado é ser lançado um produto sucedâneo de outro, sem alterações substanciais, com preço bem mais caro. Foi o que aconteceu quando foram congelados os preços de remédios; vários deles desapareceram do mercado, mas logo em seguida foram lançados outros sucedâneos, com fórmula semelhante, mas nomes diferentes e com preço bem superior. Será considerado, ainda, o preço de produtos e serviços similares; ou sua evolução, em mercados competitivos comparáveis, ou seja, um paralelo com a oscilação de preços de produtos semelhantes. Será levada em consideração, igualmente, a possível existência de ajuste ou acordo, sob qualquer forma, que resulte em majoração do preço de mercadoria ou serviço ou dos respectivos custos.

Constitui abuso do poder econômico combinar previamente preços ou ajustar vantagens na concorrência pública ou administrativa. Trata-se de conluio entre duas ou mais empresas, para fraudar uma licitação, apresentando uma proposta "encomendada", fazendo com que propostas de outras empresas sejam arredadas.

Talvez a mais sugestiva e característica das infrações à Lei Antitruste seja a manipulação direta do mercado consumidor por uma empresa. Serve-se ela, para tanto, de meios enganosos para provocar a oscilação de preços de terceiros; não específica a lei quais seriam esses meios, mas existem inúmeros meios para provocar alta ou baixa de preços, como o próprio *"dumping"*. Consiste em regular mercados de mercadorias ou serviços, estabelecendo acordos para limitar ou controlar a pesquisa e o desenvolvimento tecnológico, a produção de mercadorias ou prestação de serviços, ou para dificultar investimentos destinados à produção de mercadorias ou serviços ou à sua distribuição. Outra forma de regular mercados consiste em impor, na distribuição e comercialização de mercadorias ou serviços, a distribuidores, varejistas ou representantes, preços de revenda, descontos, condições de pagamento, quantidades mínimas ou máximas, margem de lucro ou quaisquer outras condições de comercialização relativos a negócios destes com terceiros. Casos como esses seriam uma indébita intromissão nas atividades privadas, vale dizer, de outras empresas, impondo-lhes condições coativas desfavoráveis.

Forma atentatória contra os requisitos do contrato de compra e venda, à lei da oferta e da procura e da liberdade dos mercados é a discriminação entre clientes. Por princípio geral, o vendedor renuncia à escolha de seus compradores ao colocar seus produtos no mercado consumidor, se todos aceitarem as condições de venda. Não pode a empresa ofertante discriminar adquirentes ou fornecedores de mercadorias ou serviços por meio da fixação diferenciada de preços, ou de condições operacionais de venda de mercadorias ou prestação se serviços, nem recusar a venda de bens ou serviços, dentro das condições de pagamento normais aos usos e costumes mercadológicos; ou, então, dificultar ou romper a continuidade ou desenvolvimentos de relações de consumo de tempo indeterminado em razão de recusa da outra parte em submeter-se a cláusulas e condições mercadológicas injustificáveis ou anticoncorrenciais. Constitui forma de comportamento antissocial, o "*lockout*", como destruir, inutilizar ou dificultar a operação de equipamentos destinados a produzi-los, distribuí-los e transportá-los; ou açambarcar ou impedir a exploração de direitos de propriedade industrial ou intelectual ou de tecnologia; e abandonar, fazer abandonar ou destruir lavouras ou plantações, sem justa causa comprovada.

8.9. As sanções

A Lei 8.884/94 apertou o rigor da legislação anterior no tocante às penas aplicadas aos infratores de ordem econômica. No espírito da "*disregard theory*", as sanções atingem tanto a empresa infratora como os empresários que a dirigem, bem como outras entidades de qualquer natureza, que participem das infrações previstas pela Lei. Fala ela em "responsáveis" pela prática de infração da ordem econômica e "administrador" da empresa, não esclarecendo se for membro do Conselho de Administração de uma S.A. ou um gerente. Pelo espírito da lei, parece-nos que o "administrador" seja qualquer pessoa que ocupe posição gerencial de uma empresa e pratique atos em nome dela.

No caso do infrator ser uma empresa, há pena de 1% a 30% do valor do faturamento bruto no seu último exercício excluídos os impostos, a qual nunca será inferior à vantagem auferida, quando quantificável. Para o administrador, direta ou indiretamente responsável pela infração cometida pela empresa, a multa é de 10 a 50% do valor da que for aplicada à empresa, de responsabilidade pessoal e exclusiva do administrador.

Quanto às demais pessoas físicas ou jurídicas de direito público ou privado, bem como qualquer associações de entidades ou pessoas constituídas de fato ou de direito, ainda que temporariamente, com ou sem personalidade jurídica, que não exerçam atividade empresarial, não sendo possível utilizar-se o critério do valor do faturamento bruto, a multa será de 6.000 a 6.000.000 de UFIRs, ou padrão superveniente. Em caso de reincidência, as multas cominadas serão aplicadas em dobro. Essas disposições visam a incriminar os "terceiros" que tiverem envolvimento nos abusos do poder econômico por uma empresa.

Além dessas penalidades, quando se tratar de fatos graves ou interesse público geral ao exigir, poderão ser impostas à empresa infratora outras penas, isolada ou cumulativamente. Poderá ela ser obrigada a publicar às suas expensas, em jornal indicado na decisão, o extrato da decisão condenatória, por dois dias seguidos, de uma a três semanas consecutivas.

Ficará ainda a empresa infratora proibida de contratar com instituições financeiras oficiais e participar de licitação tendo por objeto aquisições, alienações, realizações de obras e serviços, concessão de serviços públicos, junto à administração pública federal, estadual, municipal e do Distrito Federal, bem como entidades da administração indireta, por prazo não inferior a cinco anos.

Para ampliar ainda mais as restrições, estará sujeita a ser inscrita no Cadastro Nacional de Defesa do Consumidor.

É possível ainda a vedação para que seja concedido à empresa infratora o parcelamento de tributos federais por ela devidos, ou para que sejam cancelados, no todo ou em parte, incentivos fiscais ou subsídios públicos. Ou então, as patentes de titularidade da empresa infratora poderão ser licenciadas compulsoriamente a outras empresas. Poderá, também, a empresa infratora sofrer imposições para cisão de sociedade, transferência de controle societário, venda de ativo, cessação parcial de atividade, ou qualquer outro ato ou providência necessários para a eliminação dos efeitos nocivos à ordem econômica. Julgamos essa questão como delicada e preocupante, por dar ao CADE a faculdade de intervir nas atividades de uma empresa.

Prevê a lei medidas contra a possível desconsideração, por parte de uma empresa, de alguma punição ou advertência do CADE. Pela continuidade de atos ou situações que configurem infração da ordem econômica, após decisão do plenário do CADE determinando sua cassação, ou pelo descumprimento de medida preventiva ou compromisso de cessação previstos na Lei Antitruste, o responsável fica sujeito à multa diária de valor não inferior a 5.000 UFIRs, ou padrão superveniente, podendo ser aumentada em até vinte vezes se assim o recomendar sua situação econômica e a gravidade da infração.

Previstas, ainda, foram as possíveis resistências que empresas infratoras possam apresentar à ação do CADE. A recusa, omissão, enganosidade, ou retardamento injustificado de informação ou documentos solicitados pelo CADE, SDE, SPE, ou de qualquer entidade pública que estiver atuando na aplicação da Lei Antitruste, ou seja, a Lei 8.884/94, será punível. A punição consta de multa diária de 5.000 UFIRs, podendo ser aumentada em até vinte vezes se necessário para garantir sua eficácia em razão da situação econômica da empresa infratora.

Na aplicação das sanções estabelecidas pela Lei serão levados em consideração vários fatores: a gravidade da infração; a boa-fé do infrator; a vantagem auferida ou pretendida pelo infrator; consumação ou não da infração; o grau de lesão ou perigo de lesão à livre concorrência, à economia nacional, aos consumidores, ou a terceiros; os efeitos econômicos negativos produzidos no mercado; a situação econômica do infrator; a reincidência. É a aplicação dos princípios do Direito Penal aos crimes de abuso do poder econômico por uma empresa, com reflexos sobre o empresário que a dirige. É conveniente lembrar que a nova Lei Antitruste adota a teoria da descaracterização da pessoa jurídica ("*disregard theory*").

Vê-se, pois, serem pesadas as penalidades impostas pela Lei às empresas que abusarem de seu poder econômico para prejudicar suas concorrentes e assenhorear-se do mercado consumidor. O que devemos esperar é que essas medidas sejam aplicadas conforme o espírito da lei, que é o de garantir a sadia disputa do mercado consumidor por empresas componentes de um determinado segmento desse mercado. Necessário, então, se torna que as empresas tenham plena consciência da tutela conferida pela lei às suas atividades e garantia de seu trabalho. Quando se sentirem atingidas e prejudicadas, contam, agora, com um instrumento eficaz de defesa e um poder judicante mais ágil. Poderão ingressar em juízo para, em defesa de seus interesses individuais ou individuais homogêneos, obter a cessação de práticas que constituam infração da ordem econômica e crimes de concorrência desleal, bem como o recebimento de indenização por perdas e danos sofridos, independentemente do processo administrativo, que não será suspenso em virtude do ajuizamento da ação.

8.10. A reformulação de 2011

Em 1.12.2011 foi promulgada nova Lei de Repressão ao Abuso do Poder Econômico, a Lei 12.429/11 reformulando um pouco o Sistema Brasileiro de Defesa da Concorrência – SBDC, introduzindo modificações na Lei 8.884/94, mas não a revogou. Procurou tornar mais eficaz a atuação do CADE no combate às infrações à Ordem Econômica e defesa dos mercados e dos consumidores brasileiros. Criou outros órgãos, como a Procuradoria Federal junto ao CADE, o Departamento de Estudos Econômicos, e a Secretaria de Acompanhamento Econômico. Alargou ainda mais o leque de infrações e das sanções.

Parece-nos importante a faculdade de a Justiça decretar a intervenção na empresa quando necessária para permitir a execução específica, nomeando o interventor. A decisão que determinar a intervenção deverá ser fundamentada e indicará, clara e precisamente, as providências e serem tomadas pelo interventor nomeado.

Essa Lei terá a *vacatio legis* de seis meses, devendo entrar em eficácia em maio de 2011, e devemos então aguardar o tempo para avaliarmos seus efeitos.

9. O REGULAMENTO *ANTIDUMPING*

9.1. Conceito de *dumping*
9.2. Previsão legal
9.3. O processo *antidumping*

9.1. Conceito de *dumping*

Uma das formas de abuso do poder econômico por parte de uma empresa é a prática do *dumping*. É ainda manifestação de concorrência desleal, pois o *dumping* visa a desbaratar as empresas concorrentes do mercado consumidor disputado pela empresa agente do *dumping*. Note-se que o termo *"dumping"* faz parte do vocabulário jurídico nacional, utilizado pela legislação que o restringe, com a grafia original; não se trata mais de expressão estrangeira. Deve ter se tornado problema bem sério, após a entrada no Brasil de produtos importados, tanto que provocou vivas discussões no final de 1994 e a promulgação da Lei *Antidumping*, com o Decreto 1.602, de 26/08/95.

O Brasil já oficializara o acordo do GATT – General Agreement on Tariffs and Trade (atual OMC – Organização Mundial do Comércio), aprovado pelo Decreto Legislativo 30, de 15/12/95, e promulgado pelo Decreto 1.335, de 30/12/94. Como se sabe, um tratado internacional transforma-se em lei nacional graças à aprovação do Congresso Nacional por um decreto legislativo e à promulgação por decreto do Poder Executivo. Foi o que aconteceu com o tratado que transformou o GATT na OMC e estabeleceu as regras internacionais atualmente em vigor para a repressão ao *dumping*. Nossa Lei e esse tratado ratificam o anterior Acordo *Antidumping*, celebrado em reunião do GATT, transformado em lei nacional ao ser aprovado pelo Congresso Nacional pelo Decreto Legislativo 20 e promulgado pelo Decreto 93.941/87 e Acordo de Subsídios e Direitos Compensatórios, aprovado pelo Decreto Legislativo 22 e promulgado pelo Decreto 93.962/87.

O *dumping* é a prática de introduzir produtos de um país no mercado consumidor de outro país por preço inferior ao seu valor normal. Essa definição foi introduzida em caráter menos absoluto no código *antidumping* negociado em 1967 com a seguinte redação: "Um produto deve ser considerado como caracterizador de um *dumping*, isto é, como introduzido no mercado de um país importador a preço inferior ao seu valor normal, se o preço de exportação desse produto, quando exportado de um país para outro, é inferior ao preço comparável, praticado no curso das operações comerciais normais, por um produto similar destinado ao consumo no país exportador". Vê-se destarte que o *dumping* foi a princípio considerado um fenômeno internacional, malgrado seja praticado silenciosamente também no plano nacional.

A prática do *dumping* tornou-se corriqueira para o Brasil, ao criar incentivos fiscais de crédito e linhas de crédito especiais para a exportação de produtos brasileiros. Em consequência, as empresas brasileiras lançaram-se à conquista dos mercados internacionais, oferecendo produtos a baixo custo, bem abaixo do preço cobrado no mercado interno. Inúmeras ameaças de retaliação, principalmente nos EUA, não fizeram o Governo brasileiro arredar pé dessa política econômica. Em 1994, porém, houve o reverso da medalha. Para poder exportar seus produtos, nosso país teve de abrir suas portas à importação. Essa abertura acarretou uma enxurrada de automóveis, tecidos, calçados, artigos para presentes e muitos outros artigos cuja importação era antes proibida. Essa concorrência gerou protestos das empresas brasileiras. Fábricas de calçados do Rio Grande do Sul e de Franca, tecelagens de Americana-SP e outras fecharam ou reduziram drasticamente sua produção.

Ante a crise em que se debatiam as empresas nacionais, o Brasil apressou a aplicação das normas preconizadas pela OMC, em que se transformou o GATT. Para tanto, transformou-as em lei nacional e, em seguida, apresentou o Decreto 1.602/95, regulamentando as normas disciplinadoras dos procedimentos administrativos, relativos à aplicação dos direitos previstos na Lei *Antidumping*. A nova legislação descurou todavia o *dumping* interno, ou seja, o praticado por empresas produtoras de artigos no próprio mercado interno. Predomina na Lei o nítido sentido internacional, preocupando-se com a entrada no Brasil de produtos oriundos de outros países a preço abaixo dos que sejam adotados no mercado interno dos países exportadores desses produtos. A analogia, entretanto, autoriza-nos a apelar pela aplicação da Lei igualmente no plano interno.

    A questão é juridicamente bem complexa quanto à sua natureza. Há o concurso de vários ramos do Direito. Sendo assunto tratado pela OMC, na pauta de suas prioridades, amolda-se no Direito Internacional, tanto Público como o Privado. Ao afetar a economia interna de um país e provocar o surgimento de legislação nacional, torna-se tema de Direito interno. Como o *dumping* é prática de empresas, situa-se no âmbito do Direito Empresarial. Volvendo ao moderno conceito do **Direito Empresarial,** adotado pelo mestre da Universidade de Roma, o preclaro comercialista Giuseppe Ferri, de que o Direito Comercial cuida das atividades empresariais destinadas à satisfação do mercado consumidor, temos de situar a questão no âmbito deste Direito. Refere-se às normas relativas às unidades de produção e distribuição de bens, no regime de livre-iniciativa e intento lucrativo, vale dizer, às empresas, às atividades destas com vistas à conquista do mercado consumidor. Contudo, essa conquista processa-se em afronta às normas legais, constituindo, pois, crimes previstos no Código de Propriedade Industrial e Código Penal, catalogados como concorrência desleal.

    Essa concorrência desleal é patente. Por que uma empresa vende seus produtos a preços abaixo do mercado? Só pode ser para desbaratar a concorrência e vir-se sozinha no mercado; poderá, então, impor seu preço. Naturalmente, a empresa agente do *dumping* deverá ter considerável poder econômico para bancar os preços baixos e usará esse poder para escorraçar as empresas concorrentes, assenhorear-se do mercado e impor os preços que lhe proporcionem pingues lucros. Utilizamos aqui a linguagem adotada pelo Código de Propriedade Industrial, classificando esse tipo de ação como "concorrência desleal". Todavia, julgamo-la como concorrência ilícita, por ser condenada pela lei. Poder-se-ia até chamá-la de criminosa, uma vez que os atos que a compõem são classificados como crimes pelo Código de Propriedade Industrial e pelo Código Penal.

9.2. Previsão legal

O art. 4º do Decreto 1.602/95, que regulamenta as normas que disciplinam os procedimentos administrativos, relativos à aplicação de medidas *antidumping*, dá-nos uma definição de *dumping*, não muito diferente da que nos tinha sido dada pelo antigo GATT:

> Para os efeitos deste decreto, considera-se prática de dumping *a introdução de um bem no mercado doméstico, inclusive sob as modalidades de "drawback", a preço de exportação inferior ao valor normal.*

Considera-se normal o preço efetivamente praticado para o produto similar nas operações mercantis que o destinem a consumo interno no país exportador. Por exemplo, ingressaram no Brasil ventiladores chineses a preço de US$ 10,00, enquanto custavam na China US$ 18,00. Se, porventura, o produto exportado ao Brasil não for vendido no mercado interno do país exportador, será levado em conta o preço de produto similar. O termo "produto similar" será entendido como produto idêntico, igual sob todos os aspectos ao produto que se está examinando, ou, na ausência de tal produto, outro produto que, embora não exatamente igual sob todos os aspectos, apresente características muito próximas às do produto que se está considerando. Esse levantamento deverá ser feito no país exportador, mas caberá à empresa prejudicada pelo *dumping* encomendar essa pesquisa.

Se for difícil aferir o preço adotado no país de origem e exportação do produto entrado no Brasil por ausência de similar, poderá ser pesquisado o preço da exportação para outros países. Poderão, porém, ser consideradas como operações mercantis anormais e desprezadas na determinação de valor normal as transações entre empresas coligadas ou associadas, ou que tenham celebrado entre si acordo compensatório, a menos que esses preços e custos sejam semelhantes aos de outras empresas não coligadas.

O preço de exportação será aquele efetivamente pago ou a pagar pelo produto exportado ao Brasil, livre de impostos, reduções e descontos efetivamente concedidos e diretamente relacionados com as vendas. Será efetuada comparação justa entre o preço de exportação e o valor normal, no mesmo nível de comércio, normalmente o *"ex work"* (ou *"ex fabrica"*), vale dizer, quando o produto sai da empresa fornecedora. A margem do *dumping* será a diferença entre o valor normal e o preço de exportação.

A empresa que introduzir no mercado brasileiro produtos estrangeiros a custo abaixo do normal, vale dizer, exercendo *dumping*, causará danos aos fornecedores nacionais e poderá ser acionada a reparar esses danos. Poderão ser danos materiais ou ameaça de danos materiais à indústria doméstica já estabelecida ou retardamento sensível na implementação de tal indústria. A determinação do dano será baseada em provas positivas e exigirá exame objetivo do volume das importações sobre a indústria doméstica. É necessária a demonstração de nexo causal entre as importações objeto de *dumping* e o dano à indústria doméstica, devidamente comprovado. A "indústria doméstica" representa a totalidade dos produtores nacionais do produto similar ou aqueles, dentre eles, cuja produção conjunta constitua parcela significativa da produção nacional do produto.

9.3. O processo *antidumping*

A empresa doméstica, ou seja, a indústria brasileira que se julgar prejudicada pela prática de *dumping*, poderá processar a empresa infratora com base na legislação *antidumping* brasileira, que, é bom repetir, está escorada nas normas da OMC. O processo será instaurado na Secretaria de Comércio Exterior – SECEX, órgão do Ministério do Desenvolvimento, Indústria, Comércio Exterior. Será, portanto, um processo administrativo, para o qual a Lei exige, porém, ampla comprovação e demonstração da existência do *dumping*, dos danos e do nexo causal entre as importações objeto de *dumping* e os danos alegados. Esse processo seguirá o rito estabelecido pela Lei e por roteiro elaborado pela SECEX.

A abertura do processo será requerida por petição da empresa prejudicada, dirigida à SECEX, contendo a completa qualificação da requerente e indicando o volume e o valor de sua produção nacional de produtos similares. Deve ser juntada relação das demais empresas domésticas que produzem artigos similares aos que sejam objeto do *dumping* e o volume e valor da produção dessas empresas. Quanto aos produtos importados objeto do *dumping*, necessitarão eles de completa descrição, com a indicação do país em que foram fabricados e de onde vieram, quem os exportou e quem os importou, qualificando e indicando bem essas empresas. Caso haja informações sigilosas, serão elas tratadas de acordo com sistema especial que garanta o segredo. Enfim, deverão ser dadas informações bem pormenorizadas sobre todos os dados referentes ao *dumping*.

A SECEX poderá pedir informações adicionais e, estando em termos, iniciará o processo, notificando os demais produtores domésticos para que se pronunciem. Se houver apoio de outras empresas, que representem a metade da produção nacional, o processo poderá ser considerado como sendo movido pela "indústria doméstica" ou em seu nome. Equivaleria a uma ação de litisconsórcio, de caráter público. As empresas consideradas partes interessadas neste processo são as produtoras domésticas de artigos similares, ou a entidade de classe que as represente, bem como os produtores e exportadores estrangeiros dos bens objeto do *dumping* e quem tenha importado esses bens. O Governo do país em que estiverem localizados os produtores e exportadores dos bens será também considerado parte interessada e notificado da abertura das investigações. Ao ser aberto o processo, cópia da petição inicial será enviada a todos eles. A SECEX comunicará ainda à SRF – Secretaria da Receita Federal.

Ao longo da investigação, as partes interessadas disporão de ampla oportunidade de defesa de seus interesses. Cada parte poderá requerer a realização de audiência com acareação entre partes de interesses opostos. Terminada a fase instrutória, a SECEX elaborará seu parecer. A fase decisória pertencerá ao Ministério da Indústria, Comércio e Turismo e ao da Fazenda, que aplicarão, mediante ato conjunto, os direitos *antidumping*, com base no parecer da SECEX.

Consideram-se direitos *antidumping* o montante em dinheiro igual ou inferior à margem de *dumping* apurada com o fim exclusivo de neutralizar os efeitos danosos das importações objeto do *dumping*. É um tipo de reparação de danos às indústrias nacionais, prejudicadas pelo *dumping*. A devedora, vale dizer, a causadora do *dumping*, deverá ser a empresa importadora ou distribuidora no mercado nacional dos produtos objeto do *dumping*. Não há recurso à instância superior, mas o processo é passível de revisão, desde que haja decorrido no mínimo um ano da imposição de direitos *antidumping* definitivos e que sejam apresentados elementos de prova. As provas deverão demonstrar que a aplicação do direito deixou de ser necessária para neutralizar o *dumping*. A revisão poderá ser requerida pela parte interessada ou por iniciativa de órgão ou entidade administrativa federal ou da própria SECEX. Para efeito de esclarecimento, a Lei *Antidumping* chama de "direitos *antidumping*" um tipo de multa ou reparação de danos aplicados a uma empresa infratora dessa lei.

10. A BOLSA DE VALORES MOBILIÁRIOS

10.1. Sentido das bolsas
10.2. Bolsa de Valores Mobiliários
10.3. Objeto social da bolsa
10.4. A sociedade-membro
10.5. As funções da corretora
10.6. Responsabilidades e restrições
10.7. A BM&F – BOVESPA
10.8. A Câmara de Arbitragem do Mercado – CAM
10.9. Órgãos de direção e administração
    10.9.1. Assembleia Geral
    10.9.2. Conselho de Administração
    10.9.3. Diretor-Geral

10.1. Sentido das bolsas

Não se pode falar em sociedade anônima ou mercado de ações sem se referir a uma instituição que lhe é ligada tão intimamente, que se pode dizer que uma depende da outra. É a bolsa de valores mobiliários, a BVM. Essa bolsa existe em quase todos os países em que haja S.A. De acordo com que a própria Lei 6.404/76 diz a companhia é aberta se suas ações puderem ser vendidas na BVM; será fechada se as ações não puderem ser operadas nela.

Para operar na BVM foi criada uma empresa especial, a *Sociedade Corretora de Valores Mobiliários*, chamada comumente de corretora. Outra companhia foi criada para vender ações no mercado de balcão, a *Sociedade Distribuidora de Valores Mobiliários*. Por outro lado, a companhia fechada é aquela cujas ações não podem ser negociadas na BVM. O que então caracteriza a companhia aberta e a fechada é a possibilidade de ter ou não ações vendidas na bolsa.

Bolsa é a reunião de empresas e de empresários para concentrar a oferta e procura de negócios, dentro de áreas específicas. É, também, designada como local em que as pessoas interessadas na intermediação de negócios se reúnem; mas, na verdade, refere-se nesse sentido estrito ao prédio em que a bolsa estiver instalada. A bolsa pode ser regulamentada por lei ou ser associação convencional ou mesmo grupo informal. Urge, portanto, que as principais bolsas sejam examinadas individualmente.

Em grande parte dos países europeus, como Itália, França e Portugal, as bolsas são chamadas de "Praça de Comércio", nome que lhe dava nosso antigo Código Comercial. Elas são agentes auxiliares das atividades empresariais, como muitos outros colaboradores externos, só que, em vez de pessoas, são instituições. Como principais, podemos citar a Bolsa de Mercadorias, a Bolsa de Cereais, a Bolsa de Valores Mobiliários e a Bolsa Mercantil & Futuros. Conhecem-se ainda outras sem muita vinculação com a atividade empresarial, como a Bolsa de Imóveis.

Para elaborarmos ideia da importância das bolsas na vida econômica de um país, poderíamos dar como exemplo a "Praça de Comércio do Porto", isto é, a bolsa de mercadorias do Porto. Em nosso período colonial, quase todo o movimento das mercadorias exportadas ou importadas pelo Brasil se fazia por intermédio da bolsa do Porto. Com a invasão e domínio de Portugal pelas tropas napoleônicas e a vinda da família real para o Brasil, instalando aqui a sede da monarquia portuguesa, as transações não puderam mais ser feitas por meio da bolsa do Porto.

Tão logo chegou ao Brasil, D. João VI, por recomendação do Visconde de Cairu, promulgou o famoso decreto da "abertura dos portos do Brasil", graças ao qual os brasileiros puderam entabular negociações com todos os países do mundo diretamente, sem intermediários.

Quando os franceses foram expulsos de Portugal, os portugueses forçaram D. João VI a voltar, ficando seu filho, D. Pedro, como regente. A bolsa do Porto exigiu o retorno do regime antigo, isto é, todo o movimento de exportação e importação de mercadorias do Brasil voltasse a se operar por ela. Contra essa perda de independência é que não se conformaram os que aqui viviam e exigiam o livre entendimento com os demais países. Esse inconformismo foi a causa principal da independência do Brasil, vale dizer, a bolsa de mercadorias do Porto foi fator decisivo de nossa desvinculação de Portugal.

10.2. Bolsa de Valores Mobiliários

A Bolsa de Valores Mobiliários resultou do crescente incremento das transações de títulos e valores mobiliários, principalmente ações de empresas mercantis. Esse incremento foi tão acentuado nos últimos anos, que exigiu, para regulamentar a questão, a formação de campo novo do Direito Empresarial, ou seja, o Direito do Mercado de Capitais e sua legislação específica.

Ela foi prevista pela lei que dispõe sobre o mercado de valores mobiliários, a Lei 6.385, de 07/12/76, que "dispõe sobre o mercado de valores mobiliários e cria a Comissão de Valores Mobiliários", também prevendo a atuação da Bolsa de Valores Mobiliários. Todavia, a constituição, organização e funcionamento das bolsas de valores estão disciplinadas pela Resolução 2.690/2000, do Banco Central do Brasil.

Para se ter ideia do quanto é importante, útil e significativo para o mercado de valores mobiliários, basta dizer que a bolsa de valores mobiliários de São Paulo foi criada em 1890, portanto há cerca de 120 anos e vem operando desde esse tempo, desenvolvendo-se paulatinamente, variando e ampliando seus serviços. Um grande passo nesse sentido foi dado em 2008, quando houve a fusão de duas bolsas surgindo uma terceira, que se tornou a terceira bolsa do mundo.

Uma bolsa de valores, de que é sugestivo exemplo a BOVESPA – Bolsa de Valores Mobiliários de São Paulo, – para que possa constituir e operar necessita de registro e autorização, que é dado pela CVM – Comissão de Valor Mobiliários – e sujeitar-se à supervisão e controle dessa autarquia vinculada ao Ministério da Fazenda. Não tem finalidade lucrativa nem natureza mercantil, sendo, portanto, "associação", tal como prevista em nosso Código Civil. Apesar de associação civil, é formada exclusivamente por empresas de natureza mercantil, as Corretoras de Títulos e Valores Mobiliários. Seu objeto é auxiliar a distribuição dos valores mobiliários, principalmente as ações de empresas.

Pode, porém, ser S.A., como aconteceu com a BOVESPA, que era associação civil e transformou-se em S.A., ao fundir-se com a

Bolsa Mercantil & Futuros. Tomaremos como exemplo a Bovespa. Trata-se de uma instituição com natureza de associação civil, tendo como associadas as corretoras, que adquirem dela um título patrimonial. Sua finalidade é manter uma estrutura organizada, um sistema de trabalho e local adequado para a realização de operações de compra e venda de títulos e valores mobiliários, em mercado livre ou aberto. É, destarte, uma prestadora de serviços. As vendas são normalmente realizadas em leilões, no recinto da BOVESPA, e grande parte dos títulos comercializados é anunciada nos jornais e em comunicado às corretoras associadas.

10.3. Objeto social da bolsa

A bolsa exerce diversas funções e por isso é interpretada de várias maneiras: é um local de transações; é também um serviço prestado; pode-se dizer que seja uma vendedora, pois que sua função primordial é vender ações; é um sistema de distribuição de ações com base em leilões; é um tipo de operação referente a valores mobiliários, principalmente ações. Quando falamos ações, esse termo se estende aos vários títulos e valores mobiliários.

Seu objeto social é manter local ou sistema adequado à realização de operações de compra e venda de ações, em mercado livre e aberto, especialmente organizado e fiscalizado pela própria bolsa, sociedades-membros e pelas autoridades competentes. É o aspecto físico do conceito de bolsa, como é o caso da BOVESPA, que está instalada num magnífico prédio no centro de São Paulo. Como as atividades vêm aumentando, já se ampliou para outros prédios da redondeza. Porém, não basta ter um local de sede; precisa dotar, permanentemente, o referido local ou sistema de todos os meios necessários à pronta e eficiente realização e visibilidade das operações.

Sob o ponto de vista operacional, ela deve estabelecer sistema de negociação que propiciem continuidade de preços e liquidez ao mercado de títulos e valores mobiliários. Cria mecanismos regulares e operacionais que possibilitem o atendimento pelas sociedades corretoras-membros, de quaisquer ordens de compra e venda dos investidores, sem prejuízo de igual competência da CVM. Esta poderá, inclusive, estabelecer limites mínimos considerados razoáveis em relação ao valor monetário das referidas ordens. Deve ainda efetuar registro das operações que veremos adiante.

A BVM deve preservar elevados padrões éticos de negociação, estabelecendo, para esse fim, normas de comportamento para as sociedades-membros e para as companhias abertas e demais emissoras de títulos e/ou valores mobiliários, fiscalizando sua observância e aplicando penalidades aos infratores, no limite de sua competência. Deve divulgar as operações realizadas, com rapidez, amplitude e pormenores.

A bolsa deve conceder à sociedade-membro crédito para assistência de liquidez com vistas a resolver situação transitória até o limite do valor de seus títulos patrimoniais ou de outros ativos especificados no estatuto social mediante apresentação de garantias subsidiárias adequadas, observado o que dispuser a legislação aplicável a este respeito.

As bolsas de valores que se constituírem como associações civis, sem finalidade lucrativa, não podem distribuir às sociedades corretoras-membros parcela de patrimônio ou resultado, exceto se houver expressa autorização da CVM. Esta poderá ainda exercer outras atividades, desde que expressamente autorizadas pela CVM.

10.4. A sociedade-membro

Devemos falar um pouco mais das sociedades-membros da bolsa, as sociedades corretoras de valores mobiliários, empresas habilitadas para a negociação das ações na bolsa, atividade que lhe é atribuída pelas leis reguladoras do mercado de capitais, a Lei 4.728/65 e Lei 6.385/76, e pela LSA; inclui-se também a Resolução 1.655/89 do Conselho Monetário Nacional. É chamada normalmente de "corretora" e geralmente são S.A., mas poderia ser também sociedade limitada.

A constituição e funcionamento da sociedade corretora depende de autorização do Banco Central do Brasil – BCB e outros fatores. Para que o BCB conceda a autorização é indispensável a admissão da corretora como membro da BVM, e, para tanto, deverá adquirir título patrimonial de emissão dessa e aprovação da CVM para o exercício de atividade no mercado de valores mobiliários. Se a corretora não pleitear a autorização para funcionamento no prazo de 180 dias, após a aquisição do título patrimonial, a BVM procederá à sua venda em leilão.

O título patrimonial garante, privilegiadamente, mediante caução real, oponível a terceiros, os débitos da corretora para com a bolsa e a boa liquidação das operações nele realizadas, devendo ser caucionado em favor da bolsa antes de a corretora iniciar suas operações. Se a corretora alienar esse título, perderá a qualidade de membro da bolsa.

10.5. As funções da corretora

A compra e venda de ações na bolsa só pode ser feita pela corretora, que agirá como representante do investidor. Só ela pode operar em recinto ou em sistema mantido pela bolsa; pode subscrever, isoladamente ou em consórcio com outras corretoras autorizadas, a emissão de títulos e valores mobiliários para revenda; intermediar oferta pública e distribuição de ações no mercado, desde que observada a regulamentação pela CVM e BCB nas suas respectivas áreas de competência.

Suas funções vão mais além. Poderá incumbir-se da subscrição de cautelas e da custódia de títulos de valores mobiliários; de desdobramento de cautelas, de recebimento e pagamento de resgates, juros e outros proventos das ações. Pode instituir, organizar e administrar fundos e clubes de investimentos; constituir sociedade de investimento-capital estrangeiro e administrar a respectiva carteira de ações.

A corretora poderá exercer funções de agente fiduciário; de agente emissora de certificados e manter serviços de ações escriturais. Pode também emitir certificados de depósito de ações e cédulas pignoratícias de debêntures; intermediar operações de câmbio de taxas flutuantes; praticar operações de conta margem, conforme regulamentação da CVM. Enfim, poderá exercer várias outras operações afins, desde que expressamente autorizado pelo BCB e pela CVM.

10.6. Responsabilidades e restrições

A corretora é responsável, nas operações realizadas em bolsas de valores, para com seus comitentes e para com outras sociedades corretoras com as quais tenha operado ou esteja operando; é responsável por sua liquidação, pela legitimidade dos títulos ou valores mobiliários entregues; pela autenticidade dos endossos em valores mobiliários e legitimidade de procuração ou documentos necessários para a transferência de valores mobiliários.

Sofre também várias restrições. É vedado à corretora realizar operações que caracterizem, sob qualquer forma, a concessão de financiamentos, empréstimos ou adiantamentos a seus clientes, inclusive mediante cessão de direitos, ressalvadas as hipóteses de operação de conta margem e as demais previstas na regulamentação em vigor.

Não pode cobrar de seus comitentes corretagem ou qualquer outra comissão referente a negociações com determinado valor mobiliário durante seu período de distribuição primária. E também lhe é vedado adquirir bens não destinados ao uso próprio, salvo os recebidos em liquidação de dívidas de difícil ou duvidosa solução, caso em que deverá vendê-los dentro do prazo de um ano, a contar do recebimento, prorrogável até duas vezes, a critério do BCB.

A corretora está obrigada a manter sigilo em suas operações e serviços prestados, devendo guardar segredo sobre os nomes e operações de seus comitentes, só os revelando mediante autorização desses, dada por escrito. O nome e as operações do comitente devem ser informados, sempre que solicitado, à CVM, às bolsas de valores e ao BCB, observadas as respectivas esferas de competência, bem como nos demais casos previstos na legislação em vigor.

10.7. A BM&F - BOVESPA

A fusão que se deu em 2008 foi entre a BOVESPA – Bolsa de Valores Mobiliários de São Paulo e a BM&F – Bolsa Mercantil e Futuros, ambas de São Paulo. Além da formação de uma bolsa múltipla, elas mudaram a sua estrutura, tornando-se companhias. Destarte, a BOVESPA é uma empresa pertencente à BOVESPA HOLDING S.A. Existe, entretanto uma divisão de atribuições: a bolsa de valores mobiliários atua no mercado de ações e derivativos de ações, mais precisamente, atua no mercado de capitais. A BM&F atua no mercado de *commodities* (mercadorias para exportação, negociando principalmente grãos, como soja, milho, café, arroz, feijão, carne, ouro). Negocia também ações, mas nos mercados futuros.

Afora sua atividade primordial, a Bovespa realiza cursos sobre mercado de capitais, faz intermediação em operações de Câmbio, dá assistência técnica a seus associados e estabelece normas.

10.8. A Câmara de Arbitragem do Mercado - CAM

Iniciativa de enorme valor tomada pela BOVESPA foi a criação da Câmara de Arbitragem do Mercado – CAM, em funcionamento há vários anos com amplo sucesso. A Bolsa Mercantil & Futuros também houvera criado câmara idêntica. Com a fusão das duas bolsas em 2008 não se sabe se as câmaras arbitrais serão também unificadas, mas, enquanto isso, continuam elas a todo vapor.

Por meio de regras próprias, a CAM tem a vantagem de trazer mais agilidade e economia, além de árbitros especializados nas matérias a serem decididas; seus árbitros são formados no trato das questões societárias, formando um corpo que será posto à disposição das companhias que recorrerem à CAM. As companhias envolvidas numa divergência poderão escolher os árbitros componentes desse corpo para dirimir eventuais divergências sobre a interpretação da lei ou de contratos celebrados entre elas.

Qualquer investidor ou empresa que seja ou não uma companhia aberta pode utilizar essa estrutura.

No Brasil, o estatuto da S.A. pode estabelecer que as divergências, disputas e controvérsias entre os acionistas e a companhia, ou entre os acionistas controladores e os acionistas minoritários, podem ser solucionadas mediante arbitragem, nos termos em que especificar. Essa possibilidade está consignada na Lei das S.A., no art. 109-§ 3º:

> *O estatuto da sociedade pode estabelecer que as divergências entre os acionistas e a companhia ou entre os acionistas controladores e acionistas minoritários poderão ser solucionadas mediante arbitragem, nos termos em que especificar.*

10.9. Órgãos de direção e administração

O poder de mando, o sistema de administração e direção da BVM é exercido por vários órgãos, que, de início, vamos enumerar e depois virão as descrições:
- Assembleia Geral;
- Conselho de Administração;
- Diretor-Geral.

10.9.1. *Assembleia Geral*

É o órgão soberano, com poderes para decidir sobre todos os atos relativos à instituição e tomar as decisões que julgar convenientes à defesa de seus interesses. Dela participam as corretoras, cada uma com direito a um voto, visto que os títulos patrimoniais têm o mesmo valor. Anualmente haverá uma assembleia geral ordinária, nos dois primeiros meses após o término do exercício social. Será nos meses de janeiro ou fevereiro, uma vez que o exercício social da bolsa deve ser de 1º de janeiro a 31 de dezembro. Esta assembleia deverá deliberar sobre os orçamentos e programas de aplicações dos resultados da bolsa, anuais ou plurianuais; o relatório e as demonstrações financeiras da bolsa relativos ao exercício anterior, a apuração do patrimônio social e, sendo o caso, a distribuição dos resultados; e o valor nominal do título patrimonial.

Essa assembleia também procede à eleição dos membros e suplentes do CA, na forma e proporção constantes do estatuto social da bolsa. Ela é convocada pelo Presidente do CA, devendo as corretoras-membros serem comunicadas por escrito, com trinta dias de antecedência. A essa reunião deverá comparecer o auditor independente, que examina as contas, para dar esclarecimentos às corretoras presentes.

10.9.2. *Conselho de Administração*

O CA – Conselho de Administração será integrado, no mínimo por sete e no máximo por treze conselheiros, devendo o estatuto social da bolsa estabelecer, além do que for exigido pela legislação aplicável, as regras relativas à sua composição. Integram também o CA, obrigatoriamente, um representante dos investidores não qualificados como institucionais e um representante de companhias cujas ações sejam admitidas à negociação. Salvo disposição em contrário, na composição do CA não pode haver mais de um conselheiro vinculado a uma corretora-membro, companhia aberta, conglomerado, grupo ou investidor institucional.

Os membros do CA, isto é, os conselheiros, devem ser eleitos pela AG, também os suplentes, sendo permitida a reeleição deles. Integra o CA o Diretor-Geral, indicado pelos conselheiros e aprovado pela AG. Os conselheiros, exceto o Diretor-Geral, que é membro nato do Conselho Geral, terão mandato de três anos, devendo o estatuto da bolsa estabelecer o mandato dos suplentes. O nome dos conselheiros serão examinados pela CVM que os aprovará, se estiverem dentro dos padrões exigidos para o exercício de cargos de administradores das sociedades anônimas e das instituições financeiras. Se a CVM não se pronunciar no prazo de trinta dias, implicará a aprovação dos conselheiros.

O conselheiro representante das companhias abertas e o representante dos investidores não podem ser empregados da bolsa ou manter vínculo com sociedade-membro. Esse vínculo não é apenas o trabalhista, mas também participação em qualquer órgão administrativo, fiscal ou deliberativo de corretora-membro; ou participação direta e indireta no capital da sociedade-membro. Não pode ainda ser cônjuge, companheiro ou parente até segundo grau de administrador de sociedade-membro.

Quanto à competência, cabe ao CA estabelecer a política geral da bolsa e zelar por sua boa execução; e aprovar o regimento interno e as demais normas regulamentares e operacionais da bolsa. É ela que elege seu presidente e vice-presidente, cabendo ao primeiro a representação ativa e passiva da bolsa. Cria comissões, grupos de trabalho ou outra forma associativa de estudo. Cabe-lhe indicar o Diretor-Geral ou propor sua destituição à AG, fiscalizando a gestão dele e deliberando sobre os assuntos que forem submetidos pelo Diretor-Geral.

O CA é quem aprova a estrutura organizacional da bolsa, definindo os cargos e a política de remuneração. Submete à AG com seu parecer os orçamentos e programas de aplicações de resultados da bolsa, anuais ou plurianuais; o relatório e as demonstrações financeiras ao término de cada exercício social; a proposta de apuração do patrimônio social; e o valor do título patrimonial.

10.9.3. *O Diretor-Geral*

Compete ao Diretor-Geral dar execução à política e às determinações do CA, bem como dirigir todos os trabalhos da bolsa, inclusive o sistema de registro de operações; praticar todos os atos necessários ao funcionamento regular da bolsa; designar os executivos das diversas áreas, determinando-lhes as atribuições e poderes, contratando-os e exonerando-os; representar a bolsa nos termos da lei ou de mandato especial outorgado pelo Presidente do CA.

Ele se reporta ao CA, apresentando proposta objetivando definir ou alterar a estrutura organizacional da bolsa, explicitando os cargos e a política de remuneração; os orçamentos e programas de aplicações de resultados da bolsa, anuais ou plurianuais; o relatório e as demonstrações financeiras ao término de cada exercício social.

O Diretor-Geral promove a fiscalização direta e ampla das sociedades-membros, podendo, para tanto, examinar livros e registros de contabilidade e outros papéis ou documentos ligados às suas atividades, mantendo à disposição da CVM e do BCB os relatórios de inspeção realizados por fiscais ou auditores da bolsa. Fixa anualmente as contribuições periódicas das sociedades--membros, bem como os emolumentos, comissões e quaisquer outros custos a serem cobrados delas e de terceiros pelos serviços e benefícios decorrentes de suas atribuições funcionais, operacionais, normativas e fiscalizadoras.

Ele não poderá estar vinculado a qualquer sociedade-membro, nem exercer qualquer cargo administrativo, consultivo, fiscal ou deliberativo, em companhias abertas cujas ações sejam negociadas em bolsa ou em instituições integrantes do sistema de distribuição de ações.

11. DA FRANQUIA POSTAL

11.1. Aspectos conceituais
11.2. Os serviços postais franqueados
11.3. A legislação pertinente
11.4. Origem e evolução
11.5. As partes do contrato
    11.5.1. Franqueador
    11.5.2. Franqueado
11.6. O contrato de franquia postal
11.7. Ausência da COF – Circular de Oferta de Franquia

11.1. Aspectos conceituais

O sucesso da franquia e sua maleabilidade têm feito com que ela estenda sua aplicação em diversas áreas da atividade econômica. Começou com sua aplicação no setor imobiliário, uma vez que ela foi criada para o financiamento de bens móveis duráveis e não a imóveis. Estuda-se também sua aplicação no ambiente agropecuário, o que já se revelou possível. Depois veio a franquia postal, criada no Brasil, que já está sedimentada e de ampla aceitação. Está sendo muito discutida e tumultuada, mas parece não desmerecer a lei, por ser esta vítima de ingerências políticas.

A franquia introduziu-se no Brasil graças às redes franqueadoras estrangeiras, mas depois ele veio a ser criador de franquias e já começa a espalhar-se pelo mundo. Exemplo disso são as franquias de perfumarias, como L'acqua di Fiori, O Boticário, Água de Cheiro, Chlorophylla, Parallèle, e a rede de cursos de idiomas, como Yázigi, Skill, CCAA, CNA, Fisk, Wizard, bem como outros cursos, como a Microlins. A franquia mais sugestiva e importante foi, porém, criada pela ECT – Empresa Brasileira de Correios e Telégrafos, que é, de longe, a maior, mais significativa, sugestiva e importante criada no Brasil.

Dizemos a mais sugestiva por ter sido criada pelo Poder Público, ou seja, pelo Governo, por meio de uma empresa estatal, cujo capital pertence totalmente ao Governo Federal. É um tipo de parceria público-privada, uma colaboração entre o Poder Público e a iniciativa particular, embora seguindo o modelo da franquia privada, como se fosse o Mc'Donalds. Para os mais antigos, os que conviveram com os correios antes dessa iniciativa, ficam na memória as agruras de quem dependia dele. Entretanto, hoje é patente a excelência dos serviços postais no Brasil, semelhantes aos dos países de primeiro mundo.

11.2. Os serviços postais franqueados

A ECT – Empresa Brasileira de Correios e Telégrafos franqueou os serviços de sua exclusividade a empresas privadas, ou seja, a pessoas jurídicas de direito privado, em regime de concessão. As empresas franqueadas receberam a designação de AGF – Agências de Correios Franqueadas. A implantação e manutenção da atividade de franquia postal será realizada, exclusivamente pela ECT, sob a supervisão do Ministério das Comunicações, no desempenho de **atividades auxiliares relativas ao serviço postal**.

Essas *atividades auxiliares relativas ao serviço postal* consistem na produção ou preparação de objeto de correspondência, valores e encomendas que antecedem o recebimento desses postados pela ECT, para posterior distribuição e entrega aos destinatários finais. Estas não podem ser franqueadas, sendo desempenhadas exclusivamente pela ECT, como, por exemplo, a entrega das cartas aos destinatários.

Nessas condições há dois tipos de atividades postais:
1. **Atividade auxiliar relativa ao serviço postal:** É exercida pela AGF – Agência de Correios Franqueada, ou seja, a franqueada.
2. **Atividade relativa ao serviço postal:** É desempenhada com exclusividade pela ECT, chamada franqueador.

Os serviços postais franqueados, isto é, transferidos para a AGF, são os de atendimento do público consumidor dos serviços. Ela recebe cartas e encomendas do público, cobrando o preço.

Depois, encaminha-as à ECT que desempenha os serviços para complementação da entrega aos destinatários.

Nossa legislação é um tanto confusa ao se referir a *atividades auxiliares relativas ao serviço postal e atividade de franquia postal*. Vejamos o que nos diz o artigo 2º, § 2º do Decreto 6.639/08:

> As atividades auxiliares relativas ao serviço postal consistem na produção ou preparação de objeto de correspondência, valores e encomendas que antecedem o recebimento desses postados pela ECT, para posterior distribuição e entrega aos destinatários finais.

Pelo que diz esse dispositivo legal, essas atividades *auxiliares relativas ao serviço postal* são exercidas pelo franqueado, ou seja, a AGF – Agência de Correio Franqueada. Como ele diz, são atividades que antecedem o recebimento desses postados pela ECT. Assim sendo, quais são as atividades que antecedem à ECT? São as realizadas pela AGF – Agência de Correio Franqueada, ou seja, o atendimento do cliente, recebimento de correspondência e encomendas, cobrança do preço.

Em seguida, a AGF repassará tudo à ECT para distribuição e entrega aos destinatários finais. Destarte, o carteiro é sempre um funcionário da ECT. É o que pode ser deduzido do que diz o § 1º do artigo 2º do Decreto 6.639/08. A ECT considera o franqueado um auxiliar.

Contudo, o § 1º do artigo 2º não esclarece isso e lança dúvidas:

> As atividades de recebimento, expedição, transporte e entrega de objetos de correspondência, valores e encomendas, inerentes à prestação dos serviços postais, não se confundem com as atividades auxiliares relativas ao serviço postal, não podendo ser objeto de franquia.

O que não pode ser objeto de franquia? A primeira atividade ou a segunda? Para ficar claro, preferimos interpretar como sendo a primeira, vale dizer o *serviço postal*, conforme está escrito:

as atividades de serviço postal. Essa gama de operações é da responsabilidade da ECT e não pode ser franqueada.

A situação começa a ficar mais clara no § 3º quando a Lei diz o que considera as expressões utilizadas no § 2º:

1. **Atividade de franquia postal:** *execução das atividades auxiliares relativas ao serviço postal.*
2. **Recebimento:** *ato pelo qual os objetos de correspondência, valores e encomendas são colocados sob a responsabilidade da ECT para a prestação de serviços postais.*
3. **Expedição:** *atividades que visam à consolidação dos objetos de correspondência, valor e encomendas recebidos para serem encaminhados aos respectivos destinos.*
4. **Transporte:** *encaminhamento dos objetos de correspondência, valores e encomendas recebidos pela ECT aos respectivos destinos.*
5. **Entrega:** *atividade de fazer chegar o objeto postal ou a mensagem telegráfica ao destinatário ou ao endereço indicado, ou, ainda, ao remetente, no caso de devolução de objeto postal.*

Foram enumeradas acima as tarefas inerentes à ***prestação dos serviços postais***, exclusivas da ECT, e que não podem ser objeto de franquia.

Infelizmente, tanto a Lei 11.668/08 como o Decreto 6.639/08 não definem quais seriam as atribuições do franqueado, vale dizer, da AGF, e que formam o conjunto de atividades auxiliares relativas ao serviço postal. Contudo, dá a Lei a entender que sejam as atividades que antecedem ao recebimento, isto é, a entrega do material recolhido pelo franqueado para a ECT.

Em suma, há dois tipos de atividades previstas pela Lei:
1. **Prestação de serviços postais:** são os atos privativos da ECT e não podem ser delegadas; não podem ser objeto de franquia.
2. **Atividades auxiliares relativas ao serviço postal:** São chamadas auxiliares porque as AGF auxiliam a ECT no

desempenho de suas funções: não são, portanto, concorrentes; exercem, a aproximação ou intermediação entre o público consumidor dos serviços postais e a ECT.

11.3. A legislação pertinente

A lei básica é a Lei 11.668, de dois de maio de 2008, que dispõe sobre o exercício da atividade de franquia postal. Como o contrato de franquia é bastante complexo, aplicam-se a ele, subsidiariamente, as normas do Código Civil, da Lei de Licitações, Lei das Concessões e Lei da Franquia. São leis de Direito Público e de Direito Privado, uma vez que a franquia postal é uma simbiose de interesses entre o Governo e empresas particulares.

Deve ser integrada nessa legislação a Lei 6.538/78, que dispõe sobre os serviços postais.

A Lei 8.666/93 estabeleceu normas gerais sobre licitações e contratos administrativos.

A Lei 8.987/95 dispõe sobre o regime de concessão e permissão da prestação de serviços públicos.

A Lei da Franquia Empresarial, a Lei 8.955/94, é invocada subsidiariamente, uma vez que a franquia postal é uma franquia.

Outras normas antecederam a Lei 11.668/2008. Em 1988 o Ministério das Comunicações publicou a Instrução Normativa 1/98, fazendo então surgir novo tipo de agência postal, a AGF – Agência do Correio Franqueada. Por seu turno, a Lei 11.668/2008 foi regulamentada pelo Decreto 6.639/08.

A Lei 9.074/95 – Estabeleceu normas para outorga e prorrogação das concessões e permissões de serviços públicos.

A Lei 10.406/2002 estabeleceu o novo Código Civil.

Foram então disseminando vários tipos de agências postais:
- AC – Agência dos Correios (da ECT);
- AGF – Agência do Correio Franqueada;
- PC, AGC, ACSON, PCP, Correio de Conveniência.

Surgiu em seguida uma Medida Provisória, que se transformou na Lei 9.648/98, prorrogando os contratos de franquia até

31.12.2002 e depois a Lei 10.577/98, com este mesmo propósito: prorrogar o vencimento das antigas franquias postais.

Vamos fazer então a enumeração simples desses diplomas legais:

1. **Lei 6.338/08.** Dispõe sobre os Serviços Postais;
2. **Lei 11.668/08.** Dispõe sobre o exercício da atividade de franquia postal;
3. **Decreto 6.639/08.** Regulamenta a Lei 11.668/08;
4. **Lei 8.955/94.** Regulamenta a franquia empresarial;
5. **Lei 9.074/95.** Estabelece normas para outorga e prorrogação das concessões e permissões de serviços públicos;
6. **Lei 10.406/2002.** Estabelece o novo Código Civil;
7. **Lei 8.666/93.** Estabelece normas gerais sobre licitação e contratos administrativos;
8. **Lei 8.987/95.** Dispõe sobre o regime de concessão e permissão da prestação de serviços públicos.

11.4. Origem e evolução

Os serviços postais foram uma lástima no Brasil, mas há uns 30 anos, por volta de 1980, a situação já tinha melhorado, graças à moderna tecnologia, introduzida no setor. Havia, porém, necessidade de amplo desenvolvimento ante a demanda sempre crescente dos serviços postais. O Governo Federal sentia sua incapacidade em adotar o crescimento com a manutenção da qualidade do serviço.

Ante essa dificuldade e a ausência de solução para este problema foram sendo levantadas várias sugestões, mas sempre fora do comum. Entre as ideias aventadas figurou a adoção da franquia para os serviços postais, ideia essa que se foi divulgando e se aperfeiçoando, levando a ECT a transferir para pessoas jurídicas de direito privado a marca, tecnologia, organização e métodos de trabalho, os produtos e serviços, para que essas empresas os utilizassem. A ECT lhes daria toda orientação e consultoria empresarial a fim de que as empresas franqueadas pudessem cumprir essa missão.

As primeiras franquias surtiram resultados satisfatórios, o que levou a ECT a alargar a aplicação do sistema, de tal maneira que mais de 1.500 foram estabelecidas, transformando-se na maior franquia do Brasil. O contingente de pessoal empregado pelas agências postais franqueadas atingia aproximadamente a 25.000 empregados.

Entretanto, esse desenvolvimento foi abalado pela atuação do TCU – Tribunal de Contas da União, que se insurgiu contra a concessão da franquia postal por uma empresa pública sem licitação, uma vez que era concedida livremente a quem lhe interessava. Em 1994 o TCU tomou decisão, determinando que a franquia postal só poderia ser concedida mediante licitação. Criou-se então um impasse com referência às franquias postais já existentes, que tinham direitos adquiridos após anos de atuação, conquista de clientela, valorizado o ponto e realizado investimentos para o exercício das atividades de franquia postal. Várias leis foram prorrogando o prazo para as antigas se adaptarem às exigências do TCU. Para o estabelecimento de novas franquias postais, porém, está decidido que somente será concedida mediante licitação, nos termos da Lei 9.074/95, que estabelece normas para outorga e prorrogação das concessões e permissões de serviços públicos.

11.5. As partes do contrato

11.5.1. *Franqueador*

O franqueador é a ECT – Empresa Brasileira de Correios e Telégrafos, com capital exclusivo da União, vinculada ao Ministério das Comunicações. Ela detém o monopólio dos serviços postais. Apesar de a ECT estabelecer franquias, opera também com lojas próprias, não havendo, nas aparências, diferenças entre os dois tipos de franqueadas. Trata-se de franquia monopolista, porquanto na franquia postal só existe um franqueador. Existem assim dois tipos de agências postais:
- AC – Agência do Correio;
- AGF – Agência do Correio Franqueada.

As agências do Correio têm, contudo, maiores poderes e atribuições, uma vez que nem todos os serviços postais são franqueados. O franqueador, ou seja, a ECT concede ao franqueado o direito de utilizar a marca, a tecnologia, produtos e serviços que lhe pertencem, mediante remuneração, em regime de concessão. Constitui serviço postal o recebimento, expedição, transporte e entrega de objeto de correspondência, valores e encomendas.

As atividades da ECT são regulamentadas pela Lei 6.538/789, que dispõe sobre os serviços postais.

11.5.2. *Franqueado*

Deve ser pessoa jurídica de direito privado, o que não significa que não pode ser pessoa natural. Fica uma dúvida: o empresário individual será considerado pessoa natural ou jurídica? Na interpretação da ECT não poderá lhe ser concedida a franquia; o franqueado será então uma empresa coletiva. Esta será empresa autônoma, sem vínculo com o franqueador, a não ser as relações decorrentes do contrato de franquia. Não estabelece a Lei o tipo de empresa, podendo ser, por exemplo, *sociedade anônima* ou *sociedade simples*.

O franqueado se submeterá previamente ao procedimento licitatório, visando à sua contratação, observando-se as disposições da Lei da Franquia Postal.

O Decreto 6.639/08 assim define o que seja o franqueado; AGF – Agência de Correio Franqueada:

> *Pessoa jurídica de direito privado, selecionada em procedimento licitatório específico e contratada pela ECT para o desempenho da atividade de franquia postal.*

11.6. O contrato de franquia postal

É um contrato formal, com cláusulas obrigatórias estabelecidas por sua lei específica e pela Lei da Franquia. As cláusulas essenciais desse contrato são as seguintes:

1. Objeto do contrato;
2. Localização do estabelecimento da pessoa jurídica franqueada;
3. Prazo de vigência de dez anos, que poderá ser renovado mais uma vez por dez anos;
4. Modo, forma e condições do exercício da franquia postal;
5. Critérios indicadores, fórmulas e parâmetros definidores do padrão de qualidade da atividade e gestão;
6. Os meios e formas de remuneração da ECT;
7. Obrigatoriedade, forma e periodicidade da prestação de contas do franqueado à ECT;
8. Os direitos, garantias e obrigações da ECT e da pessoa jurídica franqueada, inclusive os relacionados às previsíveis necessidades de aperfeiçoamento da atividade e consequente modernização e ampliação dos equipamentos e instalações;
9. Os direitos dos usuários de obtenção e utilização da atividade ofertada. Esses direitos devem ser atendidos de acordo com os objetivos da franquia postal, que são os de proporcionar maior comodidade aos usuários, e melhoria do atendimento prestado à população;
10. Forma e condições de fiscalização pela ECT das instalações, equipamentos, métodos e práticas de execução dos serviços do franqueado, bem como a indicação dos órgãos integrantes da estrutura administrativa e operacional da ECT competente para exercê-la. A inspeção da ECT deverá constatar se as atividades relativas ao exercício da franquia postal está de acordo com a qualidade no desempenho de atividades e no tratamento dispensado ao cliente; a otimização da rede de atendimento da ECT, e a comodidade da clientela. Será uma avaliação sistêmica e periódica, pela ECT, do desempenho da AGF, a fim de verificar sua contribuição para os resultados da ECT e para a consecução dos objetivos de universalização dos serviços postais por parte da ECT.
11. As penalidades contratuais a que se sujeitam e sua forma de aplicação.

12. Os casos de extinção da franquia postal antes de vencido o prazo de vigência do contrato, respeitando porém o que dispõe a Lei que deverá ser de dez anos e poderá ser renovado, uma única vez, por igual período.

 O contrato de franquia postal não poderá ser celebrado com pessoa jurídica que direta ou indiretamente explore mais de duas franquias postais, aplicando-se esse critério também aos sócios. Assim sendo, um franqueado somente poderá ter duas agências; não mais. Também não poderá, por exemplo, três franquias com três empresas diferentes, mas os sócios de uma também sendo sócios de outra.

 O franqueado exercerá a atividade da franquia postal com exclusividade no seu território, não podendo a ECT instalar-se nele. Todavia, cabe à ECT conceder ou não a franquia postal, podendo ela, se preferir, instalar agência própria em lugar em que não haja agência franqueada.

11.7. A ausência da COF – Circular de Oferta de Franquia

 Interessante é notar que a Lei da Franquia Postal não exige a antecipação da Circular de Oferta de Franquia para a celebração do contrato. Não há necessidade legal da apresentação desse documento, visto que a Lei da Franquia somente se aplica subsidiariamente. Pelo que nos parece, é dispensável, neste caso, a apresentação da COF, pois a oferta da franquia é feita no edital de licitação, em que consta ampla exposição das exigências do franqueador e as vantagens que ele oferece.

 Também não há necessidade da exposição dos elementos caracterizadores do franqueador, neste caso a ECT. Todos sabem que a ECT é uma empresa pública, que detém o monopólio dos correios, e uma das maiores do país. Opera em todo o território nacional; tem número elevado de funcionários.

12. INTERVENÇÃO DO ESTADO NA ORDEM ECONÔMICA

12.1. Formas de intervenção
12.2. Ação direta
12.3. A participação competitiva
    12.3.1. A transferência de atribuições
    12.3.2. A concessão
    12.3.3. A permissão
    12.3.4. A autorização
12.4. O exercício do monopólio
12.5. Ação indireta

12.1. Formas de intervenção

Logo no início deste volume procuramos um conceito para o Direito Econômico, chegando à conclusão de que é o ramo do direito que se ocupa dos mecanismos utilizados pelo Estado para intervir na ordem econômica, a fim de disciplina-lo e manter o equilíbrio das atividades econômicas, principalmente das empresas. O regime econômico adotado pelo Brasil é o neoliberal, capitalista, e cujas atividades econômicas repousam nas empresas privadas. Iremos agora nos aprofundar mais neste tema, focalizando as formas adotadas pelo Estado para regular o mercado consumidor, a produção e venda de bens, o crédito, enfim toda a ordem econômica. Estas formas estão previstas em nossa Constituição, como veremos. O Estado atua como agente econômico e outras vezes como agente normativo e fiscalizador; o primeiro caso é chamado de ação direta e o segundo indireta.

A intervenção do Estado na economia é uma ação excepcional, pois vigora em nosso país o regime de livre-iniciativa e livre concorrência. Esses princípios e fundamentos, entretanto, não convivem sempre de forma pacífica e equilibrada dentro da ordem econômica. Há, muitas vezes, tentativas de concentração, de predomínio, e outros abusos de grupos mais poderosos, que abalam esses princípios e fundamentos; são distúrbios causados na ordem econômica. É quando se nota a ação do Estado em restabelecer o equilíbrio e o respeito à ação de outros agentes econômicos menos poderosos. A ação estatal tendente a proteger a livre-iniciativa, a propriedade privada, o regime econômico liberal, para que este funcione em harmonia com os preceitos constitucionais.

A legitimidade da intervenção é assegurada na Constituição: no artigo 173 a intervenção direta como **agente econômico**; no artigo 174 como **agente normativo e regulador** das atividades econômicas. Podem ser invocados outros artigos da Constituição e toda a vasta legislação do Direito Econômico, principalmente a Lei Antitruste, a Lei 8.884/94.

12.2. Ação direta

O Estado atua diretamente na economia como **agente econômico**, explorando atividades econômicas por meio de suas empresas: a **empresa púbica** e a **sociedade de economia mista**, chamadas de **empresas estatais**. Assume as vestes de **Estado-empresário**. Trata-se de iniciativa excepcional e restringida pela própria lei, tanto que a Constituição procura, antes de lhe dar esse poder, limitá-lo, como se vê nos próprios dizeres do artigo 173:

> *Ressalvados os casos previstos nesta Constituição, a exploração de atividade econômica direta pelo Estado só será permitida quando necessária aos imperativos da segurança nacional ou a relevante interesse coletivo, conforme definidos em lei.*

Vemos então que o exercício de atividade empresarial pelo Estado somente lhe é reservado em duas situações, ou seja:
- Quando necessária aos imperativos da segurança nacional;
- Relevante interesse coletivo.

Esses dois requisitos devem ainda ser regulamentados e definidos por lei, o que restringe ainda mais sua utilização pelo Estado. Todavia, há o reverso da medalha: o Estado é quem faz as leis, de tal maneira que ele está com a faca e o queijo na mão.

Além do mais, não há parâmetros definidos do que seja **segurança nacional** e **relevante interesse coletivo**, cabendo ao Estado assim considerar. Assim, por exemplo, o Estado pode considerar como de relevante interesse coletivo qualquer medida que ele queira.

Em maio de 2011, os órgãos de comunicação mostraram que a presidenta da Argentina montou, por lei, uma rede de supermercados destinados à venda de carne e outros produtos comestíveis a preço subsidiado, exercendo concorrência desleal com açougues e quitandas. O Governo brasileiro poderia seguir esse exemplo, considerando o consumo de carne como de relevante interesse coletivo, ou mesmo de segurança nacional, criando por lei uma fórmula de intervir no abastecimento de carne e de outros produtos. Aliás, dissemos que o Estado poderia, mas também tomou essa iniciativa com a Lei Delegada 4/62 dispondo sobre a intervenção no domínio econômico para assegurar a livre distribuição de produtos necessários ao consumo do povo, da qual falaremos logo adiante. Destarte, vemos que as restrições ao poder do Estado, previstas no artigo 173, podem ser rompidas.

A livre-iniciativa e a livre concorrência, porém, conserva sua força na letra e no espírito da lei. Esses fundamentos do Estado brasileiro são superiores na ordem econômica, tanto que o Estado atua diretamente na economia brasileira em situações excepcionais. Foram privatizadas muitas atividades exercidas por empresas estatais, como telefone, energia elétrica, transportes e muitas outras. Ficaram reservadas ao Estado certas atividades em grau de monopólio, previsto no artigo 177, como as do petróleo e gás. Além disso, as empresas estatais, assim consideradas a empresa pública e a sociedade de economia mista, estão sujeitas ao regime jurídico das empresas privadas, inclusive quanto aos direitos e obrigações civis, comerciais, trabalhistas e tributários.

Pode ainda ser considerada como ação direta do Estado na economia a transferência de atribuições estatais para empresas privadas, como nos regimes de concessão, permissão e autorização. Modernamente se tem desenvolvido outras formas inovadoras de outorga do direito de execução de funções públicas, como é o caso da franquia, da qual o serviço de correios é bem sugestivo. Tem sido experimentados também o arrendamento e contrato de gestão e a parceria público-privada. Essas formas todas não se afastam da terceirização dos serviços públicos. Deve ser ressaltado que tais liberalidades não ficam ao total arbítrio do Estado, mas condicionadas à licitação pública, conforme é previsto no artigo 175:

> *Incumbe ao Poder Público, na forma da lei, diretamente ou sob regime de concessão ou permissão, sempre através de licitação, a prestação de serviços públicos.*

Vimos assim a participação direta do Estado na ordem econômica, ou seja, quando ele atua como **agente econômico**. Essa participação se faz por duas modalidades: **regime de monopólio** e **participação competitiva**.

12.3. A participação competitiva

12.3.1. *A transferência de atribuições*

A participação direta do Estado na economia, em que ele atua como agente econômico, nem sempre se faz pessoalmente, mas também delegando sua tarefa a terceiros. Aliás, esta forma de ação econômica estatal está prevista no artigo 175, já transcrito neste capítulo. Essa transferência de atribuições é feita pela concessão e pela permissão, conforme prevê o artigo 175, mas existe ainda outra, a **autorização**, que não consta no texto constitucional, por carecer de muita importância. Ultimamente vem surgindo outras formas dessa parceria, das quais nos ocuparemos.

Estabelece, entretanto, nossa Constituição, que esta outorga somente se fará mediante licitação, uma concorrência, em que o Governo, seja federal, estadual ou municipal, convida terceiros para agirem na execução de serviços públicos, em editais publicados. É um ato solene e delicado, rigidamente regulamentado pela lei. A concessão e a permissão da prestação de serviços públicos são regidas pela Lei 8.987/95.

O poder concedente publicará, previamente ao edital de licitação, ato justificando a conveniência da outorga da concessão ou permissão, caracterizando seu objeto, área e prazo. O poder concedente pode ser a União, os Estados, o Distrito Federal e os Municípios. Esses poderes promoverão a revisão e as adaptações necessárias de sua legislação às prescrições da Lei 8.987/95, buscando atender às peculiaridades das diversas modalidades de seus serviços.

12.3.2. *A concessão*

É um contrato administrativo, portanto, tem natureza contratual, celebrado por duas partes: concedente e concessionário. O concedente é o Estado, tendo assim o predomínio do poder público contratante sobre o privado. O objeto desse contrato é o de conceder a uma pessoa o uso ou o exercício de um bem público ou atividade pública, em nome próprio, por sua conta e risco. O concessionário será remunerado na exploração por tarifas cobradas diretamente dos usuários. A prestação de serviços deve obedecer às condições estabelecidas pelo Poder Público em edital publicado.

Toda concessão de serviços públicos, precedida ou não de execução de obra pública, será objeto de prévia licitação, nos termos da legislação própria e com observância dos princípios de legalidade, moralidade, igualdade, do julgamento por critérios objetivos e da vinculação ao instrumento convocatório.

Podemos citar alguns exemplos para ilustração. É o caso da concessão a empresas transportadoras para exercer o transporte de pessoas no período urbano; o Poder Público, geralmente o municipal, concede a terceiro o direito de exploração onerosa de um serviço público, de interesse da população. Notam-se nos aeroportos, mercados, estações ferroviárias e rodoviárias, do Metrô, a existência de boxes com lojas, lanchonetes e outras serventias; os exploradores desses pontos de venda são concessionários. Há, pelo que se vê, vários tipos de concessão.

Concessão de serviço público

É a delegação de sua prestação, feita pelo poder concedente, mediante licitação, na modalidade de concorrência, a pessoa jurídica ou consórcio de empresas que demonstrem capacidade para seu desempenho, por sua conta e risco e por prazo determinado.

Concessão de obra pública

O concedente, vale dizer, o Poder Público, concede a um terceiro a iniciativa de construir uma obra destinada ao uso da população. Terminada a obra, o concessionário pode vendê-la à administração pública, com preço já estipulado, ou poderá então explorá-la, recebendo remuneração pelo investimento realizado. Podemos citar como exemplo a construção de estradas, em que o concessionário, após construí-las, pode alugar ao governo, vendê-la ou explorá-las, cobrando pedágio dos veículos que passarem por elas. Essa operação livra o Governo do longo trabalho da construção de edifícios e outras obras, dispensando burocracia, responsabilidades e investimentos. Ao término da obra, oferecem-se várias opções para concedente e concessionário.

Concessão de serviço público precedida de execução de obra pública

O concessionário se encarrega da construção total ou parcial, conservação, reforma, ampliação ou melhoramento de quaisquer obras de interesse público, delegada pelo poder concedente, mediante licitação, na modalidade de concorrência, à pessoa jurídica ou consórcio de empresas que demonstre capacidade para a sua realização, por sua conta e risco. O investimento do concessionário deve ser amortizado mediante a exploração do serviço ou da obra, por prazo determinado.

Recentemente foi celebrado contrato administrativo entre o Metrô de São Paulo e uma empresa privada para a execução da obra de estações da quarta linha do metrô, ficando o concessionário com o direito de explorar as estações para recuperar com lucro o preço desses investimentos, e prestar o serviço público de transporte de passageiros, recebendo o preço das passagens.

12.3.3. A permissão

É um ato jurídico unilateral do Poder Público, delegando a título precário, mediante licitação, a prestação de serviço público, feita pelo concedente à pessoa física ou jurídica que demonstre capacidade para seu desempenho, por sua conta e risco. É uma outorga de faculdade, mais simples e menos formal do que a concessão, tanto que é outorgada "a título precário". Pode ser alterado ou revogado a qualquer hora pelo poder concedente, por interesse público.

O permissionário não precisará aplicar capital elevado para o desempenho do serviço, nem assumir delicadas responsabilidades, como acontece na concessão. Se a permissão é ato unilateral, também pode ser revogado ou modificado por ato unilateral. Sendo um contrato, a concessão é um acordo bilateral, comutativo, oneroso, em que as duas partes assumem obrigações e direitos recíprocos de natureza patrimonial. Não é o que acontece na permissão, que pode ser ato gratuito. Por exemplo: a concessão a uma associação beneficente para usar um imóvel destinado a manter um asilo sem pagar qualquer retribuição.

12.3.4. A *autorização*

É ainda mais simples e menos formal do que a permissão. Consta da licença do Poder Público para o uso de bem público, geralmente de forma gratuita e precária. É usada principalmente pelo Poder Municipal. É o exemplo de um circo ambulante que foi se exibir numa cidade do interior do Brasil e pediu autorização à Prefeitura para se instalar num terreno municipal, por uma semana. A Prefeitura emite alvará de utilização do imóvel.

Dizem alguns administrativistas que a permissão é a prima pobre da concessão e a autorização, a prima pobre da permissão.

12.4. O exercício do monopólio

Conforme foi falado, a participação direta do Estado na ordem econômica, isto é, quando ele atua como agente econômico, é exercida pelo **regime de monopólio** do Estado ou de **participação competitiva**. É do primeiro tipo que iremos agora falar: do regime monopolista do Estado ao participar da atividade econômica como agente. O termo origina-se etimologicamente do grego: *mono* = um + *pólio* = venda. Assim sendo, o Estado é o único vendedor dos bens ou o único prestador de serviços públicos. Não se trata de distorção do mercado ou de atentado à livre-iniciativa ou à livre concorrência. O monopólio estatal é legal, porquanto é previsto por lei ou até pela Constituição, adotado pelo nosso artigo 177:

> *Constituem monopólio da União:*
> *I. A pesquisa e a lavra das jazidas de petróleo e gás natural e outros hidrocarbonetos fluidos;*
> *II. A refinação do petróleo nacional ou estrangeiro;*
> *III. A importação e exportação dos produtos e derivados básicos resultantes das atividades previstas nos incisos anteriores;*
> *IV. O transporte marítimo do petróleo bruto de origem nacional ou de derivados básicos de petróleo produzidos no País, bem assim o transporte, por meio de conduto, de petróleo bruto, seus derivados e gás natural de qualquer origem;*
> *V. A pesquisa, a lavra, o enriquecimento, o reprocessamento, a industrialização e o comércio de minérios e minerais nucleares e seus derivados;*
>
> *§ 1º. A União poderá contratar com empresas estatais ou privadas a realização das atividades previstas nos incisos I a IV deste artigo, observadas as condições estabelecidas em lei.*
>
> *§ 2º. A lei a que se refere o § 1º disporá sobre:*
> *I. A garantia de fornecimento dos derivados de petróleo em todo o território nacional;*
> *II. As condições de contratação;*
> *III. A estrutura e atribuições do órgão regulador do monopólio da União.*
>
> *§ 3º. A lei disporá sobre o transporte e a utilização de materiais radioativos do território nacional.*

O monopólio estatal é criado por lei e surge das dificuldades de exploração por empresas privadas. Ele decorre de certas atividades que exigem altos investimentos e retorno financeiro longo. É o caso de fornecimento de água e esgoto, de energia elétrica, telefone. Na maioria dos países essas atividades são exercidas pelo Estado em regime monopolista, pois a iniciativa privada encontra dificuldades em penetrar nelas, por não possuírem capital suficiente e expectativa de lucro muito fraca. Pesa ainda sobre as empresas privadas o temor da intervenção estatal no ramo delas em momentos de dificuldade.

Há também certos monopólios mitigados, chamados normalmente de **oligopólio**. Acontece quando um pequeno grupo de empresas domina o mercado, como os bancos no Brasil, em que a rede bancária nacional é dominada por dois bancos, e a área da aviação civil, dominada por duas empresas aéreas; neste caso é chamado de **duopólio**.

Desde o início do século XXI no Brasil se nota a formação de oligopólios em várias áreas. Foi privatizada a área das comunicações telefônicas, tornando-se um oligopólio privado, controlado pelo Poder Público. Todavia, o oligopólio não se confunde com o **cartel**; neste, duas ou poucas empresas combinam e coordenam entre si o domínio do mercado e impondo o preço dos produtos. No duopólio as duas empresas atuam de forma independente, cada uma adotando o preço de seus produtos. Se alguma delas exercer pressão contra a entrada de concorrentes, ela fará individualmente. Fazem concorrência entre si.

12.5. Ação indireta

Vejamos agora a intervenção indireta do Estado na ordem econômica, em que ele atua como **ente regulador e fiscalizador da ordem econômica**, e não como agente. Não é o **Estado-empresário**, mas o **Estado-poder**. Essa posição está exposta no artigo 174:

> *Como agente normativo e regulador da atividade econômica, o Estado exercerá, na forma da lei, as funções de fiscalização, incentivo e planejamento, sendo este determinante para o setor público e indicativo para o setor privado.*

De acordo com o artigo 174, o Estado atua de duas formas: como **agente econômico** e como **ente regulador e fiscalizador da ordem econômica**. Neste último caso, ele intervém na regulação do mercado para reprimir abusos que possam ter ocorrido, como é o caso do tabelamento de preços ou controle da distribuição de produtos. A normatização da economia consiste na emissão de normas reguladoras do mercado; é o cipoal das normas do Direito Econômico. É a forma mais democrática da regulação do mercado, mais do que a criação de empresas estatais para concorrer com as empresas privadas; a normatização coaduna-se mais com os princípios liberais democráticos, mormente de livre-iniciativa e livre concorrência.

Não é apenas de regulador a atuação do Estado, mas o artigo 174 fala ainda em fiscalização, incentivo e planejamento. A fiscalização se exerce com o poder de polícia do Estado; ele atua na repressão de atos econômicos antidemocráticos; esses atos tem como mais sugestivos os abusos do poder econômico. A ação legal está amparada pelo artigo 173 no seu parágrafo 4º:

> *A lei reprimirá o abuso do poder econômico que vise à dominação dos mercados, à eliminação da concorrência e ao aumento arbitrário dos lucros.*

O incentivo é a ação estatal como fomentador das atividades econômicas. É o estímulo concedido a certas áreas da economia e certas regiões do país. São exemplos disto a SUDAM e a SUDENE. Os bancos oficiais, como o Banco do Brasil e o BNDES, criam linhas de crédito especiais, ou o Direito Tributário encontra fórmulas de diminuir ou eliminar impostos.

O planejamento econômico do Estado é a previsão dos investimentos e das arrecadações, tendo em vista a atuação como fomentador e regulador. Consta de orçamentos, planos e projetos, com a observância dos princípios legais da economicidade e eficiência.

13. DA PARCERIA PÚBLICO-PRIVADA

- **13.1.** Razões do instituto
- **13.2.** As origens brasileiras
- **13.3.** Aspectos conceituais
- **13.4.** Diretrizes e justificativas do sistema
- **13.5.** Dos contratos de parceria público-
-privada
- **13.6.** Tipos de parceria público-privada

13.1. Razões do instituto

É bem recente a ampliação da PPP no Brasil, tanto que a lei regulamentadora desse instituto é de 2004, a Lei 11.079/2004. Porém a prática não é tão desconhecida e nem tão nova, tanto que a própria história tem feito referências a esse tipo de colaboração entre o Poder Público e a iniciativa privada. E hoje é bem vulgarizada. Os grandes empreendimentos do Governo brasileiro nestes últimos anos têm sido divulgados como PPP, como a construção de estradas, usinas elétricas e aeroportos. Tem sido comprovado em todo o mundo que o Governo é um péssimo gestor de negócios e o Brasil reconheceu também essa deficiência estatal, para a qual concorrem muitas causas, que nem vale a pena comentar.

Desde o início do ano de 2009, verdadeira paranoia tem dominado o Brasil e acreditamos que por muitos anos sofreremos seus efeitos. É a ocorrência de grandes eventos esportivos a serem realizados no Brasil, que deveria ser iniciativa essencialmente privada. Entretanto, o Governo brasileiro interfere nesta questão de forma compulsiva, tendo motivos políticos acentuados. É questão que afeta também a ordem econômica do país, ante a grande movimentação financeira, a necessidade de altos investimentos e as implicâncias políticas eleiçoeiras e administrativas, focando realmente o Governo a participar, associando-se à iniciativa privada. É comentário constante no momento a que estamos nos referindo, de que **no futebol o dinheiro rola mais do que a bola.**

É conveniente enfatizar que as atividades desportivas, mormente o futebol, são atividades econômicas do tipo empresarial, envolvendo ampla publicidade que movimenta todos os órgãos de comunicação, exige altos investimentos com a contratação de atletas e outros profissionais especializados, às vezes com salários excepcionais, aplicações de recursos financeiros elevados, e exige estruturas organizadas. Há manifesto objetivo de lucro, com nítido intento lucrativo. Essa realidade foi reconhecida pela lei reguladora do esporte profissional, a chamada **Lei Pelé**, mas interesses subjacentes nunca permitiram que essa lei fosse realmente aplicada. E foi exatamente com o esporte profissional que surgiu a PPP em 2004, com os jogos panamericanos a serem realizados em 2007, como de fato foram.

A PPP visa a suprir a insuficiência de investimentos públicos em infraestrutura por recursos próprios. Atrai assim capital adicional do investidor privado para o serviço público. Foi mais ou menos assim que D. Pedro II conseguiu a construção das primeiras vias férreas no Brasil no século XIX. A descoberta do Brasil foi obra de uma associação desse tipo, como também a colonização holandesa, com a Cia. das Índias Ocidentais. É uma forma mais ágil e rápida de o Governo intervir na economia, evitando previsões orçamentárias, e intensa burocracia, como acontece com muitos projetos discutidos no Congresso Nacional há vários anos, retardando ou impossibilitando serviços que não tenham autossustentação.

13.2. As origens brasileiras

Foi exatamente com esse propósito que se projetou a PPP no Brasil, quando o Governo empreendeu a realização de grandiosa olimpíada no Rio de Janeiro em 2007, mas sentiu a ausência de fundos do Erário para esse empreendimento. Decidiu então associar-se à iniciativa privada para a realização desse acontecimento e preparação da infraestrutura destinada a ele. Foram abertas muitas licitações, de forma açodada, participando empresas de todo tipo. O Direito Tributário foi acionado no sentido de fazer a provisão de numerário para prover as empresas concessionárias de serviços públicos.

A Lei das Diretrizes Orçamentárias previu cortes em todas as obras projetadas, como estradas, escolas, hospitais, e tantas outras obras, todas sacrificadas, para a construção de instalações esportivas, hotéis, meios de transporte, restaurantes, clínicas, só no Rio de Janeiro, em função dos jogos panamericanos. Até agora o povo sofre as nefastas consequências dessa leviandade política.

Em que pese os prejuízos causados à economia pública, esse evento realçou a iniciativa do Governo em estabelecer ponte de colaboração com a iniciativa privada, que parece estar dando certo, como se vê na construção de estradas. Nessa época surgiu a Lei 11.079/2004. Essas medidas provocaram revolução autêntica no Direito Econômico, no que tange à intervenção do Estado na ordem econômica, de tal forma que as grandes empresas estatais deverão seguir a diretriz da PPP. Essa parceria, sob o ponto de vista financeiro, neste exato momento, não é equilibrada, pois o Governo entra com a maior parte dos recursos financeiros.

No ano de 2011 recrudesceu essa parceria de forma violenta, principalmente com a LDO – Lei de Diretrizes Orçamentárias, prevendo a criação de enormes linhas de crédito, regime especial de tributação, tratamento especial para obras de utilização na Copa do Mundo e nas Olimpíadas. Enorme impacto causou o congelamento do Tribunal de Contas da União e do Ministério Público, que não poderão pronunciar-se sobre esses preparativos dos eventos esportivos: não haverá deste jeito a fiscalização oficial das operações.

Muitos bilhões estão sendo investidos, sem controle nem fiscalização, para a construção de estádios de futebol, ginásios, pistas, alojamentos, piscinas e outras instalações esportivas. Mais ainda será investido em obras de infraestrutura para esses eventos, como estações do metrô, terminais rodoviários, pavimentação de ruas e estradas, transportes, hotéis, restaurantes. Serão aplicados somente nas cidades em que os acontecimentos estão previstos, tornando-se órfão o restante do país. Assim, serão construídos estádios de futebol só nas cidades em que se realizarão jogos da Copa do Mundo de 2014 e nas Olimpíadas. A pavimentação de ruas só será feita nas ruas que levam aos estádios. Essas obras serão realizadas no sistema das PPP.

O Ministro dos Esportes (o Brasil é o único país do mundo em que há esse ministério) tornou-se o ministro mais importante entre os 37 ministérios do Governo brasileiro; é quem mais aparece nos órgãos de comunicação de massa; viaja pelo país prometendo verbas e contratos com empresas privadas. Exige mais ação dos governos estaduais e demais agentes econômicos, tanto órgãos públicos, como pessoas privadas, inclusive apelando para a obediência à Medida Provisória 497/2010, promulgada no sentido de agilizar as medidas referentes a esses eventos esportivos. Chega até a cobrar dos demais 36 ministérios o corte de gastos para diminuir o rombo no orçamento da União, para que não prejudiquem os planos esportivos. Essa norma estabelece regime tributário especial para as PPP e outras operações ligadas ao esporte. Pode-se dizer que a economia de nosso país esteja condicionada agora e no próximos anos às PPP e à Copa do Mundo de 2014 e às Olimpíadas.

13.3. Aspectos conceituais

A PPP é um tipo de contrato celebrado entre o Governo e um terceiro para a construção e exploração de um bem público. É uma **concessão especial,** que se distingue da concessão normal por uma série de fatores. E mais complexo. Pela PPP o parceiro privado projeta, financia e constrói uma obra e a disponibiliza à administração pública ou à sociedade. Em contrapartida, poderá explorar essa obra em seu benefício, tirando proveito dela. Podemos citar como sugestivo exemplo as avenidas marginais que ligam São Paulo à Via Dutra. O Governo estadual deu concessão a uma empresa que construiu as avenidas e às colocou à disposição do tráfego. Em contrapartida, essa empresa cobra pedágio dos veículos que por ela transitam. Trata-se de um **contrato administrativo de concessão, concedida mediante licitação,** aplicando-se a esse contrato as normas gerais para licitação e contratação de PPP no âmbito da administração pública.

Há divisão dos riscos e responsabilidades, entre o parceiro público e o parceiro privado, partilhando cada um de acordo com os seus recursos. Esse esquema provoca redução de custo, incentivo à iniciativa privada, melhoria na qualidade do serviço, alívio das atribuições e responsabilidade do Estado, sem subtrair seu poder de controle, dando-lhe novas oportunidades.

13.4. Diretrizes e justificativas do sistema

O vulto dos recursos financeiros e administrativos do Governo votados ao esporte, mormente o futebol, dá a impressão de que a PPP não representa a intervenção do Poder Público na atividade econômica, mas a intervenção da iniciativa privada no Poder Público, na administração pública e na ordem econômica. Nesse tipo de parceria, o parceiro privado deve arcar com os recursos financeiros que financiarão o empreendimento. Entretanto, ele vai conseguir dinheiro do Banco do Brasil, do BNDES e outros órgãos públicos, inclusive dos depósitos do FGTS, o que distorce a PPP.

Haverá, todavia, previsão para que as obras e serviços executados voltem ao Poder Público. Ante os inumeráveis exemplos da intervenção financeira em empresas privadas, com prejuízos para o Governo, como foi o caso do Banco Panamericano, leva muitos a crer que o parceiro privado não pagará os empréstimos. Esse é, contudo, um problema de administração deficiente, não cabendo culpa à lei e ao sistema da PPP, que foi criada com intenções louváveis.

As diretrizes defendidas pela lei para a PPP é no sentido de que ela apresente eficiência no cumprimento das missões do Estado e no emprego dos recursos da sociedade; o respeito aos interesses e direitos dos destinatários dos serviços e dos entes privados incumbidos da sua execução. É característica essencial dela a indelegabilidade das funções de regulação, jurisdicional, do exercício do poder de polícia e de outras atividades exclusivas do Estado; essa característica é essencial a toda concessão, permissão ou autorização, em que o Estado exerce o seu poder de acompanhamento das atividades do ente beneficiado. Impõe-se ainda a responsabilidade fiscal na celebração e execução das parcerias; a transparência dos procedimentos e das decisões; repartição objetiva de riscos entre as partes; sustentabilidade financeira e vantagens socioeconômicas dos projetos de parceria.

13.5. Dos contratos de parceria público-privada

Esse instituto é um **contrato administrativo de concessão**. Aliás, toda concessão pública se faz por contrato; no presente caso é um **contrato administrativo de concessão de serviços públicos**. Trata-se de um contrato formal, com cláusulas previstas para as concessões em geral, no artigo 23 da Lei 8.987/95, em número de quinze cláusulas. Adicionalmente, os contratos deverão estipular os cronogramas físico-financeiros de execução das obras vinculadas à concessão, e exigir garantias do fiel cumprimento pela concessionária, das obrigações relativas às obras vinculadas à concessão.

As cláusulas específicas dos contratos de PPP estão elencadas no artigo 5º da Lei 11.079/2004: o prazo de vigência do contrato, compatível com a amortização dos investimentos realizados, não inferior a cinco anos, nem superior a 35, inclusive eventual prorrogação. Deve prever as penalidades aplicáveis à administração pública e ao parceiro privado em caso de inadimplemento contratual, fixadas sempre de forma proporcional à gravidade da falta cometida e às obrigações assumidas. Também a repartição de riscos entre as partes, inclusive os referentes a caso fortuito, força maior, fato do príncipe e álea econômica extraordinária. As formas de remuneração e de atualidade da prestação de serviços.

Serão apontados no contrato os fatos que caracterizem a inadimplência pecuniária do parceiro público, os modos e o prazo de regularização, e, quando houver, a forma de acionamento da garantia; e os critérios objetivos de avaliação do desempenho do parceiro privado.

No que tange à segurança na execução do contrato, deve ser prevista a prestação, pelo parceiro privado, de garantias de execução suficientes e compatíveis com o ônus e riscos envolvidos; e o compartilhamento com a administração pública de ganhos econômicos efetivos do parceiro privado decorrentes da redução do risco de crédito dos financiamentos utilizados pelo parceiro privado. Será prevista também a realização de vistoria dos bens reversíveis, podendo o parceiro público reter os pagamentos do parceiro privado, no valor necessário para reparar as irregularidades eventualmente detectadas.

As cláusulas contratuais de atualização automática de valores baseadas em índices e fórmulas, quando houver, serão aplicadas sem necessidade de homologação pela administração pública. Excetua-se caso esta publicar, na imprensa oficial, onde houver, até o prazo de quinze dias após apresentação da fatura, razões fundamentadas na Lei 11.079/2004 ou no contrato para a rejeição da atualização.

13.6. Tipos de parceria público-privada

São reconhecidos pela lei dois tipos de PPP: **concessão patrocinada** e **concessão administrativa**. A Lei 11.074/2004, no artigo 2º, nos dá o seu conceito de PPP: é o contrato *administrativo de concessão na modalidade patrocinada ou administrativa*. Toda PPP pertence sempre a uma dessas duas modalidades, com os requisitos elencados na Lei da PPP, ou seja, a Lei 11.079/2004. Não sendo assim, será uma concessão comum, tratada pela Lei 8.987/95; nesta não há contraprestação pecuniária do parceiro público ao parceiro privado. Nessas condições, a lei veda a PPP que tenha por objeto somente a execução de obra pública.

A **concessão patrocinada** é a concessão de serviços públicos ou de obras públicas quando envolver, adicionalmente à tarifa cobrada dos usuários, contraprestação pecuniária do parceiro público ao parceiro privado. O serviço público é prestado diretamente à coletividade, que paga tarifa por esse serviço, remunerando o parceiro privado. Contudo, o parceiro público complementa o pagamento dessa tarifa ao parceiro privado. A receita do parceiro privado é, portanto, dupla: ele recebe do usuário e do ente público concedente. Um elucidativo exemplo da parceria patrocinada é o aplicado na construção de estradas, como foi feito pelo Governo do Estado de São Paulo.

A **parceria administrativa** é o contrato de prestação de serviços de que a administração seja a usuária direta ou indireta, ainda que envolva execução de obra ou fornecimento e instalação de bens. O usuário do serviço, pelo que foi dito, não é a coletividade, mas o ente público concedente. O parceiro privado pode assumir a execução da obra, fornecimento de bens, de mão de obra, e outras prestações. O Governo assume o ônus relativo ao pagamento do serviço prestado, pois o parceiro privado não tem outra receita a não ser o pagamento do parceiro público.

Está sendo estudado pelo governo brasileiro, mormente o paulista, uma **concessão administrativa** aplicada nos EUA com referência às prisões, em que o Poder Público concede a uma empresa especializada a construção e administração de presídios, inclusive com o serviço de recuperação de detentos, pagando a essas empresas uma contraprestação.

14. DA LICITAÇÃO

14.1. Aspectos conceituais
14.2. Objeto da licitação pública
14.3. Objetivo da licitação pública
14.4. Princípios norteadores da licitação
    14.4.1. Princípio da legalidade
    14.4.2. Princípio da impessoalidade
    14.4.3. Princípio da moralidade
    14.4.4. Princípio da publicidade
    14.4.5. Princípio da vinculação ao edital
    14.4.6. Princípio da objetividade
    14.4.7. Princípio da eficiência
    14.4.8. Princípio da isonomia
14.5. Vocabulário licitatório
14.6. Comissão de licitação
14.7. Modalidades de licitação

14.1. Aspectos conceituais

O relacionamento do Estado com pessoas privadas, ainda mais submetidas ao seu poder, coloca-o numa posição de superioridade, que deve, por isso, ser regulada, restringida e dirigida. A lei impõe ao Estado e aos cidadãos rígidos princípios, normas e axiomas e apelos para que a sociedade brasileira viva de forma harmoniosa, segura e feliz. A ordem econômica terá assegurada a proteção legal para que Estado e cidadãos a respeitem e mantenham um ambiente salutar. A própria Constituição assegura a equidade nas operações econômicas, exigindo que os acordos se estabeleçam na forma da lei. Para atingir esse *desideratum* o melhor mecanismo legal utilizado é o da licitação.

Esse instituto é o procedimento administrativo estatal pelo qual a administração pública convida, geralmente por edital publicado nos órgãos de comunicação, empresas e outras pessoas que possam e desejem apresentar propostas para a prestação de serviços ou fornecimentos de bens. Trata-se de medida obrigatória e solene, tanto que a Constituição, no artigo 175, a exige sempre. De maneira mais ampla, o artigo 37, no inciso XXI, aponta casos em que a licitação é exigida:

> *Ressalvados os casos especificados na legislação, as obras, serviços, compras e alienações serão contratados*

mediante processo de licitação pública que assegure igualdade de condições efetivas da proposta, nos termos da lei, o qual somente permitirá as exigências de qualificação técnica e econômica indispensáveis à garantia do cumprimento das obrigações.

Cumprindo esses dispositivos constitucionais, a Lei das Licitações, Lei 8.666/93, estabelece normas gerais sobre licitações e contratos administrativos pertinentes a obras, serviços, inclusive de publicidade, compras e alienações e locações no âmbito dos poderes da União, dos Estados, do Distrito Federal e dos Municípios. Sujeitam-se ao regime da Lei 8.666/93, além dos órgãos da administração direta, os fundos especiais, as autarquias, as fundações públicas, as sociedades de economia mista e demais entidades controladas direta ou indiretamente pela União, Estados, Distrito Federal e Municípios. É de se lembrar sempre: não é só o Governo Federal, mas também o estado, o município e o Governo do Distrito Federal.

14.2. Objeto da licitação pública

É submetido à licitação todo ajuste entre órgãos ou entidades da administração pública e particulares, em que haja um acordo de vontades para a formação de vínculo e a estipulação de obrigações recíprocas, seja qual for a denominação utilizada; tudo é considerado contrato.

Vejamos o que especificamente seja contrato de administração pública: o artigo 175 fala de *prestação de serviços públicos*. A Lei 8.666/93 elenca: obras, serviços de publicidade, compras, alienações, concessões, permissões e locações da administração pública, quando contratadas com terceiros. Há, entretanto, algumas exceções, como diz o artigo 37-XXI: *ressalvados casos especificados na legislação.*

14.3. Objetivo da licitação pública

Ela se destina a garantir o princípio constitucional da isonomia e de selecionar a proposta mais vantajosa para a administração e será processada e julgada em estrita conformidade com os princípios básicos da legalidade, da impessoalidade, da moralidade, da igualdade, da publicidade, da probidade administrativa, da vinculação ao instrumento convocatório, do julgamento objetivo e dos que lhes são correlatos. Outra finalidade da licitação é indicada em certos casos no artigo 37-XXI, como se pode ver na reprodução acima.

Dentro desses princípios, não pode prever, incluir ou tolerar, nos atos de convocação, cláusulas ou condições que comprometam, restrinjam ou frustrem o seu caráter competitivo e estabeleçam preferências ou distinções em razão de naturalidade, da sede ou domicílio dos licitantes ou de qualquer outra circunstância impertinente ou irrelevante para o específico objeto do contrato.

Não é permitido também tratamento diferenciado de natureza comercial, legal, trabalhista, previdenciária ou qualquer outra, entre empresas brasileiras e estatais, inclusive no que se refere a moeda, modalidade e local de pagamentos, mesmo quando envolvidos financiamentos de agências internacionais. O que é possível é a preferência, em igualdade de condições, como critério de desempate, aos bens e serviços produzidos ou prestados por empresas brasileiras de capital nacional.

Em outras palavras, não podem nem o Estado nem as pessoas privadas que contratarem com ele *"inventarem"* nova modalidade de licitação.

14.4. Princípios norteadores da licitação

Os objetivos da licitação devem ser estabelecidos com observância de certos princípios, inclusive previstos na Constituição, como no *caput* do artigo 37:

A administração pública direta e indireta de qualquer dos poderes da União, dos Estados, do Distrito Federal e dos Municípios obedecerá aos princípios de legalidade, impessoalidade, moralidade, publicidade e eficiência.

14.4.1. Princípio da legalidade

Submete os licitantes e a administração pública às normas legais sobre este assunto, mormente à Lei 8.666/93, que instituiu normas para licitações e contratos da administração pública. Exige-se principalmente do administrador público o respeito a todas as etapas do processo licitatório descritas na lei, a fim de que seja vitoriosa a proposta mais vantajosa para a administração pública. A não observância dos comandos expostos legalmente pode constituir vícios capazes de inquinar a licitação de nulidade ou anulabilidades. A licitação pode ser anulada não só pelo Poder Judiciário, como também pela própria administração pública, em processo administrativo.

14.4.2. Princípio da impessoalidade

Não pode a administração pública decidir por critérios pessoais de seus agentes, o que seria subjetivismo. Deve examinar as propostas de forma objetiva, constantes da proposta, como preço, prazos, segurança, deixando de lado os sentimentos e opiniões pessoais dos agentes do Governo.

14.4.3. Princípio da moralidade

A moralidade, aqui apontada, tem o sentido de probidade, de boa-fé, honestidade e sinceridade. Exige-se a observância dos bons costumes e respeito aos sentimentos de honradez. Implica a guarda do sigilo do processo antes da oferta pública, a redação da proposta de forma clara e que não enseja dúvidas e discussões.

14.4.4. Princípio da publicidade

Os termos da licitação devem ter total transparência, com seus passos divulgados, dando acesso aos dados da licitação. A própria Lei 8.666/93, no parágrafo 3º do artigo 3º, diz:

A licitação não será sigilosa, sendo públicos e acessíveis ao público os atos de seu procedimento, salvo quanto ao conteúdo das propostas, até a respectiva abertura.

A publicidade exigida não se refere apenas à exigência legal, como a publicação de editais, mas também à facilidade na obtenção de informações pelos interessados, com a presteza do serviço. Não pode ser prejudicada a competitividade dos concorrentes, se um ou alguns tiverem acesso mais fácil às informações.

O sorteio das propostas deverá também ser divulgado de forma ampla e transparente, e realizado à vista de todos os que se interessarem. Assegura essa publicidade o artigo 43, § 1º:

A abertura dos envelopes contendo a documentação para a habilitação e as propostas será realizada sempre em ato público previamente designado, do qual se lavrará ata circunstanciada, assinada pelos licitantes presentes e pela Comissão.

14.4.5. Princípio da vinculação ao edital

A oferta de concessão, por exemplo, é feita obrigatoriamente por meio de edital público nos órgãos de comunicação, contendo os elementos básicos do futuro contrato. O poder licitante, da mesma forma que o licitário, deve observar as normas e condições contidas no edital, sob pena de o resultado da licitação ser inquinado de anulabilidade. As cláusulas do futuro contrato devem estar previstas na licitação: o que não está no edital é *"inventado"* e passível de discussão.

Esse princípio não foi apontado no artigo 175, mas surge no *caput* do artigo 41, com esses dizeres: *a administração não pode descumprir as normas e condições do edital, ao qual se acha estritamente vinculada.* Não pode haver alteração do edital quer na sua redação, quer por decisões dos agentes administrativos. Aplica-se nesse caso o provérbio esportivo: *Depois de o jogo começado, não se lhe podem alterar as regras.*

14.4.6. Princípio da objetividade

Esse princípio vincula o julgamento da licitação, ou seja, a escolha da proposta vencedora. Para ser objetivo, o julgamento deve nortear-se pelos critérios previamente expostos no edital, observando os termos do instrumento convocatório e as normas do processo licitatório. Foi exposto também no artigo 175, mas a Lei 8.666/93 o afirmou no artigo 44 e o reafirmou no artigo 175.

> *Art. 44. No julgamento das propostas, a Comissão levará em consideração os critérios objetivos definidos no edital ou no convite, os quais não deverão contrariar as normas e princípios estabelecidos por esta Lei.*

> *Art. 45. O julgamento das propostas será objetivo, devendo a Comissão de licitação ou o responsável pelo convite realizá-lo em conformidade com os tipos de licitação, ou o responsável pelo convite realizá-lo em conformidade com os tipos de licitação, os critérios previamente estabelecidos no ato convocatório e de acordo com os fatores exclusivamente nele referidos, de maneira a possibilitar sua aferição pelos licitantes e pelos órgãos de controle.*

14.4.7. Princípio da eficiência

Esse princípio foi introduzido no artigo 175 dez anos depois da Constituição atual, por meio da Emenda Constitucional 19/98, em consequência das tendências verificadas no Governo brasileiro de melhorar a qualidade dos serviços públicos prestados. A eficiência é a característica da administração pública atuando com maior rapidez, presteza e consequente economia. Foi com base nesse princípio que foi criado o pregão como modalidade de licitação, que é mais eficiente do que as demais e introduz nas outras modalidades o mesmo espírito de eficiência.

O princípio da eficiência visa principalmente aos resultados da licitação como dos demais atos administrativos, tendo em conta a relação custo-benefício e a qualidade dos serviços públicos prestados, acusados de ineficientes, morosos e com mau atendimento aos usuários. O bom rendimento funcional da administração pública evita desperdícios e prejuízos. Foi com vistas à eficiência que se introduziram o pregão, a informatização, a preocupação com a produtividade e economicidade.

É de se frisar que o artigo 175 não enfatiza a eficiência como princípio apenas da licitação, mas de todas as funções administrativas, para que obtenha resultados práticos positivos e satisfatório atendimento dos usuários dos serviços públicos. Por isso, o Estado deve estruturar, organizar e disciplinar a administração pública. A maior estruturação e racionalização das agências reguladoras, com autonomia e eficácia, os contratos de gestão e metodologias concretas de trabalho são frutos da aplicação do princípio de eficiência.

14.4.8. *Princípio da isonomia*

A lei deve dar a todos igualdade de tratamento, sem preferências, privilégios ou favorecimentos. Todos os interessados em contratar com a administração pública devem competir em igualdade de condições, sem que a nenhum se ofereça vantagem não extensiva a outro. É princípio invocado no artigo 3º da Lei 8.666/93, dizendo:

> *A licitação destina-se a garantir a observância do princípio constitucional da isonomia e a selecionar a proposta mais vantajosa para a administração, e será processada e julgada em estrita conformidade com os princípios básicos da legalidade, da impessoalidade, da moralidade, da igualdade, da publicidade, da probidade administrativa, da vinculação ao instrumento convocatório, do julgamento objetivo e dos que lhes são correlatos.*
>
> *§ 1º. É vedado aos agentes públicos:*
> *I. Admitir, prever, incluir ou tolerar, nos atos de convocação, cláusulas ou condições que comprometam, restrinjam ou frustrem o seu caráter competitivo e estabeleçam preferências ou distinções em razão da naturalidade, da sede ou domicílio dos licitantes ou de qualquer outra circunstância impertinente ou irrelevante para o específico objeto do contrato.*

II. Estabelecer tratamento diferenciado de natureza comercial, legal, trabalhista, previdenciária ou qualquer outra, entre empresas brasileiras e estrangeiras, inclusive no que se refere a moeda, modalidade e local de pagamentos, mesmo quando envolvidos financiamentos de agências internacionais.

14.5. Vocabulário licitatório

Quando se fala em intervenção do Estado na economia temos que considerar o relacionamento entre ele e as pessoas privadas, mormente quando esse relacionamento envolva dinheiro, que entra ou sai do Erário. A participação estatal no mercado é geralmente como freguês, pois é o maior comprador da iniciativa privada. Outras vezes é como alienante, vendendo, trocando ou fazendo qualquer outra alteração do patrimônio público. Todas essas operações ficam condicionas à licitação.

Atividades tão complexas e variadas podem ensejar dúvidas, confusões e discordâncias, o que levou a lei a definir as operações, fatores e outros itens de uma forma singela, mas que evitasse confusão de uma realidade com outra. Formou-se então um vocabulário específico que a Lei 8.666/93, no artigo 6º, procurou definir, que apontaremos em seguida:

OBRA: Toda construção, reforma, fabricação, recuperação ou ampliação, realizada por execução direta ou indireta.

SERVIÇO: Toda atividade destinada a obter determinada utilidade de interesse para a administração, tais como: demolição, conserto, instalação, montagem, operação, conservação, reparação, adaptação, manutenção, transporte, locação de bens, publicidade, seguro ou trabalhos técnico-profissionais.

COMPRA: Toda aquisição remunerada de bens para fornecimento de uma só vez ou parceladamente.

ALIENAÇÃO: Toda transferência de domínio de bens a terceiros.

OBRAS, SERVIÇOS E COMPRAS DE GRANDE VULTO: Aquelas cujo valor estimado seja superior a 25 vezes o limite estabelecido na alínea "c" do inciso I do artigo 23 da Lei 8.666/93.

SEGURO GARANTIA: O seguro que garante o fiel cumprimento das obrigações assumidas por empresas em licitações e contratos.

EXECUÇÃO DIRETA: A que é feita pelos órgãos e entidades da administração, pelos próprios meios.

EXECUÇÃO INDIRETA: A que o órgão ou entidade contrata com terceiros sob qualquer dos seguintes regimes:
- Empreitada por preço global: Quando se contrata a execução da obra ou do serviço por preço certo e total.
- Empreitada por preço unitário: Quando se contrata a execução da obra ou do serviço por preço certo de unidades determinadas.
- Tarefa: Quando se ajusta mão de obra para pequenos trabalhos por preço certo, com ou sem fornecimento de materiais.
- Empreitada integral: Quando se contrata um empreendimento em sua integridade, compreendendo todas as etapas das obras, serviços e instalações necessárias, sob inteira responsabilidade da contratada até a sua entrega ao contratante em condições de entrada em operação, atendidos os requisitos técnicos e legais para sua utilização em condições de segurança estrutural e operacional e com as características adequadas às finalidades para que foi contratada.

PROJETO BÁSICO: Conjunto de elementos necessários e suficientes, com nível de precisão adequado, para caracterizar a obra ou serviço, ou complexo de obras ou serviços objeto da licitação, elaborado com base nas indicações dos estudos técnicos preliminares, que assegurem a viabilidade técnica e o adequado tratamento do impacto ambiental do empreendimento, e que possibilite a avaliação do custo das obras e a definição dos métodos e do prazo de execução.

PROJETO EXECUTIVO: O conjunto dos elementos necessários e suficientes à execução completa da obra, de acordo com as normas pertinentes da Associação Brasileira de Normas Técnicas.

ADMINISTRAÇÃO PÚBLICA: A administração direta e indireta da União, dos Estados, do Distrito Federal e dos Municípios, abrangendo inclusive as entidades com personalidade jurídica de direito privado sob controle do Poder Público e das fundações por ele instituídas ou mantidas.

ADMINISTRAÇÃO: Órgão, entidade ou unidade administrativa pela qual a administração pública opera e atua concretamente.

IMPRENSA OFICIAL: Veículo oficial de divulgação da administração pública, sendo para a União o Diário Oficial da União, e, para os Estados, o Distrito Federal e os Municípios, o que for definido nas respectivas leis.

CONTRATANTE: É o órgão ou entidade signatária do instrumento contratual.

CONTRATADO: A pessoa física ou jurídica signatária de contrato com a administração pública.

COMISSÃO: Comissão, permanente ou especial, criada pela administração com a função de receber, examinar e julgar todos os documentos e procedimentos relativos às licitações e ao cadastramento de licitantes.

PRODUTOS MANUFATURADOS NACIONAIS: Produtos manufaturados, produzidos no território nacional de acordo com o processo produtivo ou com as regras de origem estabelecidas pelo Poder Executivo federal.

SERVIÇOS NACIONAIS: Serviços prestados no País.

SISTEMAS DE TECNOLOGIA DE INFORMAÇÃO E COMUNICAÇÃO ESTRATÉGICOS: Bens e serviços de tecnologia da informação e comunicação cuja descontinuidade provoque dano significativo à administração pública e que envolvam pelo menos um dos seguintes requisitos relacionados às informações críticas: disponibilidade, confiabilidade, segurança e confidencialidade.

14.6. Comissão de Licitação

A Comissão de Licitação é um órgão previsto pelo artigo 51 da Lei 8.666/93, encarregada de receber, examinar e julgar os documentos e procedimentos referentes às licitações nas três modalidades: concorrência, tomada de preços e convite. A Comissão de Licitação pode ser permanente ou especial. Será permanente quando atuar na realização de licitações por período determinado, que não poderá exceder a um ano. A Comissão de Licitação será especial quando atuar em licitações específicas.

É constituída de, no mínimo, três membros, sendo dois deles servidores qualificados pertencentes aos quadros permanentes dos órgãos da administração responsáveis pela licitação. É possível a recondução parcial dos membros, mas não total. São nomeados por ato administrativo, como, por exemplo, uma portaria. Os membros serão responsáveis pela licitação, e responderão solidariamente por todos os atos praticados pela Comissão. Salvo se posição individual divergente estiver devidamente fundamentada e registrada em ata lavrada na reunião em que tiver sido tomada a decisão.

Nos casos de licitação mais simples poderá haver maior liberalidade. No caso de convite, a Comissão de Licitação, excepcionalmente, nas pequenas unidades administrativas e em face da exiguidade de pessoal disponível, poderá ser substituída por servidor formalmente designado pela autoridade competente. No caso de concurso, o julgamento será feito por uma comissão especial integrada por pessoas de reputação ilibada e reconhecido conhecimento da matéria em exame, servidores públicos ou não.

14.7. Modalidades de licitação

A licitação é vulgarmente chamada de concorrência, parecendo que se trata de sinônimos. Entretanto, a concorrência é apenas uma modalidade de licitação, pois esta última apresenta várias modalidades: **concorrência, tomada de preços, leilão, concurso, convite**. Em 2002, a Lei 10.520/2002 instituiu o **pregão** no ordenamento jurídico brasileiro, para a aquisição de bens e serviços comuns. Apesar da existência de várias modalidades, hoje só se aplicam duas de forma sugestiva: o pregão e a concorrência. Vamos traçar algumas considerações sobre essas modalidades de licitação.

TOMADA DE PREÇOS: É feita com interessados devidamente cadastrados ou que atenderem a todas as condições exigidas para cadastramento, até o terceiro dia anterior à data do recebimento das propostas, observada a necessária qualificação.

CONVITE: É aplicado entre interessados do ramo pertinente ao seu objeto, cadastrados ou não, escolhidos e convidados em número mínimo de três, pela unidade administrativa, a qual afixará, em local apropriado, cópia do instrumento convocatório e o estenderá aos demais cadastrados na correspondente especialidade que manifestem seu interesse com antecedência de até 24 horas a apresentação das propostas.

CONCURSO: Ocorre entre quaisquer interessados para a escolha de trabalho técnico, científico ou artístico, mediante a instituição de prêmios ou remuneração aos vencedores, conforme critérios constantes de edital publicado no Diário Oficial com antecedência mínima de 45 dias.

LEILÃO: É também chamado de hasta pública, aplicado na venda de bens em que é fixado o preço mínimo e qualquer interessado pode fazer o seu lanço, isto é, oferta de preço maior. O leilão pode ser judicial, quando for realizado pelo Poder Judiciário.

CONCORRÊNCIA: É aplicada a certos casos especiais, como um contrato de grande vulto, conforme acontece em obras públicas de construção de estradas, usinas elétricas, edifícios para uso do Governo. Deve ser antecedida de publicidade ampla, com edital publicado com no mínimo 30 dias de antecedência. Em razão da matéria tratada no contrato, deve ser realizada a concorrência quando se tratar de compra ou alienação de imóveis, concessão de direito real de uso, serviço ou obra pública. É obrigatória também em licitações internacionais.

PREGÃO: Foi regulamentado pelo Decreto 3.555/2000, que criou seu Regulamento e instituído no Brasil pela Lei 10.520/2002. O pregão é utilizado para a aquisição de **bens e serviços comuns** em que a disputa pelo fornecimento é feita em sessão pública, por meio de propostas e lances verbais, para classificação e habilitação do licitante com a proposta de menor preço.

Consideram-se **bens e serviços comuns** aqueles cujos padrões de desenho e qualidade possam ser definidos no edital, por meio de especificações usuais praticados no mercado. Esses tipos de bens são os mais frequentes, o que nos leva a concluir que, nos tempos atuais, o pregão seja a modalidade de licitação mais costumeira. Os bens e serviços são geralmente oferecidos por diversos fornecedores e facilmente comparáveis entre si, de modo a permitir a decisão de compra com base no menor preço.

O pregão deve ser usado, de forma prioritária, no âmbito da União, subordinando ao Regulamento dele, além dos órgãos da administração direta, os fundos especiais, as autarquias, as fundações, as empresas públicas, as sociedades de economia mista e as entidades controladas direta ou indiretamente pela União. Os contratos celebrados pela União, por qualquer de seus órgãos, serão selecionados por pregão, para garantir por meio de disputa justa entre os interessados, a compra mais econômica, segura e eficiente pelo Governo.

Esse sistema foi um aperfeiçoamento do regime de licitações, provocado pelo desenvolvimento da ciência da administração e da informática. É possível a participação pela Internet e outras tecnologias eletrônicas, dinamizando o sistema.

15. DAS EMPRESAS ESTATAIS

15.1. Conceito e características
15.2. Imunização à falência
15.3. Empresa pública
15.4. Sociedade de economia mista

15.1. Conceito e características

Evolução política e econômica das mais sugestivas nos últimos anos é a da participação do Poder Público na atividade econômica organizada para a produção e venda de bens e serviços para a satisfação do mercado consumidor. Tornou-se o Estado, em muitos países, também um empresário, às vezes, considerado um megaempresário; é o que sucedeu no Brasil, embora nos últimos anos o Governo brasileiro esteja em retração empresarial.

Formou-se, então, posição dúplice do Estado: o Estado--Poder e o Estado-Empresário. Nesta última posição, o Estado é um concorrente das empresas privadas, colocando-se na mesma linha delas, ao exercer atividade econômica. Muitas vezes não é concorrente, mas um agente auxiliar das atividades empresariais, como a EBCT – Empresa Brasileira de Correios e Telégrafos, que não concorre com empresas privadas, mas presta serviços a essas; também a RFF – Rede Ferroviária Federal, que presta serviços de transportes às empresas privadas. A participação do Estado nas atividades econômicas processa-se principalmente pelas empresas públicas e as de economia mista. Essas empresas tiveram sua disciplina jurídica traçada pelo Decreto-lei 200/67, reformulado depois pelo Decreto-lei 900/69.

Ao falar das empresas estatais, devemos rememorar as diversas formas de intervenção do Estado na economia. Vimos que, de forma direta, o Estado participa da vida econômica do país graças às empresas estatais, ou em **regime de monopólio** ou **de competição participativa**. De um jeito ou de outro essa intervenção se faz pela empresa estatal, chamada, às vezes, de empresa governamental. Pode ser chamada de governamental porque ela pertence à administração e posse do Governo.

Várias características tem a empresa estatal, mas podemos citar como a principal o fato de ser seu capital pertencente total ou parcialmente ao Governo. No primeiro caso a empresa chama-se **pública** e no segundo **sociedade de economia mista**.

A segunda característica é a de ser constituída por uma lei. A lei que criar a empresa estatal estabelecerá o seu estatuto jurídico e de suas subsidiárias que explorem atividade econômica de produção e venda de mercadorias ou de prestação de serviços. A lei disporá igualmente sobre a função social dela e formas de fiscalização pelo Estado e pela sociedade.

15.2. Imunização à falência

Foi estabelecida pela Constituição e pela lei que criar a empresa estatal sua sujeição ao regime jurídico próprio das empresas privadas, inclusive aos direitos e obrigações civis, mercantis, trabalhistas e tributários. Entretanto, a Lei 11.101/2005, chamada de Lei de Recuperação de Empresas, dispõe no artigo 2º que não se submete ao regime falimentar as empresas estatais, contrariando o que diz a Constituição no artigo 173-II. Esse confronto gerou dúvidas e polêmicas, porquanto deve predominar a lei mais elevada, que é a Constituição. Houve até jurisprudência, embora isolada, de que a empresa estatal pode ser submetida à falência se ela se dedicar à **atividade econômica**. Como temos falado, a empresa estatal pode se dedicar a duas espécies de atividade empresarial: **prestação de serviços públicos** ou **exercício de atividade econômica**.

Segundo os defensores da aplicação da falência às empresas estatais, a prestadora de serviços não deve ser exposta à falência, como empresa de energia elétrica, de água, de esgotos, de telefonia, de gás. Seria um desastre, por exemplo, a falência da companhia telefônica: o País ficaria sem comunicações telefônicas. E da Eletropaulo? São Paulo ficaria sem energia elétrica. Entretanto, se a empresa estatal exercer atividade econômica, como é o caso da Petrobras, pode ter sua falência declarada, visto que se dedica à atividade mercantil, isto é, produção e venda de mercadorias (petróleo e derivados).

Discordamos dessa opinião, malgrado ela seja seguida por juristas conceituados e haja até mesmo uma decisão jurisprudencial. Segundo o artigo 173 de nossa Constituição, a criação da empresa estatal somente será permitida **quando necessária aos imperativos da segurança nacional** ou **a relevante interesse coletivo.** Como poderia uma empresa necessária à segurança nacional estar sujeita à falência? Seria uma empresa insegura. Em segundo lugar, a empresa estatal deve se dedicar a **atividade de relevante interesse coletivo,** ou seja, uma atividade imprescindível à população, que não pode ficar sem ela, visto que a iniciativa privada não está preparada para assumir seu lugar. A falência irá banir do mercado uma empresa que produz bens necessários à coletividade, eliminando esses bens necessários ao povo. Portanto, ficará gravemente ferido o princípio do interesse coletivo assegurado pela Constituição.

Há outro aspecto: segundo a Lei de Recuperação de Empresas, que substituiu a antiga lei falimentar, ao ser declarada a falência de uma empresa, o regime falimentar pode se estender à pessoa jurídica controladora. Neste caso, seria também declarada a falência do Governo? E os bens da empresa falida deverão ser levados a leilão para pagar os credores. São bens públicos, ou seja, do Governo, o que provocará choques diversos da Justiça do país. Não se deve ser mais realista do que o rei, e nem olhar uma questão econômica e jurídica sob um ponto de vista muito restrito e simplista, mas os efeitos sociais produzidos por uma sentença judicial de falência. Estão em jogo as razões mais elevadas do Direito Econômico, mormente os princípios constitucionais. Diz o artigo 170 que a ordem econômica deve observar os princípios da soberania nacional, a defesa do consumidor, a busca do pleno emprego e a redução das desigualdades regionais e sociais. A falência de uma empresa estatal contraria esses princípios consagrados na Constituição.

Requerer a falência de uma empresa estatal seria medida inadequada e inócua. O credor que agir desta forma provavelmente nunca recuperaria seu crédito se obtiver êxito na demanda. Seria mais prático requerer a execução de bens da empresa estatal, que não estão imunes de penhora, o que tornaria mais eficaz a cobrança de um débito. Os prejuízos da falência das empresas estatais, por outro lado, traria sérios malefícios à sociedade, pois o capital da empresa pertence à própria sociedade. O Governo não tem dinheiro algum; tudo o que ele arrecada é arrancado do bolso da população, que paga os tributos.

15.3. Empresa pública

Definição de **empresa pública**, de inestimável valor, clareza e efetividade, dá-nos o art. 5º do Decreto-lei 900/69:

> Empresa pública é a entidade dotada de personalidade jurídica de direito privado, com patrimônio próprio e capital exclusivo da União, criada por lei, para exploração de atividade econômica que o governo seja levado a exercer por força de contingência ou de conveniência administrativa, podendo revestir-se de qualquer das formas admitidas em direito.

Embora a definição dada pelo artigo 5º do Decreto-lei 200/67 fale em *capital exclusivo da União*, é possível haver capitais de vários órgãos ou entidades da administração pública federal, como uma autarquia ou outra empresa pública. Poderá ainda haver empresas públicas estaduais ou municipais, e não exclusivamente da União.

Fala também em *exploração de atividade econômica*; mas esse termo tem significado muito abrangente. A empresa pública não tem intento lucrativo, mas visa a suprir um vazio que não foi suprido pela iniciativa privada. Atividade econômica tem também o sentido de produção e venda de mercadorias, mas a empresa pública pode ser prestadora de serviços, ou seja, sem trabalhar com mercadorias.

Deve ser ressaltada a frase: *exploração de atividade econômica que o governo seja levado a exercer por força de contingência ou de conveniência administrativa*. A empresa pública não poderá, por exemplo, fabricar e vender geladeiras, pois essa atividade econômica é exercida por empresas privadas, nem poderá prestar serviços de propaganda, quando há tantas agências privadas de propaganda. O Estado é levado a exercer uma atividade, vale dizer, é obrigado a explorar atividade econômica por **contingência ou de conveniência administrativa**. Se a iniciativa privada puder suprir esse setor, a empresa pública deve retrair-se, pois sua atuação é subsidiária e supletiva.

Característica importante da empresa pública é a de ser ela dotada de personalidade jurídica de direito privado. Apesar de pública, portanto, submete-se ela, como as empresas privadas, às normas do Direito Empresarial e subsidiariamente às leis civis. É objeto de nossa matéria, pois a ela se aplicam os mesmos critérios de estudo preconizados para as empresas privadas, exceto algumas leis, como a Lei de Recuperação de Empresas. Não se aplicam às empresas públicas ou de economia mista os institutos de falência, recuperação judicial ou recuperação extrajudicial.

Peculiar característica da empresa pública é, porém, a sua criação por lei. Não tem ela contrato social nem estatuto, mas um regulamento expresso pela própria lei que a criou. Também peculiar característica da empresa pública é a de ter ela patrimônio próprio e capital exclusivo da União; pertence totalmente ao governo. Nem todas, entretanto, pertencem à União, podendo haver empresa pública estadual, como é o caso do Metrô ou da CMTC, esta pertencente ao governo municipal.

Por outro lado, pode a empresa pública revestir-se de qualquer das formas admitidas em direito. Contudo, apesar das sete formas admitidas pelo Código Civil, só três têm atualmente larga aplicação: a sociedade anônima, a sociedade limitada e a sociedade simples.

15.4. Sociedade de economia mista

Passando agora para um breve estudo da empresa de economia mista, que a lei chama de sociedade de economia mista, vamos encontrar também boa definição no art. 5º do Decreto-lei 900/69:

> *Sociedade de economia mista é a entidade dotada de personalidade jurídica de direito privado, criada por lei, para o exercício de atividade econômica, sob a forma de sociedade anônima, cujas ações com direito a voto pertencem, em sua maioria, à União ou à entidade da administração indireta.*

A definição dada revela importante característica da sociedade de economia mista: a conjugação do capital público com o privado, que é o traço fundamental dessa empresa estatal.

Vamos notar duas diferenças fundamentais entre a empresa pública e a de economia mista: esta última só pode estruturar-se juridicamente na forma de S.A., enquanto aquela poderá amoldar-se nas várias formas jurídicas que nossa lei prevê. Outra diferença é a de que a empresa de economia mista tem a maioria de seu capital nas mãos do governo, enquanto, na empresa pública, o capital é 100% do governo. Como exemplo de empresas de economia mista, temos a Petrobras e o Banco do Brasil; o capital dessas duas empresas pertence, mais ou menos, em 80% ao Poder Público; todavia, 20%, mais ou menos, do capital, estão pulverizados entre muitas pessoas privadas. É uma associação da iniciativa privada com a iniciativa pública.

O aspecto processual deve ser realçado no julgamento de questões judiciais em que a sociedade de economia mista seja parte; cabe à Justiça estadual seu deslinde, em vez da Justiça Federal, que é o fórum da empresa estatal.

Importante, entretanto, é que a empresa de economia mista é, como a empresa pública, de direito privado. Essa posição foi prevista ainda pela Constituição Federal de 1988, declarando o art. 173 que a empresa pública, a sociedade de economia mista e outras entidades que explorem atividade econômica sujeitam-se a regime jurídico próprio de empresas privadas, inclusive quanto às obrigações trabalhistas e tributárias e não poderão gozar de privilégios fiscais não extensivos às do setor privado.

A criação de empresas públicas e de economia mista não poderá ser feita, porém, de forma indiscriminada, mas só em alguns casos excepcionais, que o Decreto-lei 900/69 diz ser *por força de contingência e de conveniência administrativa*. Bem mais clara e incisiva é a Constituição de 1988, no art. 173, ao dispor que, ressalvados os casos previstos na Constituição, a exploração direta de atividade econômica pelo Estado só será permitida quando necessária aos imperativos da segurança nacional ou a relevante interesse coletivo, conforme definidos em lei. Será o caso, por exemplo, das atividades de comunicação exercidas pela Empresa Brasileira de Correios e Telégrafos.

A "atividade econômica" referida pela Magna Carta e pelo Decreto-lei 900/69 corresponde ao que o direito moderno vem chamando de "atividade econômica organizada para a produção e circulação de mercadorias e de serviços, com vistas à satisfação do mercado consumidor".

16. A ORDEM ECONÔMICA INTERNACIONAL

16.1. Ordem econômica nacional e internacional
16.2. O alargamento com as Resoluções da ONU
16.3. O Consenso de Washington
    16.3.1. No que consiste
    16.3.2. Os dez princípios

16.1. Ordem econômica nacional e internacional

Fizemos já o estudo da ordem econômica no plano nacional e concluímos que ela é a economia juridicamente organizada. A palavra ordem tem aqui o sentido bem definido de organização, ou **regime econômico de acordo com a lei**. Na área internacional tem sentido semelhante: é a economia obedecendo a uma organização, um regime jurídico próprio. Entretanto, o mundo não tem uma constituição, um código civil e leis que se apliquem a todos os países; neste ponto é diferente uma da outra: a ordem econômica internacional é baseada em tratados internacionais e atos emanados de organizações internacionais, enquanto a nacional baseia-se nas leis internas.

A ordem econômica nacional vigora totalmente no país, envolvendo todos os cidadãos, mas a ordem econômica internacional vigora para alguns países, enquanto outros tem uma ordem econômica diferente; todos porém sofrem a influência da ordem econômica predominante. O Brasil segue a ordem econômica estabelecida em 1944, pelo Tratado de Bretton Woods, reformulada em 1974 por decisões da ONU e em 1989 pelo Consenso de Washington.

Atualmente é chamada de **neoliberal**, caracterizada pela adoção do padrão-dólar na política monetária, a liberalização do comércio exterior (*trade*), o livre fluxo de capitais e a integralização dos países no mesmo sistema econômico, pela **globalização**. Os princípios primordiais da nova ordem econômica internacional são a interligação da economia, o fortalecimento do livre comércio internacional, e a integração das diversas economias nacionais. Destarte, **a economia do mundo se globalizou**.

Falamos até agora em nova ordem econômica internacional porque sempre houve ordem econômica no mundo pelos séculos. Consideramos como nova a atual, isto é, a estabelecida em 1944 em Bretton Woods, ainda que tenha sido ampliada em 1974 pelas resoluções da ONU e pelo Consenso de Washington.

Os resultados da aplicação dos princípios e objetivos da NOEI – Nova Ordem Econômica Internacional foram surpreendentes e fomentou a cooperação econômica internacional entre muitos países; fez criar inúmeras organizações internacionais, eliminou as barreiras à importação e exportação de mercadorias e serviços e demais formas de protecionismo econômico, ou, pelo menos, atenuou, promoveu a abertura dos mercados internacionais. E assim revitalizou e expandiu o comércio exterior (*trade*) e a economia mundial.

16.2. O alargamento com as resoluções da ONU

A NOEI sofreu algumas modificações em 1974, quase trinta anos após Bretton Woods, com alguns atos da ONU, realçando e alargando certos objetivos favoráveis aos países em desenvolvimento, como a estabilidade de preços dos produtos agropecuários e similares (*commodities*), para países em desenvolvimento. Visou ainda à reforma do sistema monetário internacional, estabelecido em Bretton Woods, com maior poder de voto e participação dos países do Terceiro Mundo nas discussões multilaterais. E ainda maior acesso aos mercados dos países em desenvolvimento, transferência de tecnologia e capitais, industrialização dos menos desenvolvidos.

Os atos principais da ONU, de que estamos fazendo referência, são os seguintes:

- **Resolução 3.201/74.** Declaração de estabelecimento de uma nova ordem econômica mundial.
- **Resolução 3.202/74.** Plano de ação para o estabelecimento de uma nova ordem econômica mundial.
- **Resolução 3.281/74.** Carta de direitos e deveres dos Estados.

Embora todas essas resoluções façam a citação da NOEI, na verdade estabeleceu mais princípios políticos do que econômicos, alargando bastante a gama de princípios norteadores do Direito Econômico. Imprimiu nova orientação para o Direito Econômico, que, na concepção tradicional, adotada também por Bretton Woods, mirava os países como iguais. Já a nova fase considera muito a desigualdade dos países, como desenvolvidos e em desenvolvimento. Assim sendo, o Direito Econômico Internacional anterior era igualitário e o emergente das Resoluções da ONU inigualitário.

Vamos enumerar os princípios novos, adotados em 1974 pela ONU:

1. Soberania, integridade territorial e independência política dos Estados.
2. Igualdade soberana de todos os Estados.
3. Igualdade de direitos e livre determinação dos povos.
4. Reparação das injustiças existentes por império de força, que privem uma nação dos meios naturais necessários para seu desenvolvimento normal.
5. Cumprimento de boa-fé das obrigações internacionais.
6. Respeito aos direitos humanos e às liberdades fundamentais.
7. Abstenção de todo intento de buscar hegemonia e esferas de influência.
8. Fomento da justiça social internacional.
9. Cooperação internacional para o desenvolvimento.
10. Livre acesso ao mar e desde o mar para os países sem litoral dentro do marco de princípios enunciados.
11. Não-agressão, não-intervenção; benefício mútuo e equitativo.

16.3. O Consenso de Washington

16.3.1. No que consiste

Podemos conceituar o Consenso de Washington sob diversos ângulos. Foi uma reunião realizada em 1989 por diversos economistas, representantes de organizações internacionais, inclusive o Banco Mundial. Era uma época em que os países latino-americanos apresentavam com grande publicidade planos econômicos, como acontecia no Brasil. As discussões eram coordenadas pelo economista inglês John Willianson, tendo este organizado um programa de dez medidas a serem adotadas na ordem econômica internacional. Essas medidas se destinavam aos países em desenvolvimento, dos vários continentes, principalmente os latino-americanos.

Os dez princípios estabelecidos deveriam ser adotados pelos países que desejassem apoio financeiro dos organismos internacionais e a adoção dessas normas eram condições impostas para a concessão de crédito. Logo os países aderiram ao seu sistema. O discurso de posse do Presidente Fernando Collor revelou total enquadramento de seu programa de governo aos dez princípios do Consenso; o discurso de posse do Presidente Fernando Henrique Cardoso foi bem semelhante. Os governos que se seguiram não se pronunciaram a este respeito, mas a política econômica seguida por eles revelou sua integração nos dez princípios. Bastaria citar um só exemplo: a maioria das empresas estatais brasileiras foram privatizadas, nos termos do Consenso de Washington.

Foi a nova diretriz traçada para a ordem econômica internacional, conservando porém os elementos básicos do sistema de Bretton Woods e das resoluções da ONU. Na verdade, a NOEI não foi processada em três sistemas, mas em um só, tendo cada um deles apresentado certos pormenores, por força das variações e evolução da economia mundial. O tema seguido pela nova diretriz era o de valorizar a livre-iniciativa e a livre concorrência, consagradas em nossa Constituição de 1988. Privilegiavam o alheamento do Estado na ordem econômica, a economia de mercado, o padrão-dólar, a liberalização financeira, enfim, a globalização com a livre-iniciativa.

É interessante notar que o Consenso de Washington foi uma reunião informal de tecnocratas, sem a participação de governos ou organizações internacionais. Foi promovida por uma entidade privada, o **Instituto Internacional de Economia**, dirigido por John Williamson, ex-funcionário do Banco Mundial, que convidou ex-colegas para o encontro, mas não eram dirigentes do Banco Mundial. O próprio Williamson depois se surpreendeu com a dimensão e repercussão que o Consenso teve na ordem econômica mundial, pois não era essa a intenção dos participantes. Até o nome do movimento provocado, o **neoliberalismo**, foi surpreendente.

Embora seja a continuação da ordem econômica internacional iniciada pelo Tratado de Bretton Woods, este se preocupou mais com os aspectos monetários e o câmbio e não com o pacote de medidas proposto pelo Consenso. Ao encampar o receituário neoliberal, o Banco Mundial inovou e alargou muito sua intenção inicial de liberalizar as transações econômicas internacionais.

16.3.2. *Os dez princípios*

Foram os princípios, a seguir enumerados, os indicados pelo Consenso:

1. **Disciplina fiscal:** O Estado deve exercer rígido controle de seu orçamento, cortando os gastos públicos e evitando déficit orçamentário, mantendo o equilíbrio no planejamento econômico e financeiro.
2. **Direcionamento dos gastos públicos:** Os investimentos do Estado serão aplicados em obras e projetos que propiciem retorno e tenham efetividade, principalmente na infraestrutura, e evitar supérfluos.
3. **Reforma tributária:** Os tributos não devem refrear a produção e as operações internacionais, baseando-se mais nos impostos indiretos do que nos diretos.
4. **Liberalidade financeira:** Dar fim às restrições ao crédito e entidades creditícias, principalmente as internacionais, dando liberdade e equidade às organizações nacionais.

5. **Taxa de câmbio:** Adotar câmbio de mercado livre, evitando rígido controle pelo Poder Público, como o Banco Central do Brasil.
6. **Liberalização do comércio exterior (*trade*):** Redução das alíquotas de importação e estímulos à exportação, visando à globalização da economia; enfim, levando o país a exportar menos e importar mais. O fator que dirige esses princípios é a globalização, vale dizer, a internacionalização da economia, com a crescente interdependência de mercados, legislação e empresas. Evitar a burocracia.
7. **Liberalização do capital externo:** Eliminação de todos os entraves ao ingresso de capitais estrangeiros e à instalação de agências bancárias; implantação de empresas.
8. **Privatização de empresas:** Evitar a instalação de empresas estatais e eliminar as já existentes, passando-as à iniciativa privada. Comenta-se no Chile que esta foi a principal bandeira a levar o General Pinochet ao golpe, para privatizar as empresas estatais, o que foi feito imediatamente. O Brasil não ficou muito atrás.
9. **Desregulamentação da economia:** Evitar a monitoração da economia por meio de leis regulamentadoras e controles do processo econômico. Adotar, de forma mitigada, o regime do *laissez faire*. Adotar orientação nas relações trabalhistas, com maior flexibilização das leis do trabalho, com a rigidez das formas de contratação.
10. **Respeito à propriedade intelectual:** É o respeito às marcas, patentes, invenções, modelos e outros bens de propriedade intelectual, o que no Brasil é chamado de Direito da Propriedade Industrial. Combater a pirataria, principal agressão à propriedade intelectual das empresas. Fruto dessa política, por exemplo, é a Lei dos Cultivares, promulgada no Brasil, e a Lei da Propriedade Industrial, a Lei 9.279/96.

17. DA POLÍTICA AGRÍCOLA E FUNDIÁRIA E DA REFORMA AGRÁRIA

17.1. A legislação pertinente
17.2. A reforma agrária
17.3. A política fundiária do Brasil
17.4. Da política agrícola do Brasil
17.5. Da usucapião rural
17.6. Vocabulário concernente

17.1. A legislação pertinente

Eis aqui um problema cruciante, profundo e delicado, tanto que, embora previsto na Constituição e contando com várias leis, poucos se atrevem a tocar nesse assunto e colocar a legislação em prática. Basta tomar alguma medida no tocante à reforma agrária, muita gente começa a matar e muito mais começa a morrer. Entretanto, está inscrito em todas as constituições brasileiras, especialmente na de 1988, atualmente em vigor. Consta no Título VII, denominado: Da Ordem Econômica e Financeira, ocupando os artigos 170 a 193, distribuídos em quatro capítulos, que enumeramos a seguir:

Capítulo I. Dos princípios gerais da atividade econômica – arts. 170 a 181.
Capítulo II. Da política urbana – arts. 182 e 183.
Capítulo III. Da política agrícola e fundiária e da reforma agrária – arts. 184 a 191.
Capítulo IV. Do sistema financeiro nacional – art. 192.

Vamos nos ocupar agora do Capítulo III, o que nos parece o mais polêmico. Nossa Constituição é amparada ainda por importantes leis, nas quais iremos nos basear e delas faremos referências constantes. Seguem adiante algumas que parecem ser mais importantes:

- **Lei 4.504/64.** Institui o Estatuto da Terra
- **Lei 8.171/91.** Dispõe sobre a política agrícola
- **Lei 8.174/91.** Adota os princípios da política agrícola
- **Lei 8.629/93.** Regulamenta os dispositivos constitucionais relativos à reforma agrária
- **Lei complementar 76/93.** Referente ao processo de desapropriação de imóvel rural por interesse social.

Essa legislação dirige-se principalmente à reforma agrária, ponto crucial da propriedade agrícola. A finalidade é espalhar a propriedade ao maior número de pessoas e atende a vários princípios da ordem econômica. Regulamenta a ação estatal com esse objetivo; estabelece os mecanismos de intervenção do Estado na economia agrícola, malgrado se restrinja a um lado da atividade econômica: a atividade agropecuária. Atende ao princípio da ordem econômica e aos demais, previstos no artigo 170 da Constituição, como o princípio da propriedade privada, ao alargar a propriedade, transformando milhões de brasileiros em proprietários agrícolas. Atende também ao princípio da função social da propriedade, ao fazer com que terras abandonadas se transformem em produtivas, a favor de grande número de pessoas. Obedece à orientação do pleno emprego, transformando desempregados em trabalhadores produtivos. Colabora na redução das desigualdades regionais e sociais, porquanto a exploração de terras, antes em regiões abandonadas, leva o progresso a elas.

17.2. A reforma agrária

É principalmente deste tema que a Constituição se ocupa, tanto que o nome do capítulo se chama: **Da propriedade agrícola e fundiária e da reforma agrária**. Vamos começar pelo conceito de reforma agrária, conforme entre o Estatuto da Terra, estabelecido pela Lei 4.504/64, no artigo 1º:

> *Considera-se reforma agrária o conjunto de medidas que visem a promover melhor distribuição da terra, mediante*

modificações no regime de sua posse e uso, a fim de atender aos princípios de justiça social e ao aumento de produtividade.

Pelo que se vê no conceito legal, a reforma agrária tem como objetivos a melhor distribuição da terra; visa a alargar a propriedade agrícola, valorizando o trabalho do campo e viabilizando o acesso à terra, transformando-as em produtivas. Realiza o assentamento de produtores para o desenvolvimento da produção agrícola. Desta forma atende o que diz procurar: aumento da produtividade. Há referências de que a reforma agrária é bandeira levantada pelos comunistas, o que doutrinariamente parece incoerente. O comunismo combate a propriedade privada e a exploração do homem pelo homem. Perante a teoria comunista as terras devem pertencer ao Estado, eliminando-se os proprietários de terras. A nossa reforma agrária não pretende dar terras ao Governo, mas tirá-las dele e destiná-las aos pequenos produtores rurais. É a ampliação da propriedade e não sua eliminação. Podemos assim dizer que a reforma agrária é o anticomunismo.

A reforma agrária é atividade e ação do Governo, mais precisamente do Governo Federal. Veja-se o que diz o *caput* do artigo 184 de nossa Constituição:

> *Compete à União desapropriar por interesse social, para fins de reforma agrária, o imóvel rural que não esteja cumprindo sua função social, mediante prévia e justa indenização em títulos da dívida agrária, com cláusula de preservação do valor real, resgatáveis no prazo de até vinte anos, a partir do segundo ano de sua emissão, e cuja atividade será definida em lei.*

A reforma agrária não é, portanto, uma agressão à iniciativa privada; atinge apenas o imóvel rural que não esteja cumprindo sua função social; que seja improdutivo. Até mesmo um latifúndio goza da proteção da lei. Se um latifúndio estiver sendo explorado e cultivado, estará imune à desapropriação para efeito de reforma agrária; caso esse latifúndio tenha uma extensão de terra abandonada, sem cultivo, só estará sujeita à desapropriação mediante pagamento. As benfeitorias úteis e necessárias serão indenizadas em dinheiro, como, por exemplo, um poço ou um velho armazém.

Não existe total arbítrio do Poder Público na desapropriação de terras para fins de reforma agrária. Terá ele que indenizar o proprietário da terra desapropriada, como se vê no *caput* do artigo 185. Além disso, nem todo imóvel rural poderá ser desapropriado; apenas os imóveis não usados para o cultivo, mas fica preservado o imóvel que atenda à função social da propriedade, como a propriedade produtiva. São insuscetíveis de desapropriação para fins de reforma agrária, desde que seu proprietário não possua outra, a pequena e média propriedade rural, assim definida em lei, e a propriedade produtiva.

A lei garantirá tratamento especial à propriedade produtiva e fixará normas para o cumprimento dos requisitos relativos a sua função social. A função social é cumprida quando a propriedade rural atende, simultaneamente, segundo critérios e graus de exigência estabelecida em lei aos requisitos:

1. De aproveitamento racional e adequado;
2. Utilização adequada dos recursos naturais disponíveis e preservação do meio ambiente;
3. Observância das disposições que regulam as relações de trabalho;
4. Exploração que favoreça o bem-estar dos proprietários e dos trabalhadores.

17.3. A política fundiária do Brasil

Considera-se estrutura fundiária a organização e distribuição das propriedades rurais no território nacional, apresentando a quantidade e o tamanho dessas propriedades. A política fundiária é o conjunto de normas e princípios referentes aos problemas da propriedade fundiária e das terras devolutas. Visa à disciplina da posse da terra e do uso adequado dela e à segurança da posse e propriedade legítimas. Leva sempre em consideração o princípio da função social da propriedade, visando à riqueza produtiva, em benefício da coletividade.

A estrutura fundaria do Brasil é um problema sério, inquietante e perturbador das relações políticas, jurídicas e sociais, decorrente da má distribuição das terras, quer privadas, quer públicas. Há excessiva concentração da posse e propriedade das terras nas mãos de grandes proprietários, chamados **latifundiários**. Ao revés, há porcentagem irrisória de terras nas mãos de pequenos proprietários, chamados **minifundiários**. Esse desequilíbrio gera inquietações como os movimentos dos sem-terra, em vista de problemas como o desemprego rural, o regime de servidão ou de escravidão a que são submetidos os trabalhadores rurais, as precárias condições de trabalho e de vida, degeneração ambiental e humana. Os conflitos são frequentes em todo o país, não raro seguidos de morte.

Essa concentração fundiária é um reflexo da história do Brasil, em que desde o início de nossa colonização foram se formando os grandes latifúndios. Começou com a concessão das capitanias hereditárias, pela qual o Poder Público concedia grandes extensões de terra a fidalgos que se dispusessem a colonizá-las. A área de algumas capitanias hereditárias era maior do que muitos Estados do Brasil.

Vieram depois as sesmarias, glebas de terra concedidas aos senhores do poder que tivessem recursos para torná-las produtivas. A independência, em 1822, instalou no poder os grandes proprietários rurais, que puderam aumentar seus latifúndios. Em 1850 foi promulgada a Lei da Terra (Lei 601), mas foi a lei de um governo conservador e ligado aos latifúndios o que favoreceu mais a concentração das terras rurais. Pouco se fez até o golpe militar de 1964.

Tendo-se instalado no país uma ditadura militar, esta provocou o surgimento do Estatuto da Terra, instituído pela Lei 4.505 do mesmo ano, trazendo bons subsídios para que fossem corrigidos os males da concentração fundiária. Entretanto, pouco adiantou, pois é público e notório que o Congresso Nacional é ocupado, em grande parte, pelos grandes proprietários rurais, máxime do Nordeste e do Norte. Além do mais, a ditadura imprimiu novos rumos à economia agropecuária que continua firme no século XXI: a atividade agropecuária empenhou-se na grande produção para exportação, e esse tipo de atividade é mais apropriada para grandes empresas rurais e para o latifúndio. Abriu-se largamente o crédito agrícola aos grandes grupos econômicos, provocando o gigantismo deles, absorvendo a pequena e média propriedade. Basta o exemplo dos frigoríficos: em 2010, quase todos já estavam absorvidos por dois deles, cujos donos são desconhecidos, mas referidos como pessoas do Governo.

Veio depois a Constituição de 1988 com seu capítulo de que estamos tratando, criando uma sanção para o imóvel rural que estiver improdutivo: poderá ser desapropriado para fins de reforma agrária. Deverá haver antes um decreto declarando o imóvel como de interesse social, para fins de reforma agrária, autorizando a União a propor a ação de desapropriação. O decreto que declarar o imóvel como de interesse social, para fins de reforma agrária, autoriza a União a propor a ação de desapropriação. Cabe à lei complementar estabelecer procedimento contraditório especial, de rito sumário, para o processo judicial de desapropriação.

O orçamento fixará anualmente o volume total de títulos da dívida agrária, assim como o montante de recursos para atender ao programa de reforma agrária no exercício. São isentas de impostos federais, estaduais e municipais as operações de transferência de imóveis desapropriados para fins de reforma agrária.

17.4. Da política agrícola do Brasil

Ao incluir no mesmo capítulo a **política fundiária** e a **política agrária**, nossa Constituição não previu a possível confusão de uma com a outra. A política agrária é muito mais vasta, abrangente e complexa. A política fundiária é uma parte da política agrária, cuidando da disciplina da posse da terra e de seu uso adequado, a divisão da terra de acordo com a classificação dela. Visa também a promover o acesso à terra e sua exploração.

A política agrária orienta e conduz a atividade agropecuária; planeja e traça projetos com o objetivo de harmonizar a produção agropecuária com as necessidades do país e com a industrialização, e com o agronegócio. Procura aperfeiçoar a utilização da terra, a atualização das leis agrárias, o controle e aperfeiçoamento da produção, a formação, aprimoramento e aproveitamento de mão de obra.

Essa política será planejada e executada na forma da lei, com a participação efetiva do setor de produção, envolvendo produtores e trabalhadores rurais, bem como dos setores de comercialização, de armazenamento e de transportes. Leva em conta, especialmente, os instrumentos creditícios e fiscais; os preços compatíveis com os custos de produção e a garantia de comercialização; o incentivo à pesquisa e à tecnologia; a assistência técnica e extensão rural; o seguro agrícola; o cooperativismo; a eletrificação rural e irrigação; a habilitação para trabalhador rural.

Incluem-se no planejamento agrícola as atividades agroindustriais, agropecuárias, pesqueiras e florestais. Serão compatibilizadas as ações de política agrícola e de reforma agrária. A destinação de terras públicas e devolutas será compatibilizada com a política agrícola e com o plano nacional de reforma agrária. A alienação ou a concessão, a qualquer título, de terras públicas com área superior a dois mil e quinhentos hectares a pessoa física ou jurídica, ainda que por interposta pessoa, dependerá de prévia aprovação do Congresso Nacional, com exceção das alienações ou as concessões de terras públicas para fins de reforma agrária.

A política agrícola é área jurídica referente ao Direito Econômico; é a ação própria do Governo que consiste na escolha dos instrumentos adequados para interferir na estrutura e na atividade agropecuária, com o intuito de conseguir o ordenamento jurídico satisfatório da ação das pessoas que delas participem ou sejam vinculadas a ela, tendo a finalidade de conseguir o desenvolvimento e o bem-estar da comunidade.

17.5. Da usucapião rural

Por força da política agrícola, foi criado um tipo de usucapião aplicado para os imóveis rurais, reconhecido no artigo 191 da Constituição, e, mais tarde, transcrito no Código Civil de 2002:

Aquele que, não sendo proprietário de imóvel rural ou urbano, possua como seu, por cinco anos ininterruptos, sem oposição, área de terra, em zona rural, não superior a 50 hectares, tornando-a produtiva por seu trabalho, ou de sua família, adquirir-lhe-á a propriedade. Os imóveis públicos não serão adquiridos por usucapião.

É também chamado de **usucapião rural** por ser aplicado apenas a imóveis rurais, embora a Constituição fale também em imóvel urbano, mas esse termo se refere à localização do imóvel, que poderá ser no perímetro urbano, mas terá que ser usado para a produção agropecuária. Tem ainda o nome de **usucapião constitucional** ou **usucapião constitucional rural** por ter sido criado pela Constituição. É diferente da usucapião comum, porquanto o prazo da posse da terra é de cinco anos, enquanto o prazo da usucapião comum é de 15 anos. Por outro lado, será necessário que o ocupante more nela e a torne produtiva, mas não depende de boa-fé e nem justo título. É bem semelhante à usucapião especial, criado pela Lei 6.969/81.

A lei considera usucapião nome feminino, que deve prevalecer, malgrado muitos usem esse termo no masculino.

17.6. Vocabulário concernente

A legislação fundiária, mormente o Estatuto da Terra (Lei 4.504/64), fala muito nas propriedades rurais, minifúndio, empresas rurais e outras práticas da atividade rural e muitas vezes dá a elas um conceito, de acordo com o tipo, alguns dos quais veremos:

MINIFÚNDIO: É o imóvel rural de área e possibilidades inferiores às da propriedade familiar. É uma área de terra de dimensão inferior ao módulo fixado para a região em que se localiza e para o tipo de exploração dela. Sua dimensão varia de acordo com a região e do Estado em que se situa. Em regra tem 20 hectares e não deve ultrapassar a 50 hectares. Essa dimensão é chamada de módulo. É o mais comum e calcula-se que ocupe mais de 70% dos imóveis rurais do Brasil.

LATIFÚNDIO: É o imóvel rural que exceda a dimensão máxima fixada, tendo-se em vista as condições ecológicas, sistemas agrícolas regionais e o fim a que se destine.

TERRAS DEVOLUTAS: São bens públicos patrimoniais. Algumas delas estiveram na posse de particulares, mas devolvidas ao patrimônio público; outras são terras sem ocupação como acontece nas vastas áreas da região amazônica. Sendo terras vagas, não aproveitadas, podem ser alienadas ou concedidas a pessoas privadas. A Constituição, no artigo 20-II, diz que são bens da União as terras devolutas indispensáveis à defesa das fronteiras, das fortificações e construções militares, das vias federais de comunicação e à preservação ambiental, definidas em lei. São terras públicas da União e dos Estados, mas não utilizadas pelo Poder Público, nem tem destinação específica.

EMPRESA RURAL: São os imóveis rurais explorados de forma empresarial, com área de até 600 módulos rurais. É empreendimento de pessoa física ou jurídica, pública ou privada, que explore econômica e racionalmente imóvel rural, dentro de condição de rendimento econômico da região em que se situe e que explore área mínima agriculturável do imóvel segundo padrões fixados, pública e previamente, pelo Poder Executivo. Para esse fim, equiparam-se às áreas cultivadas as pastagens, as matas naturais e artificiais e as áreas ocupadas com benfeitorias.

REFORMA AGRÁRIA: É o conjunto de medidas destinadas a aumentar a produtividade de terras e mão de obra agrícola, como iniciação de técnicas avançadas de cultivo e assistência técnica; crédito fácil e acessível; facilidade para o escoamento dos produtos a preços compensatórios. Visa a estabelecer um sistema de relações entre o homem, a propriedade rural e o uso da terra, capaz de promover a justiça social, o progresso e o bem-estar do trabalhador rural e o desenvolvimento econômico do país, com a gradual extinção do minifúndio e do latifúndio.

IMÓVEL RURAL: É o prédio rústico, de área contínua, qualquer que seja a sua localização, que se destina à exploração extrativa agrícola, pecuária ou agroindustrial, quer por meio de planos públicos de valorização, quer por meio de iniciativa privada.

REFORMA FUNDIÁRIA: É processo de redistribuição da propriedade fundiária promovido pelo Estado, sobretudo em áreas de agricultura tradicional e pouco produtiva. A redistribuição dos direitos de propriedade é feita por meio da expropriação ou desapropriação e divisão dos latifúndios e grandes fazendas improdutivas em geral, com entrega de títulos de propriedade aos arrendatários, parceiros e posseiros. Essa medida visa à distribuição mais justa de sua propriedade, ou seja, terras devolutas, terras da Federação, dos Estados e Municípios.

PEQUENA PROPRIEDADE: É o imóvel rural de área compreendida entre 1 e 14 módulos fiscais.

MÉDIA PROPRIEDADE: É o imóvel rural de área superior a 4 e até 15 módulos fiscais.

PROPRIEDADE FAMILIAR: É o imóvel rural que, direta e pessoalmente explorado pelo agricultor e sua família, lhes absorva toda a força de trabalho, garantindo-lhes a subsistência e o progresso social e econômico, com área máxima fixada para cada região e tipo de exploração, e eventualmente trabalho com a ajuda de terceiros.

MÓDULO RURAL: É a área de um imóvel rural fixada para cada região.

18. FMI E BANCO MUNDIAL

18.1. O Tratado de Bretton Woods
18.2. O FMI – Fundo Monetário Internacional
18.3. Organização do FMI
18.4. Natureza jurídica
18.5. Foro competente
18.6. Direitos Especiais de Saque – DES
18.7. O Banco Mundial
18.8. O BIRD – Banco Internacional de Reconstrução e Desenvolvimento
18.9. A AID – Agência Internacional de Desenvolvimento
18.10. A CFI – Corporação Financeira Internacional

18.1. O Tratado de Bretton Woods

Falando da ordem econômica internacional, temos que realçar a presença do BANCO MUNDIAL, a principal agência reguladora da nova ordem econômica internacional. Foi criado, a princípio, para regular mais o sistema monetário internacional e o equilíbrio da balança de pagamentos, embora também fizesse referências ao desenvolvimento do comércio exterior entre os países. Alargou-se e aprofundou-se demais na sua influência, ditando hoje as normas a todos os países do mundo, em variados sentidos.

A última guerra mundial (1939-1945) haveria de provocar inúmeras e profundas reformas na vida das nações, e entre elas houve a reforma que instituiu a nova ordem econômica internacional. Esta instituição se deu mesmo antes do fim da guerra, em 1994, graças a uma convenção realizada em Bretton Woods, lugarejo localizado no Estado de New Hampshire, perto de Nova York.

Reuniram-se em Bretton Woods 44 países, entre eles o Brasil, participando da Conferência Monetária Internacional, também conhecida como Tratado de Bretton Woods. Criou-se, então, o novo Sistema Monetário Internacional, que visava principalmente à recuperação do comércio internacional e à sua expansão, graças à adoção de uma moeda estável, à concessão de empréstimos a países em fase de desenvolvimento ou em reconstrução e à manutenção da estabilidade cambial.

A reforma substituiu o padrão-ouro pelo padrão-dólar-ouro, adotando, então, o dólar americano como moeda internacional. Como órgãos realizadores dessa reforma, foram criadas duas organizações internacionais que, dia a dia, se realçam no cenário financeiro internacional: o FMI e o BANCO MUNDIAL.

O presidente do FMI é sempre um europeu e o presidente do Banco Mundial, um norte-americano.

18.2. O FMI – Fundo Monetário Internacional

O Tratado de Bretton Woods criou o principal órgão regulador do Sistema Monetário Internacional, com vários objetivos previstos no artigo 1º do Tratado:

I. Promover a cooperação monetária internacional por meio de uma instituição permanente que proporcione um mecanismo para consultas e colaboração sobre problemas monetários internacionais.
II. Facilitar a expansão e o desenvolvimento equilibrado do comércio internacional, contribuindo, assim, para a promoção e manutenção de altos níveis de emprego e de renda real para o desenvolvimento da capacidade produtiva de todos os membros, como objetivos precípuos da política econômica.
III. Promover a estabilidade cambial, manter a disciplina do câmbio entre os membros e evitar depreciações competitivas.
IV. Auxiliar no estabelecimento de um sistema multilateral de pagamentos de transações correntes entre os membros, e na eliminação das restrições cambiais, as quais dificultam o desenvolvimento do comércio mundial.
V. Inspirar confiança nos países-membros, pondo os recursos do Fundo à sua disposição sob garantias adequadas, assim facultando-lhes corrigir desajustes no balanço de pagamentos sem recorrer a médias comprometedoras da prosperidade nacional e internacional.

VI. De acordo com o supradito, abreviar o prazo e reduzir o grau de desequilíbrio nos balanços internacionais de pagamentos dos membros.

Para atingir seus objetivos, o FMI amealhou vultoso capital, formado por ouro, moedas e divisas. A formação do fundo deve-se aos países-membros, que subscreveram cotas, de acordo com a capacidade apurada de cada país; 25% da subscrição é feita em ouro e o restante em moeda do país subscritor.

O poder de voto de cada país está de acordo com seu capital, mas sofre deságio em função dos empréstimos que um país levantar junto ao Fundo. Esse critério explica o poder de controle que os EUA exercem sobre o Fundo; este país subscreveu a maior cota para a formação do fundo e, por outro lado, não levanta empréstimos, mantendo integral o seu poder. O FMI é formado só de países, não podendo a ele associarem-se pessoas privadas. A sede deverá ser localizada no país que detiver a maior cota: por isso é em Washington.

Conforme foi exposto, a fonte primária dos recursos do FMI é a subscrição das cotas pelos países-membros. Contudo, vão mais longe o poder e as funções do FMI na captação de recursos: levanta empréstimos junto ao governo de países ricos e dos países exportadores de petróleo, como Arábia Saudita. Poderá também obter numerário de instituições financeiras privadas, mas prefere atuar principalmente no setor público.

Sentiu-se, na conferência de Bretton Woods, o choque de teorias elaboradas pelo consagrado economista inglês John Maynard Keynes e as teorias elaboradas pela equipe americana, liderada por Harry Dexter White. Keynes propugnou pela adoção de um sistema financeiro internacional, dotado de instrumentos adequados para garantir equilíbrio entre as nações. Advogou a criação de uma moeda internacional: o *bancor*. Essa moeda deveria ser utilizada nas operações internacionais.

Criar-se-ia ainda um Banco Central Mundial, que seria o emissor do *bancor*. Essa moeda mundial estava destinada a manter o equilíbrio necessário entre os recursos financeiros mundiais que estavam sobrando e as necessidades de crédito por parte das nações deficitárias. As nações com *superavit* no balanço de pagamentos recolheriam seus recursos, em *bancor*, no Banco Central Mundial; as nações em déficit receberiam créditos com os excedentes do *bancor*. Haveria sempre um equilíbrio, pois para todo crédito proveniente de operações internacionais haveria o débito correspondente. O Banco Central Mundial funcionaria como Câmara de Compensação (*Clearing House*), operando na vida financeira internacional.

A ideia de Keynes foi vencida e vingou a teoria de White, graças à força dos interesses americanos. Em vez do Banco Central Mundial, foi criado o FMI; em vez do *bancor*, foi imposto o dólar americano como moeda internacional. O FMI foi criado também como órgão assessor, com poder de ingerência no sistema econômico das nações, como aconteceu várias vezes com o Brasil. O capital do novo organismo internacional, em vez de fundos disponíveis, foi constituído por cotas, cuja maioria foi subscrita pelos EUA, que ficaram como acionistas majoritários numa Sociedade Anônima.

18.3. Organização do FMI

Possui dois importantes órgãos diretivos: Conselho dos Governadores e a Diretoria Executiva. Existe ainda uma equipe técnica de alto nível, que assessora os dois órgãos: o Conselho dos Governadores é formado pelos representantes dos países--membros do FMI, geralmente pelo Ministro da Fazenda de cada país. Embora haja atualmente 180 países-membros, o número de correspondentes do Conselho de Governadores é geralmente inferior, pois uma só pessoa pode representar vários países. Um dos Governadores será eleito presidente pelos demais. O Conselho de Governadores delibera sobre admissão ou demissão dos sócios do FMI, fixa as cotas de cada um, aprova modificação uniforme na paridade das moedas, estabelece formas de cooperação com outros organismos internacionais. Realiza normalmente uma reunião anual e as deliberações das reuniões são tomadas por maioria de votos, não votos por cabeça, mas pelo número de cotas de cada membro.

A Diretoria Executiva é a que faz funcionar o FMI, com os trabalhos administrativos e técnicos. Os diretores executivos são eleitos pelo Conselho dos Governadores, em número de catorze e os outros seis são nomeados pelas grandes potências, ou seja, os portadores de maiores cotas no Fundo. Os diretores executivos elegerão um deles, que será chamado de diretor-gerente e operará como se fosse o presidente da diretoria. Ao ser eleito, o diretor--gerente deixa de ser diretor-executivo e não terá direito a voto, a não ser o voto de Minerva.

Afora esses dois órgãos, o FMI tem uma administração interna, constituída de um quadro de pessoal de alto nível, tanto técnico como burocrático. Esses funcionários, como o próprio diretor-gerente, qualquer que seja a nacionalidade deles, ficam subordinados ao FMI e não mais a qualquer órgão de seus países.

18.4. Natureza jurídica

Sendo muito complexa a finalidade e a atuação do FMI, complexa será sua natureza jurídica, envolvendo os diversos aspectos pelos quais ela seja analisada. É uma organização internacional, isto é, uma pessoa jurídica de Direito Internacional Público, por ser constituída de países diversos. Ao enquadrá-la no regime jurídico a que se subordina, porém, surgem diversas apreciações.

A primeira ideia que se liga a esta instituição é a de que seja ela uma instituição financeira, um banco. Realmente, o FMI é um intermediário entre o dinheiro excedente e as operações mercantis ou financeiras, que necessitem de dinheiro. Assim, o FMI arrecada dinheiro dos países que o tenham em excesso e sem boas perspectivas de aplicação interna, transferindo-o aos países que necessitem de dinheiro para equilibrar suas finanças internacionais. Há algumas distinções com referência a um banco nacional, segundo as normas de nosso direito bancário: este é de caráter mercantil, com manifesto objetivo de lucro. O FMI não tem finalidade lucrativa, cobrando pelos empréstimos apenas uma taxa para a manutenção de seus serviços.

Outro aspecto a ser considerado é que a intermediação do FMI na captação de numerário disponível é apenas secundária, pelo menos é o que consta na Convenção Constitutiva, de Bretton Woods, em 1944. A princípio, o numerário que deveria formar o capital do FMI seria fornecido pelos próprios países que dele fizessem parte e utilização dos fundos. Neste aspecto, aproxima-se mais de uma cooperativa de crédito, antigamente designada como "Banco de Crédito Luzzatti", ainda adotada pela doutrina italiana.

Muita correlação existe entre a constituição e atividade do FMI com um condomínio. O Fundo é uma propriedade coletiva, pertencendo a todos os países-membros, tendo cada país certo quinhão; são eles, portanto, coproprietários dos fundos arrecadados, tanto que, no caso de extinção do fundo, será ele rateado entre Estados-membros, na proporção em que eles tiverem integralizado suas cotas.

18.5. Foro competente

Segundo a própria Convenção de Bretton Woods, os conflitos existentes entre o Fundo e os membros serão resolvidos por arbitragem, perante um tribunal arbitral constituído por três árbitros: um indicado pelo FMI, outro pelo país querelante, presidido pelo Presidente da Corte Permanente de Arbitragem. Por essa razão, foi criado posteriormente um novo órgão, denominado CIADI – Centro Internacional para a Arbitragem de Disputas sobre Investimentos. No recente conflito com a Bolívia a respeito da expropriação da Petrobras na Bolívia, o Brasil ameaçou submeter a questão ao CIADI, o que levou esse país a se retirar desse órgão.

18.6. Direitos Especiais de Saque – DES

O DES é um dos mecanismos monetários primordiais do FMI. Consiste numa reserva formada por contribuições de todos os países-membros. Quando um país tem *superavit* no balanço de pagamentos, deixa um numerário a mais para a formação do DES. Na constituição do capital do FMI, a maior parte do valor das cotas subscritas também vai para essa verba.

Quando um país sofre um déficit em seu balanço de pagamentos, saca então a diferença desse fundo, mantendo o equilíbrio. O DES é, contudo, uma moeda escritural, pois o dinheiro não circula, mas apenas o lançamento débito-crédito do FMI. Cada país tem, assim, uma cota à sua disposição para o saque.

O FMI criou depois um crédito especial, chamado *stand-by*, pelo qual os saldos excedentes ficam à disposição para empréstimos extras. Porém, o país que obtiver esses créditos só poderá sacá-los se houver necessidade para isso, devido ao desequilíbrio de seu balanço de pagamentos. Um DES vale aproximadamente um dólar.

Os empréstimos do FMI aos países são de dois tipos, questão que provoca muitas controvérsias. Há empréstimo de alta e baixa condicionalidade, de acordo com a intensidade de condições impostas pelo FMI ao conceder o empréstimo. A baixa condicionalidade representa uma posição bem liberal do FMI para com o país mutuário; a exigência é de que o país tenha um *déficit* no balanço de pagamento e esteja adotando medidas para sanear o desequilíbrio.

O empréstimo de alta condicionalidade é concedido a um país que se comprometa a adotar sérias medidas para corrigir suas distorções monetárias. A equipe técnica do FMI elabora planos de ajustamento, apresenta-os aos países e acompanha sua execução. Ao levantar empréstimos, o país aceita esses planos, mas, na hora de cumpri-los, alega ingerência externa na sua vida interna. É o que se vê no Brasil e demais países endividados.

18.7. O Banco Mundial

Juntamente com o FMI, o Tratado de Bretton Woods criou outro órgão paralelo, conhecido como Banco Mundial, que proporciona assistência financeira e técnica para estimular países para

o desenvolvimento econômico. O Banco Mundial está formado por mais de 150 países e constituído de cinco organizações:
- BIRD – Banco Internacional de Reconstrução e Desenvolvimento (IBRD – International Bank for Reconstrution and Development);
- AID – Agência Internacional de Desenvolvimento (IDA – International Development Agency);
- CFI – Corporação Financeira Internacional (IFC – International Finance Corporation);
- CIADI – Centro Internacional para a Arbitragem de Disputas sobre Investimentos (destinada a solucionar conflitos a respeito de investimentos estrangeiros, pelo sistema de arbitragem);
- AMGI – Agência Multilateral de Garantia sobre Investimentos (estimula investimentos estrangeiros nos países em desenvolvimento, dando garantias aos investidores contra prejuízos causados por riscos não comerciais, e assessoria sobre investimentos).

Quando qualquer país quiser se filiar ao novo Sistema Monetário Internacional, deverá fazer parte das cinco organizações: FMI, BIRD, AID, CFI, CIADI, AMGI.

Os conflitos entre os países e o Banco Mundial são resolvidos por arbitragem, como acontece com o FMI. Aliás, as cinco organizações são integradas e observam critérios comuns e estruturas mais ou menos semelhantes. Como a do FMI, a sede do Banco Mundial é em Washington e também segue a organização do FMI, com dois órgãos primordiais: Conselho dos Governadores (*Board of Governors*) e Conselho de Diretores (*Board of Directors*). Num aspecto são diferentes: o presidente do FMI é sempre um europeu e o presidente do Banco Mundial é sempre um norte-americano.

Por esse aspecto, é marcante a influência norte-americana sobre o Banco Mundial. Em primeiro lugar, o presidente é um norte-americano; além disso, o poder de voto dos EUA é correspondente a 25% do capital do banco, subscritos pelos EUA, e a arrecadação de fundos pelo Banco Mundial processa-se principalmente nos EUA. Para se ter uma ideia dessa predominância, no final de 2007 foi eleito presidente do Banco Mundial o ex-Secretário de Estado, Roberto Zoellik, para o quinquênio 2008-2012. Esse mesmo cidadão, como Secretário de Estado, dois meses antes, ameaçou o Brasil com sérias medidas, se o Brasil não adotasse restrições firmes contra a pirataria que afetasse produtos americanos; e o Brasil votou nele.

É também comentada a influência de Wall Street e dos grandes grupos econômicos americanos; dos seis presidentes, três eram dirigentes de instituições do grupo Rockfeller e outro diretor do Banco de Chicago, outro ainda diretor de banco privado. O sexto presidente, Robert Macnamara, foi Secretário da Defesa dos EUA e o atual, Roberto Zoellik, é um milionário, ligado a bancos e empresas petrolíferas.

18.8. O BIRD – Banco Internacional de Reconstrução e Desenvolvimento

O BIRD, como o próprio nome indica, é um banco internacional, agrupando recursos para aplicação em outro país. Destina-se a financiar projetos de desenvolvimento, mas não mais em reconstrução, porquanto essa circunstância surgiu após a grande guerra mundial, num mundo semidestruído e necessitando de reconstrução.

18.9. A AID – Agência Internacional de Desenvolvimento

A AID faz empréstimos a países não suficientemente abonados para os financiamentos do BIRD ou que não possam atender a todas as condições impostas pelo IRD. Só concede também financiamentos a governos, sendo assim uma complementação do BIRD.

A AID também é formada e mantida com capitais fornecidos pelos governos-membros. Esses recursos financeiros são repassados aos governos de países em desenvolvimento, em condições mais favoráveis do que as do BIRD; os juros são mais módicos e às vezes até ocorre isenção de juros; os prazos são normalmente mais longos, geralmente de 50 anos.

18.10. A CFI – Corporação Financeira Internacional

A CFI é a maior organização internacional do mundo, que proporciona assistência financeira na forma de empréstimos e investimentos no setor privado dos países em desenvolvimento. O fim primordial é promover o desenvolvimento dos países-membros, que estejam em fase de desenvolvimento, graças ao suporte financeiro à iniciativa privada desses países, que representam 90% dos membros, já que é pequeno o número de países considerados como desenvolvidos.

É filiada ao Banco Mundial, mas opera como organização independente, com outra equipe de dirigentes e fundos próprios. Suplementa a atividade do BIRD, proporcionando à iniciativa privada investimentos e empréstimos, sem garantia governamental. A CFI só fará investimentos se o capital necessário não puder ser obtido, em condições favoráveis, em outras fontes. Muitas vezes, a CFI serve como catalisadora para um projeto, encorajando outros investidores, de dentro e de fora do país hospedeiro, para fazer esses investimentos com o patrocinador local, para um especial projeto.

A clientela da CFI é exclusivamente da iniciativa privada. Nesse aspecto, distancia-se do BIRD e da AID, que só atuam em nível de governos. A CFI investe em investimentos privados (*ventures*) por meio de empréstimos e subscrição de capital, em colaboração com outros investidores. Evita tornar-se dona do empreendimento, conservando participação minoritária e participa de empresas que contribuem para o desenvolvimento do país beneficiário e proporciona lucros aos investidores.

No decorrer desses anos, a CFI formou substancial experiência financeira, técnica e legal, que pode ser de considerável proveito aos investidores. Além disso, sua posição como organização internacional pode proporcionar assistência e segurança aos investidores. Seus aportes financeiros espalham-se por quase 100 países, em quase mil empresas beneficiárias, sendo o Brasil o principal deles, com 15% das aplicações da CFI. Entre as muitas empresas beneficiárias figuram: Villares, Perdigão, Amapá Florestal, Cimetal, Ciminas, Sococo, Alpargatas, o Frigorífico Chapecó, o Frigorífico Bertin, da cidade de Lins.

A CFI é suprida pelo seu capital, formado com a subscrição das cotas pelos países-membros, mas também levanta fundos perante o Banco Mundial e coloca títulos no mercado internacional de capitais.

19. OMC – ORGANIZAÇÃO MUNDIAL DO COMÉRCIO

- **19.1.** Conceito
- **19.2.** Tarifas
- **19.3.** Objetivos
- **19.4.** Proteção nacional
- **19.5.** Interdição do *dumping*
- **19.6.** Fórum de consultas
- **19.7.** Liberalização das importações
- **19.8.** Organização
- **19.9.** O Brasil na OMC
- **19.10.** Histórico

19.1. Conceito

Criada com intuitos mais modestos, a OMC – Organização do Comércio Internacional tinha em mira cuidar das tarifas de importação de produtos, com o objetivo de desenvolver o comércio exterior. As tarifas aduaneiras são os tributos cobrados por um país nas operações econômicas internacionais, principalmente na exportação e importação de mercadorias e serviços. A disparidade de tarifas é o maior entrave às relações econômicas internacionais. Por isso, a OMC foi criada com o nome de Acordo Geral sobre Tarifas e Comércio. Podemos indicar como exemplo o primeiro semestre de 2001, em que Brasil e Argentina entraram em choque, abalando o Mercosul e causando mal-estar entre os dois países, porque a ministra da economia da Argentina estabeleceu novo estatuto de tarifas.

A OMC – Organização Mundial do Comércio, anteriormente chamada GATT – *General Agreement on Tariffs and Trade*, é a organização multilateral que fixa normas estabelecidas para reger o comércio internacional. Desde 1948, a OMC tem operado também como o principal organismo internacional encarregado de negociar a redução dos obstáculos restritivos do comércio internacional e outras medidas que perturbem a concorrência e de velar pelas relações econômicas internacionais.

A OMC é, porém, um código de normas e, às vezes, um foro em que os países podem discutir e resolver seus problemas comerciais e negociar com o objetivo de ampliar as oportunidades de comércio no mundo. O fato de ter crescido o volume do comércio internacional, até multiplicar-se por dez, desde o fim da última guerra mundial, constitui demonstração de êxito da OMC em sua dupla função.

A princípio, a OMC era apenas um acordo entre vários países para desenvolver o comércio internacional e estudar medidas necessárias para esse desenvolvimento, mormente no que tange à adoção de tarifas aduaneiras, tanto que se chamou até o fim de 1994 *General Agreement on Tariffs and Trade* (Acordo Geral sobre Tarifas e Comércio). Evoluiu muito e passou a ser uma organização internacional, com sua estrutura básica, seu estatuto, objetivos, métodos de ação e normas impostas a seus membros. O objetivo básico dessa organização internacional e, em síntese, desenvolver o comércio entre todos os países de que se serve para atingir esse objetivo é a eliminação de tarifas (ou taxas aduaneiras) e demais entraves e gravames ao comércio internacional.

19.2. Tarifas

O antigo nome da OMC, Acordo Geral sobre Tarifas e Comércio Internacional, dá uma ideia de seus objetivos. Seu ponto cruciante é o problema das tarifas aduaneiras e, por isso, merecem elas especial atenção. Tarifa é um imposto que recai sobre produtos importados; a fonte geradora desse imposto é a entrada, no país, de mercadoria estrangeira. O Brasil adota o Imposto sobre Importações, como a maior parte dos países. A tarifa tem diversas finalidades, como, aliás, quase todo tipo de impostos. Chama-se "tarifa de receita" a que for criada para a arrecadação de numerário pelo Poder Público, aumentando sua receita.

O alvo da OMC, entretanto, é a "tarifa protecionista", ou seja, um tributo incidente sobre importação de mercadorias, a fim de aumentar o preço do artigo estrangeiro e a competitividade do artigo similar nacional. As tarifas, também chamadas "taxas aduaneiras" encareçam o produto importado, estimulando os consumidores a dar preferências aos produtos de seu país. Se todos os países assim fizessem e criassem empecilhos ao livre trânsito de mercadorias, o comércio internacional ficaria bloqueado. Por isso, procura a OMC conciliar os interesses internacionais dos países-membros com os interesses internacionais. Para que se tenha em mente a delicadeza dessa questão, podemos apontar a Medida Provisória adotada pelo Governo brasileiro em meados de 1995, estabelecendo cota de importação de carros estrangeiros e criando uma tarifa elevada para a importação deles, a fim de evitar a invasão de veículos importados no Brasil e concorrência com a indústria automobilística nacional. Essa medida provocou uma reunião dos Presidentes dos Países do Mercosul e ameaçou a continuidade do próprio Mercosul.

Dois países poderão celebrar um acordo aduaneiro (ou tarifário) quanto às tarifas incidentes a alguns ou todos os produtos da pauta de exportações de cada um deles. Poderá haver um acordo entre um grupo de países ou acordo geral, aberto a todos os países, como o da própria OMC. Assim se formam a União Aduaneira, a Associação de Livre-Comércio, o Mercado Comum. No livre-comércio as tarifas são eliminadas; na União Aduaneira os países da união estabelecem tarifas uniformes e comuns a ambas, nas suas transações com os países que não fazem parte da união.

19.3. Objetivos

Em síntese geral, a OMC objetiva o desenvolvimento do comércio internacional, com a maior eliminação possível das tarifas aduaneiras, discriminações e demais entraves que dificultem as operações comerciais no plano internacional. É conveniente repisar que o próprio nome da organização dá ideia de seu objetivo inicial. O primeiro "princípio", plasmado na cláusula da "nação mais favorecida", é que no comércio internacional *(trade)* não deve haver discriminações. Todas as partes contratantes estão obrigadas a conceder-se mutuamente um tratamento tão favorável como aquele que daria a qualquer outro país, relativo à aplicação e administração dos direitos e gravames de importação e exportação. Assim sendo, nenhum país pode conceder a outro vantagens comerciais especiais, nem fazer discriminações contra outro país: todos estão em pé de igualdade e todos podem beneficiar-se de qualquer redução que se faça dos obstáculos ao comércio. As exceções a esta norma fundamental só se admitem em certas circunstâncias especiais, como os "Acordos Regionais".

Os "Acordos Regionais" são observados em distintas regiões do mundo, como é o caso do MERCOSUL, da União Europeia (criada a princípio como Mercado Comum Europeu) e tratados bilaterais como fez o Brasil recentemente com vários países. Tais acordos de comércio internacional visam à redução ou supressão dos obstáculos às suas pretensões mútuas. O artigo XXIV da OMC reconhece a utilidade de uma integração maior das economias nacionais, mediante a liberalização do comércio entre elas. Por conseguinte, autoriza tais acordos, desde que a exceção à norma geral da OMC, da nação mais favorecida, seja observada dentro das estritas condições, cuja finalidade é garantir que esses acordos facilitem o comércio entre os países interessados, sem opor obstáculos ao comércio com o resto do mundo.

Os agrupamentos comerciais regionais, previstos no artigo XXIV, podem se revestir na forma de uma união aduaneira ou de uma zona de livre-comércio. Em ambos os casos, é preciso que se eliminem os direitos e demais obstáculos que pesem sobre o essencial dos intercâmbios comerciais entre os países componentes do grupo. Em uma zona de livre-comércio, cada membro mantém uma política comercial e um sistema de tarifas próprio, para com os países de fora da zona; em uma união aduaneira adota-se o sistema de tarifa unificada, frente ao exterior. Tanto em um como em outro caso, exige-se que as tarifas e as disposições que afetem as transações dos membros do grupo com os países de fora não sejam mais restritivas do que as aplicadas antes da criação do grupo. Entre os resultados da Rodada de Tóquio, figura uma disposição pela qual se faculta aos países em desenvolvimento concluir acordos comerciais preferenciais, sobre base regional ou global, que prevejam a eliminação ou redução das tarifas.

19.4. Proteção nacional

O segundo princípio fundamental é que a proteção das indústrias nacionais deve efetuar-se essencialmente mediante a tarifa aduaneira e não com medidas de outra classe. O objetivo dessa norma é, entre outras coisas, conseguir que se conheça claramente o grau de proteção. Afronta pois as normas da OMC, como também o MERCOSUL, a adoção de cotas de importação de carros, recentemente adotada pelo Brasil, uma vez que já fora adotada tarifa protecionista.

O comércio se apoia, assim, sobre uma base estável e conhecida graças à consolidação por negociação entre as partes contratantes, dos níveis dos direitos aduaneiros. Esses direitos consolidados figuram em cada país, em uma das listas aduaneiras que formam parte da OMC. Esse princípio, pelo qual os Estados se comprometem a reservar aos produtos estrangeiros, uma vez franqueada a fronteira, o mesmo tratamento fiscal e legislativo que dispensam aos produtos nacionais, é também chamado pelo nome de "tratamento nacional".

19.5. Interdição do *dumping*

O terceiro princípio adotado foi o da interdição do *dumping* e a regulamentação das subvenções à exportação. O *dumping* é uma prática que permite a introdução de produtos de um país no mercado de outro por preço inferior ao seu valor normal.

Essa definição foi introduzida em caráter menos absoluto no código *antidumping* negociado em 1967 com a seguinte redação:

> *Um produto deve ser considerado como caracterizador de um* dumping, *isto é, como introduzido no mercado de um país importador a preço inferior ao seu valor normal, se o preço de exportação desse produto, quando exportado de*

um país para outro, é inferior ao preço comparável, praticado no curso de operações comerciais normais, por um produto similar destinado ao consumo do país exportador.

19.6. Fórum de consultas

A realização de consultas, o processo de conciliação e a solução de divergências são questões de fundamental importância para a atuação da OMC. Tanto os países grandes como os pequenos podem recorrer à OMC, em busca de solução, quando julgarem que outras partes contratantes anulem ou ponham em perigo os direitos que a OMC lhes confere. Em sua maioria, essas diferenças se resolvem diretamente pelos países interessados. Nos últimos anos, os Estados-membros têm recorrido, de forma crescente, aos grupos especiais de técnicos independentes, estabelecidos pelo Conselho da OMC e pelos comitês que velam pelo cumprimento dos acordos sobre medidas não tarifárias. Os membros dos grupos especiais são eleitos entre nacionais de países não envolvidos no litígio. Mais ou menos, a OMC atua nestes casos como uma câmara arbitral.

19.7. Liberalização das importações

A eliminação das restrições às importações é um princípio e uma disposição fundamentais da OMC, estabelecidos numa época em que essas restrições estavam muito difundidas e constituíam importante obstáculo para o comércio internacional. Essas restrições perderam muito de sua importância, mas continuam numerosas e afetam negativamente as operações internacionais de troca de mercadorias.

A principal exceção a esta norma da OMC é no caso de desequilíbrio no balanço de pagamentos de um país (art. XII). Admitem-se, neste caso, as restrições às importações, que não devem ser aplicadas além da necessidade de reequilibrar o balanço de pagamentos, sendo paulatinamente reduzidas e eliminadas quando tiverem sido atingidos os objetivos. Essa exceção amplia-se para os países em desenvolvimento, pelo reconhecimento (consignado no artigo XVII) de que se podem ver obrigados a manter restrições às importações, para impedir um dispêndio excessivo de divisas, por causa da demanda de importação.

19.8. Organização

O órgão superior da OMC é a RODADA, isto é, o período das reuniões dos países do acordo. Nas decisões por votação, em que cada parte tem um voto, basta a maioria simples, mas é necessária a maioria dos 2/3 dos votantes, e que haja mais da metade dos países-membros, para que seja concedida uma "exceção". A exceção, conforme já comentado, é um instituto próprio da OMC, e consiste numa autorização outorgada, em casos particulares, para um país deixar de cumprir determinadas obrigações impostas pela OMC.

O "CONSELHO DE REPRESENTANTES" ocupa-se dos assuntos transitórios e urgentes, entre os períodos das Rodadas. Este órgão reúne-se normalmente uma vez por mês.

O "GRUPO CONSULTIVO DOS DEZOITO" é formado por funcionários de alto nível de vários países e que desempenhem em seus países funções relacionadas ao comércio internacional. Sua função é colaborar com os membros da OMC, para melhor desempenho de suas tarefas primordiais, como a de seguir a evolução do comércio internacional e prevenir ou resolver as perturbações que ameacem o sistema de comércio multilateral e o processo de reajuste, incluindo a coordenação entre a OMC e o FMI.

O "COMITÊ DE COMÉRCIO E DESENVOLVIMENTO" acompanha todas as atividades da OMC, procurando influir para que tenham prioridade os problemas de interesse dos países em desenvolvimento. A função deste Comitê foi reforçada na Rodada de Tóquio, mediante a criação de dois novos comitês: um para examinar qualquer medida de proteção adotada pelos países desenvolvidos contra as importações procedentes de países em desenvolvimento; outro para analisar os problemas de comércio exterior dos países menos adiantados.

A criação desse Comitê resultou de uma evolução sensível da OMC, graças ao seu alargamento, com a adesão de grande parte dos novos países, quase todos subdesenvolvidos. Assim sendo, os países em desenvolvimento constituem a maioria na OMC e, como o voto por cabeça, há predominância deles nas decisões. Nesse aspecto, a OMC se diferencia bastante do FMI e do Banco Mundial, nos quais o poder de voto se baseia nas cotas que possuem os países-membros nesses órgãos.

Nesta evolução, em 1965, foi adicionado um novo capítulo, a Parte IV, com os artigos 36, 37, 38, denominado "Comércio e Desenvolvimento". Neste capítulo, ficou estabelecido que os países em desenvolvimento devem ser ajudados pelos países desenvolvidos, mediante um "esforço consciente e tenaz". Esse capítulo estabeleceu um novo e importante princípio, ampliado nos acordos da Rodada de Tóquio, segundo o qual, nas negociações comerciais, os países desenvolvidos não deveriam esperar dos países em desenvolvimento contribuições incompatíveis com as necessidades desses últimos, em matéria de desenvolvimento, finanças e comércio.

Os países desenvolvidos também convencionaram que, salvo no caso em que razões imperiosas possam impedir, iriam se abster de aumentar os obstáculos à exportação de produtos primários e de outros produtos de especial interesse para os países em desenvolvimento e concederiam prioridade à redução dos obstáculos existente, inclusive os gravames fiscais.

O "COMITÊ DE COMÉRCIO E DESENVOLVIMENTO" procura manter o equilíbrio no princípio de reciprocidade e das exceções a esse princípio, no tocante aos países em desenvolvimento.

18.9. O Brasil na OMC

Entre as 23 nações que, em 1947, firmaram o acordo da constituição da OMC – Organização Mundial do Comércio, como o nome, a princípio, de GATT – *General Agreement on Tariffs and*

Trade, estava o Brasil. É membro fundador e participa ativamente de sua atividade. Entretanto, transgride com frequência os princípios básicos desta organização internacional de que faz parte. O Governo brasileiro concede maciços incentivos fiscais e creditícios para o barateamento dos produtos brasileiros, tornando seus preços bem inferiores àqueles do mercado nacional. Automóveis e outros veículos brasileiros são encontrados no mercado internacional a baixo custo. O mesmo fenômeno ocorre com outros produtos nacionais.

Por outro lado, há excessivas tarifas alfandegárias sobre os produtos importados e vários gravames que afrontam os compromissos constantes da OMC. Afora os gravames, há medidas impeditivas para a importação de certos produtos, a fim de proteger empresas brasileiras, geralmente dirigidas por políticos. É a chamada "reserva de mercado", em que certos segmentos de nossa economia ficaram fechados a alguns grupos econômicos. A questão primordial, que agitou nosso país, foi a reserva de mercado para a informática, estabelecido em 1984 pela Lei 7.232/84, que provocou sérias ameaças e retaliações por parte principalmente dos EUA. A Lei 8.248/91 atenuou essa medida até que ela ficasse superada. Deixou porém sequelas no plano internacional. Ainda por cima, facilitou o início da pirataria, também criadora de dificuldades do Brasil perante o comércio exterior.

Para regulamentar o comércio internacional americano, certas normas foram adotadas, tendo como diploma primacial o *"Trade Act"* de 1975. Essa Lei, no título V, habilita o Presidente dos EUA a conceder tratamento diferencial com franquias às importações oriundas de países em desenvolvimento. Porém, a seção 502 do *"Trade Act"* estabelece medidas para descartar o benefício de preferências dos EUA a certos países, mediante "critérios imperativos e discricionários".

Pelo critério imperativo, o governo americano não pode beneficiar a importação de produtos de países com governo esquerdista. Pelo critério discricionário, não podem ser beneficiados países que se apropriem de bens americanos, imponham barreiras a investimentos americanos ou mantenham encargos fiscais discriminatórios contra produtos americanos, adotem *dumping* ou vedem a americanos a atuação comercial nos países beneficiados pelas franquias. Estribados nas normas da OMC, os EUA têm adotado retaliações variadas contra produtos brasileiros, como os sapatos de Franca, a soja, o suco de laranja e vários outros produtos.

19.10. Histórico

A OMC entrou em vigor em janeiro de 1948. Os 23 países que o firmaram estavam então elaborando o Estatuto da projetada Organização Internacional do Comércio – OIC (ou ITO – *International Trade Organization*), que se concebia como um organismo especializado da ONU. A OMC, que em boa medida se baseou em determinadas partes do projeto do Estatuto da OMC, assentou-se com o objetivo de poder proceder rapidamente à liberalização do comércio internacional (*trade*) e, se foi dotado de um dispositivo institucional mínimo, foi porque se supunha que a OIC o substituiria ou dele se encarregaria. Teve que abandonar os planos da criação desta última, quando se tornou evidente que não seria ratificado o estatuto da OIC, e a OMC ficou como o único instrumento internacional que estabelece normas comerciais, aceitas pelos países que dominam a maior parte do comércio mundial. O número de membros da OMC tem aumentado desde então, até a cifra atual de 180.

A OMC já fazia parte de discussões na Conferência de Bretton Woods em 1944, quando foram criados o Banco Mundial e o FMI. Ante a resistência do governo americano à criação da OIC, abandonou-se a ideia dessa organização internacional, mas o governo americano manteve a luta pela liberdade no comércio internacional, até com seguir seu intento com a criação da OMC. Assim é que se reuniram na cidade de Genebra (Suíça) representantes de 23 países, celebrando um acordo internacional, que tomou o nome de *General Agreement on Tariffs and Trade* (Acordo Geral sobre Tarifas e Comércio Internacional).

A palavra *trade*, utilizada universalmente, significa comércio internacional. O GATT foi criado por essa Convenção de Genebra de 1947 e aperfeiçoado principalmente pela Convenção de Havana, de 1948. A carta de Havana tratava de todos os problemas que interferiam na relação das trocas comerciais: barreiras não tarifárias, redução de níveis não tarifários, discriminação, subsídios, monopólios e cartéis, produtos primários, mercado de trabalho com pleno emprego. Para criar esse complexo de regulamentos, imperiosa seria a criação da ITO – *International Trade Organization*. Como esta não foi criada, restringiu-se o âmbito de atuação do GATT.

A atuação do GATT realçou-se principalmente graças a reuniões de conversações, chamadas "Rodadas". A mais recente foi a Rodada do Uruguai; contudo, a mais importante foi a Rodada de Tóquio, de 1975. Nesta Rodada, reuniram-se os representantes de 97 países participantes do GATT, países esses que somavam 90% do movimento comercial internacional. Todos os países desenvolvidos de economia de mercado dela participaram, e vários outros países, inclusive alguns do leste europeu. A partir do início de 1995, o GATT passou a atuar como nova organização, com mais amplas atribuições, recebendo o nome de OMC – Organização Mundial do Comércio.

20. A MICROEMPRESA E A EMPRESA DE PEQUENO PORTE

- 20.1. O surgimento das pequenas empresas
- 20.2. A tutela constitucional
- 20.3. Caracterização da ME e da EPP
- 20.4. Vantagens no campo administrativo
- 20.5. Vantagens no campo tributário
- 20.6. Vantagens no campo trabalhista
- 20.7. Apoio creditício
- 20.8. Solução pacífica de controvérsias

20.1. O surgimento das pequenas empresas

Uma das mais interessantes inovações da vida empresarial foi a criação e regulamentação da **microempresa – ME** e da **empresa de pequeno porte – EPP**. Surgiu, a princípio, apenas a microempresa, criada pela Lei 7.256/84, tendo sido essa lei regulamentada pelo Decreto 90.880/85. Atendeu a nova legislação aos reclamos de nosso país, que via aumentar o desemprego. As fontes jurídicas da nova legislação devem ter sido buscadas no código italiano, trazendo um conceito no art. 2.083, com o nome de "*piccoli imprenditori*".

O conceito e os critérios adotados pelo direito brasileiro são diferentes, sendo o nosso sistema mais completo. A ME e a EPP são geralmente dirigidas pelo pequeno empresário e componentes da sua família. O traço característico dessas empresas é a sua receita bruta, que deverá atingir a parâmetros limitados. O tratamento diferenciado, simplificado e favorecido tem como objetivo facilitar a constituição e o funcionamento de unidades produtivas de pequeno porte, com vistas ao fortalecimento de sua participação no processo de desenvolvimento econômico e social. Criaram-se assim muitos empregos, senão para terceiros, mas para pequenos empresários e membros de sua família.

Elas surgiram como privilegiadas, contando com vantagens em vários aspectos, sendo os principais no campo fiscal, trabalhista e acesso ao crédito, ou seja:
- À apuração e recolhimento dos impostos e contribuições da União, dos Estados, do Distrito Federal e dos Municípios, mediante regime único de arrecadação, inclusive obrigações acessórias;
- Ao cumprimento de obrigações trabalhistas e previdenciárias, inclusive operações acessórias;
- Ao acesso a crédito e ao mercado, inclusive quanto à preferência nas aquisições de bens e serviços pelos Poderes Públicos, à tecnologia, ao associativismo e às regras de inclusão.

20.2. A tutela constitucional

Entretanto, depois, novo estatuto da microempresa – ME surgiu com a Lei Complementar 123/2006, que estabeleceu normas para as microempresas e empresas de pequeno porte – EPP, relativas ao tratamento diferenciado e simplificado, nos campos administrativo, fiscal, previdenciário, trabalhista, creditício e de desenvolvimento empresarial. O próprio enunciado da Lei invoca, como fonte inspiradora, o art. 179 da Constituição Federal de 1988. Será conveniente transcrever:

> *A União, os Estados, o Distrito Federal e os municípios dispensarão às microempresas e às empresas de pequeno porte, assim definidas em lei, tratamento jurídico diferenciado, visando incentivá-las pela simplificação de suas obrigações administrativas, tributárias, previdenciárias, ou pela eliminação ou redução destas por meio de lei.*

A Constituição Federal de 1988 é posterior ao estatuto anterior da microempresa, que é de 1999, mas estabeleceu, como princípio jurídico, a tutela da ME, prevendo também a EPP, que veio consagrada no novo estatuto de 1999. Esse novo estatuto, criado pela Lei 9.841/99, não introduz modificações no regime jurídico da ME regulado pela Lei 7.256/84. Estabeleceu, porém, as normas para a EPP, que não tinham sido previstas na antiga lei. É sugestivo frisar que tanto a Constituição Federal de 1988, como o novo estatuto da ME e da EPP, de 1999, por serem obras legislativas recentes, utilizam linguagem atualizada e expendem ideias do moderno Direito Empresarial, conflitando frontalmente com a linguagem e ideias de nosso direito tradicional. Demonstram essas obras legislativas que o direito brasileiro aceita e adota as novas teorias, conceitos e linguagem que o moderno Empresarial elaborou nas últimas décadas e, dentro em breve, irá impô-los definitivamente.

Nota-se que não mais se aplica a expressão "comerciante". As figuras jurídicas regulamentadas pela nova legislação são "microempresa" e "empresa de pequeno porte". Ainda quanto à linguagem, sugestiva é a adoção de nomenclatura adequada aos dois tipos de microempresas e empresas de pequeno porte: podem ser "pessoas jurídicas" ou "firma individual". Embora julguemos essa nomenclatura correta e louvável, difere da que temos adotado, de empresa individual e coletiva", expressões oriundas do art. 2º da Consolidação das Leis do Trabalho:

> *Empregador é a empresa individual ou coletiva que, assumindo os riscos da atividade econômica, admite, assalaria e dirige a prestação pessoal de serviços.*

A ME e a EPP, em princípio, são empresas como outras quaisquer, diferindo apenas pela dimensão, mas a Constituição somente fala nelas; não fala nas médias e grandes empresas. A primeira referência é encontrada logo no artigo 170, que abre o Título VII da Constituição, tratando da ordem econômica e financeira. É um princípio da ordem econômica, apontado no inciso IX, dizendo sobre o tratamento favorecido para as pequenas empresas constituídas sob as leis brasileiras e sua sede e administração no país. Não dá, porém, os parâmetros necessários para a consideração de EPP, nem os critérios: seria pelo número de empregados? Pelo capital? Pelo faturamento? Há uma série de dúvidas.

O que não oferece dúvidas, entretanto, é que a EPP e o tratamento dado a elas constituem um dos princípios da ordem econômica, o que justifica a tutela constitucional e a intervenção do Estado na atividade econômica, em prol desse tipo de empresa. Um passo adiante foi dado pela Lei Complementar 123/2006, instituindo o Estatuto da ME e da EPP e estabelecendo as normas gerais relativas ao tratamento diferenciado e favorecido a ser dispensado a elas, no âmbito dos poderes da União, dos Estados, do Distrito Federal e dos Municípios. Esta é a lei básica e nela vamos nos fundamentar, deixando de lado a legislação ordinária, por ser mais um problema de Direito Empresarial, enquanto a Lei Complementar 123/06 está no âmbito do Direito Econômico.

Este tipo de empresa resultou da **intervenção indireta do Estado na ordem econômica**, em que ele se apresenta como **agente normativo e regulador da atividade econômica**. O Estado exerce, na forma da lei, as funções de fiscalização e incentivo. Inspirou-se, para a criação legal da ME e da EPP, em vários princípios da ordem econômica; na **busca do pleno emprego**, abriu a possibilidade de uma legião de desempregados tornarem-se os próprios patrões e motivou-os a lutar com as próprias forças para a manutenção de seu emprego, sem depender da vontade alheia. Com base no princípio da redução das desigualdades regionais e sociais, abriu o caminho para o pequeno empreendedor progredir e elevar seu nível de vida, dando-lhes os instrumentos e condições para seu progresso, como os incentivos fiscais e outros.

20.3. Caracterização da ME e da EPP

Vamos, porém, caracterizar claramente as duas formas jurídicas previstas legislativamente para a ME e a EPP:

FORMA INDIVIDUAL: Trata-se de empresário que se registra com o próprio nome para exercer atividades empresariais. É também chamada modernamente de "empresa individual" ou "empresário individual". A denominação de "firma individual" decorre do tipo de assinatura da empresa: ela assina com o nome próprio do empresário que a constitui. Considera-se pequeno empresário, para efeito de aplicação do disposto nos artigos 970 a 1.179 do Código Civil, o empresário individual caracterizado como microempresa na forma da Lei Complementar 123/2006, que aufira receita bruta anual de até R$ 36.000,00 (esse valor foi dado em 2006, mas está sujeito, com o tempo, a ser reestruturado. Considera-se receita bruta o produto da venda de bens e serviços nas operações de conta própria, o preço dos serviços prestados e o resultado nas operações em conta alheia, não incluídas as vendas canceladas e os descontos incondicionais concedidos.

PESSOA JURÍDICA: É a chamada empresa coletiva pela CLT: deve revestir-se da forma societária prevista pelo Código Civil e devidamente registrada na Junta Comercial, sendo suficiente o registro no Cartório de Registro Civil de Pessoas Jurídicas. Não poderá também se revestir da forma de sociedades por ações. Quanto à classificação das empresas, a que a lei assegura um tratamento jurídico simplificado e favorecido nos campos administrativo, tributário, trabalhista, previdenciário e creditício, sob o critério do faturamento anual, ficaram caracterizados dois tipos de empresas:
- Microempresa – ME: É a pessoa jurídica ou firma individual que tiver receita bruta anual igual ou inferior a R$ 240.000,00. Essa modalidade de empresa deverá adotar, em seguida ao seu nome, a expressão "microempresa" ou "ME";
- Empresa de pequeno porte – EPP: É a pessoa jurídica ou firma individual que tiver receita bruta superior a R$ 240.000,00 e igual ou inferior a R$ 2.400.000,00. Deverá adotar, em seguida, ao seu nome a expressão "empresa de pequeno porte" ou "EPP".

Vemos, então, que as duas espécies de empresas distinguem-se, entre si, pelo limite do valor bruto anual de sua receita:

A ME é de R$ 240.000,00 e a EPP de R$ 2.400.000,00 (valor dado pela LC.123/06). Devem surgir planos de tratamento diferenciado para cada uma dessas empresas, pois até agora não vemos necessidade de distinção entre as duas, quanto aos efeitos da lei. Aguardamos, entretanto, decreto que regulamente essa questão.

O limite da receita bruta deve ser apurado no exercício social de um ano, de 1º de janeiro a 31 de dezembro de cada ano, somando-se as receitas brutas de todos os meses. Se a receita bruta da ME ultrapassar a R$ 240.000,00, será classificada como EPP automaticamente, devendo ela comunicar esse fato à Junta Comercial.

Da mesma forma, se a EPP tiver sua receita bruta anual superior a R$ 2.400.000,00, perderá ela essa condição, enquadrando-se como empresa comum, não desfrutando mais das vantagens da lei. Se a empresa constituir-se no decorrer do ano, será considerado o período iniciando de sua constituição até o fim do ano; por exemplo, uma empresa constitui-se em 1 de agosto, tendo, pois, um exercício de cinco meses, até 31 de dezembro; para efeito de seu enquadramento como microempresa ou empresa de pequeno porte, será considerada a receita bruta durante esses cinco meses. A mudança de categoria da empresa, porém, não altera os contratos porventura celebrados com terceiros, antes da alteração.

O que alteram são os efeitos da mudança quanto às obrigações e vantagens. Foram elas conservadas pela Lei. Repetimos, porém, as vantagens concedidas: são as mesmas para a ME e para a EPP, e são aplicadas nos planos: administrativo, fiscal, previdenciário e trabalhista, creditício e de desenvolvimento empresarial. Repetimos, ainda, que esse tratamento diferenciado se aplica tanto à pessoa jurídica (ou sociedade), como à firma individual (ou empresa individual). Essas empresas poderão se revestir da forma de sociedade empresária, sociedade simples e o empresário.

Há, porém, algumas exceções e restrições. Não poderá se beneficiar do tratamento jurídico diferenciado a pessoa jurídica de cujo capital participe outra pessoa jurídica, ou que seja filial, sucursal, agência ou representação, no País, de pessoa jurídica com sede no exterior. Não pode também a empresa de cujo capital participe pessoa física que seja inscrita como empresário ou seja sócia de outra empresa que receba tratamento jurídico diferenciado, desde que a receita bruta global ultrapasse o limite de R$ 2.400.000,00.

Igualmente, a empresa cujo sócio participe com mais de 10% do capital de outra empresa não beneficiada, desde que a receita bruta global ultrapasse o limite de R$ 2.400.000,00, ou cujo sócio seja administrador ou equiparado de outra pessoa jurídica com fins lucrativos, desde que a receita bruta global ultrapasse o limite já referido. Há vários outros casos de impossibilidade de auferir as vantagens legais, como se for sociedade anônima, um banco, companhia de seguros, empresa de arrendamento mercantil, de outras, que não poderiam mesmo ser micro. Não seria crível um banco ser uma micro.

Esses critérios são móveis, por estarem sujeitos a modificações decorrentes da desvalorização da moeda. Os valores têm sido reajustados de acordo com a inflação. Também podem ocorrer mudanças quando a empresa apresentar resultados não previstos e que possam modificar sua posição. Destarte, no caso de início de atividades, a microempresa que, no ano-calendário, exceder o limite de receita bruta anual, passa no ano-calendário seguinte à condição de empresa de pequeno porte.

Se no início das atividades a empresa de pequeno porte que, no ano calendário, não ultrapassar o limite de receita bruta anual, passa, no ano-calendário seguinte, à condição de microempresa.

No caso de início das atividades, a empresa de pequeno porte que, no ano-calendário, exceder o limite de receita brutal anual, fica excluída, no ano-calendário seguinte, do regime diferenciado e favorecido pela LC para todos os efeitos legais.

A ME e a EPP que no decurso do ano-calendário de início de atividade ultrapassarem o limite de R$ 200.000,00 multiplicados pelo número de meses de funcionamento nesse período estarão excluídas do regime de benefícios, com efeitos retroativos ao início de suas atividades.

20.4. Vantagens no campo administrativo

No tocante ao campo administrativo, são previstas várias facilidades. O registro da ME e da EPP na Junta Comercial será pelo sistema especial, comparado ao registro sumário, tratado pela Lei 6.939/81. Esse registro é mais ágil e rápido e bem mais facilitado. A microempresa deverá apor no final de seu nome a expressão "ME" e a empresa de pequeno porte "EPP", sendo privativas a elas essas designações. Caso a receita dessas empresas ultrapassar o limite, bastará a elas fazer comunicação à Junta Comercial, que modificará o registro, não havendo necessidade de instrumento especial.

As ME e as EPP são desobrigadas da realização de reuniões e assembleias em qualquer das situações previstas na legislação civil, as quais serão substituídas por deliberação representativa do primeiro número inteiro superior à metade do capital social.

20.5. Vantagens no campo tributário

Quanto ao regime tributário e fiscal diferenciado, os arts. 12 e seguintes da Lei Complementar já concedem à ME e à EPP a possibilidade de escrituração fiscal simplificada, podendo utilizar documentos mais simples. O cadastramento fiscal dessas empresas será feito mediante comunicação da Junta Comercial à Secretaria da Receita Federal, dispensando as providências por parte delas. Elas estão isentas de pagamento. Ficou instituído o **Regime Especial Unificado de Arrecadação de Tributos e Contribuições devidos pelas Microempresas e Empresas de Pequeno Porte – SIMPLES NACIONAL.** Esse regime implica o recolhimento mensal, mediante documento único de arrecadação, dos seguintes impostos e contribuições: Imposto sobre a Renda da Pessoa Jurídica – IRPJ, Imposto sobre produtos industrializados – IPI, Contribuição Social sobre o Lucro Líquido – CSLL, Contribuição para o Financiamento da Seguridade Social – CONFINS, e vários outros.

Entretanto, não poderão recolher os impostos e contribuições na forma do SIMPLES NACIONAL a ME e a EPP que explore atividade de prestação cumulativa e contínua de serviços de assessoria, gestão de crédito, seleção e riscos, administração de contas a pagar e a receber, gerenciamento de ativos (*asset management*), compras de direitos creditórios resultantes de vendas mercantis a prazo ou de prestação de serviços (*factoring*). Além dessas, há várias outras, que parecem exercer atividades sofisticadas e de alto porte, como empresa estatal, de cujo capital participe o Governo. É o caso também de empresa que se dedique ao transporte de passageiros; o preço de um ônibus já é superior ao limite da renda bruta de uma micro.

20.6. Vantagens no campo trabalhista

Essas empresas também gozam de facilidades de ordem trabalhista e previdenciária. Gozam tanto os funcionários como os administradores da empresa, dos direitos previstos na legislação previdenciária e trabalhista, mas são eliminadas as exigências burocráticas e obrigações acessórias que sejam incompatíveis com o tratamento simplificado e favorecido. A ME e a EPP são dispensadas de certas formalidades, como a afixação de Quadro de Trabalho em suas dependências; da anotação das férias nos respectivos livros ou fichas de registro; de empregar e matricular aprendizes nos cursos do SENAI ou SENAC; da posse do livro intitulado Inspeção do Trabalho; de comunicar ao Ministério do Trabalho e Emprego a concessão de férias coletivas.

O recolhimento para a previdência social será normal, mas haverá algumas facilidades de outra ordem, como a contribuição para o custeio das prestações por acidente de trabalho, que será calculada pelo percentual mínimo. Normal será também a obrigação de registrar os empregados, anotar na carteira de trabalho deles; a apresentação da RAIS e do CAGED e também a guia de recolhimento do FGTS.

É facultado ao empregador de ME ou de EPP fazer-se substituir ou representar perante a Justiça do Trabalho por terceiros que conheçam dos fatos, ainda que não possuam vínculo trabalhista ou societário.

20.7. Apoio creditício

Cogitou ainda a Lei Complementar 123/2006 do apoio creditício a essas empresas. À ME e à EPP ficam asseguradas condições favorecidas relativamente a encargos financeiros, prazos e garantias nas operações que realizarem com instituições financeiras, inclusive bancos de desenvolvimento e entidades oficiais de fomento na forma a ser regulamentada pelo Poder Executivo. Para incentivar e fomentar os agentes financeiros públicos e privados e estabelecer linhas de crédito diferenciado às ME e às EPP, bem como a constituir fundo para garantia de aval ou fiança, inclusive provendo os meios necessários, ficou o Poder Público de regulamentar.

O Poder Executivo federal proporá, sempre que necessário, medidas no sentido de melhorar o acesso das microempresas e empresas de pequeno porte aos mercados de crédito e de capitais, objetivando a redução do custo de transação, a elevação da eficiência locativa, o incentivo ao ambiente concorrencial e a qualidade do conjunto informacional, em especial o acesso e a portabilidade das informações cadastrais relativas ao crédito.

Os bancos comerciais públicos e os bancos múltiplos públicos com carteira comercial e a Caixa Econômica Federal manterão linhas de crédito específicas para as ME e para as EPP, devendo o montante disponível e suas condições de acesso ser expressos nos respectivos orçamentos e amplamente divulgadas.

20.8. Solução pacífica de controvérsias

As ME e EPP deverão ser estimuladas a utilizar os institutos de conciliação prévia, mediação e arbitragem para a solução dos seus conflitos. Serão reconhecidos de pleno direito os acordos celebrados no âmbito das comissões de conciliação prévia. O estímulo a que se refere a Lei Complementar compreenderá campanhas de divulgação, serviços de esclarecimento e tratamento diferenciado, simplificado e favorecido no tocante aos custos administrativos e honorários cobrados.

Eis aqui uma das mais salutares previsões da lei referente à ME e à EPP, estimulando-as a recorrer às fórmulas alternativas de solução de litígios, como a arbitragem. É o que deveria constar em todas as leis que forem promulgadas neste país. Neste compêndio fazemos amplas considerações sobre a arbitragem.

21. DA POLÍTICA URBANA

- **21.1.** O surgimento da política urbana
- **21.2.** Os objetivos da política urbana
- **21.3.** Diretrizes da política urbana
- **21.4.** A usucapião especial
    - **21.4.1.** A usucapião especial urbana
    - **21.4.2.** A usucapião especial urbana individual
    - **21.4.3.** A usucapião especial urbana coletiva
    - **21.4.4.** A usucapião especial rural
- **21.5.** Partes legítimas
- **21.6.** Traços comuns às usucapiões
- **21.7.** O direito de superfície

21.1. O surgimento da política urbana

O Título VII de nossa Constituição previu um capítulo com o nome de DA ORDEM ECONÔMICA E FINANCEIRA e outro chamado DA POLÍTICA URBANA, este último disposto nos artigos 182 e 183. Há, portanto, duas políticas do Estado: uma referente ao campo e outra à cidade. É bastante tímida a disposição constitucional, com apenas dois artigos, e esta política foi-se formando nos últimos anos e de forma lenta. Justifica-se essa lentidão, tendo-se em vista que o Brasil foi um país de economia predominantemente campesina, tendo a era da crescente urbanização se iniciado com a industrialização, em 1930, tendo-se revigorado em 1945, após o fim da última guerra mundial.

Acompanhando o rápido desenvolvimento urbano foi-se formando sugestiva legislação, que antecedeu à própria Constituição, culminando com a lei básica da política urbana, ao regulamentar os artigos 182 e 183, conforme diz a Lei 10.257/2001, chamada de ESTATUTO DA CIDADE, no seu artigo 1º:

> *Na execução da política urbana, de que tratam os artigos 182 e 183 da Constituição Federal, será aplicado o previsto nesta Lei.*

21.2. Os objetivos da política urbana

O capítulo referente está inserido no Título da Constituição, denominado DA ORDEM ECONÔMICA E FINANCEIRA, cujas normas se destinam a ordenar o pleno desenvolvimento das cidades. Todavia, os próprios termos da lei deixam claro que objetivo maior da política urbana é o bem coletivo. É o que revela o parágrafo único do artigo 1º do Estatuto da Cidade:

> *Para todos os efeitos, esta Lei, denominada Estatuto da Cidade, estabelece normas de ordem pública e interesse social que regulam o uso da propriedade urbana em prol do bem coletivo, da segurança e do bem-estar dos cidadãos, bem como do equilíbrio ambiental.*

Esses objetivos estão ao amparo da própria Constituição, cujo artigo 182, ao traçar as diretrizes da política urbana, faz menção a eles:

> *A política de desenvolvimento urbano, executada pelo Poder Público municipal, conforme diretrizes gerais fixadas em lei, tem por objetivo ordenar o pleno desenvolvimento das funções sociais da cidade e garantir o bem-estar de seus habitantes.*

Ao falar também no equilíbrio ambiental o Estatuto da Cidade deixa antever que o meio ambiente é um fator de bem-estar social, de qualidade de vida. O meio ambiente não se destina a oferecer atividade econômica, mas garantir a vida saudável dos cidadãos e a saúde pública. Esses objetivos são confirmados também no artigo 2º do Estatuto da Cidade, os quais se destinam a ordenar o pleno desenvolvimento das funções sociais da cidade e da propriedade urbana.

Há também objetivos econômicos, como racionalizar as desapropriações, a usucapião, a criação de institutos e intento econômico, como o direito de superfície; a concessão de uso especial para fins de moradia, as edificações e incorporações, razão pelas quais se justifica a colocação da política urbana na área econômica. Podemos então dizer que a política urbana é uma ação do Poder Público em intervir na ordem econômica, visando à propriedade urbana e à administração pública na área citadina, com o intuito de garantir melhor qualidade de vida aos cidadãos.

21.3. Diretrizes da política urbana

A política urbana é praticada no âmbito citadino, assim considerado, em cada cidade. Por essa razão ela é regulamentada pela legislação nacional, mas sua prática depende quase totalmente do Poder Municipal. As providências tomadas na organização da vida urbana dependem principalmente da iniciativa da Prefeitura Municipal, que planeja as atividades e elabora o plano diretor, que é obrigatório para as cidades com mais de vinte mil habitantes, aprovado pela Câmara Municipal.

Uma gestão democrática por meio da participação da população e de associações representativas dos vários segmentos da comunidade na formulação, execução e acompanhamento de planos, programas e projetos de desenvolvimento urbano deve ser adotada pela política urbana.

Outra diretriz é a cooperação entre os governos, a iniciativa privada e os demais setores da sociedade no processo de urbanização, em atendimento ao interesse social. Essa cooperação é essencial, uma vez que, embora a lei fale em política urbana, essa "urbana" está integrada nos governos federal e estadual. É a política de planejamento do desenvolvimento das cidades, da distribuição espacial da população e das atividades econômicas do Município do território sob sua área de influência, de modo a evitar e corrigir as distorções do crescimento urbano e seus efeitos negativos sobre o meio ambiente.

Compete à União, entre outras atribuições de interesse da política urbana, legislar sobre normas gerais de direito urbanístico; legislar sobre normas para a cooperação entre a União, os Estados, o Distrito Federal e os Municípios em relação à política urbana, tendo em vista o equilíbrio do desenvolvimento e do bem-estar em âmbito nacional. Cabe ainda promover, por iniciativa própria e em conjunto com os Estados, o Distrito Federal e os Municípios, programas de construção de moradia e a melhoria das condições habitacionais e de saneamento básico; instituir diretrizes para o desenvolvimento urbano, inclusive habitação, saneamento básico e transportes urbanos; elaborar e executar planos nacionais e regionais de ordenação do território e de desenvolvimento econômico e social. Ao revés, cabe ao Município elaborar o plano diretor e executá-lo.

Importante diretriz da política urbana é no que tange ao meio ambiente; a poluição e degradação ambiental é muito superior às das áreas rurais. Basta tomar como exemplo a maior cidade do Brasil, a cidade de São Paulo, cuja poluição atinge a níveis preocupantes; fala-se que o povo paulista é o único do mundo que enxerga o ar que respira. O rio Tietê, que atravessa a cidade de São Paulo, é um rio morto até 200 km, ao sair do perímetro urbano. Nesse aspecto, é profundo o trabalho do Município e do Estado na proteção, preservação e recuperação do meio ambiente natural e construído. Ficam incluídos também no meio ambiente o patrimônio cultural, histórico, artístico, paisagístico e arqueológico.

21.4. A usucapião especial

Ressalte-se, preliminarmente, que a palavra usucapião é feminina, gênero adotado pelo novo Código Civil. Nossa Constituição, seguida pelo Estatuto da Cidade, prevê esse tipo de usucapião, que segue as normas gerais dos artigos 1.238 a 1.244 do Código Civil, tendo, porém, características especiais, que a distinguem da usucapião rural. Foi prevista no artigo 183:

> *Aquele que possuir como sua área urbana de até 250 m quadrados, por cinco anos, ininterruptamente e sem oposição, utilizando-a para sua moradia ou de sua família, adquirir-lhe-á o domínio, desde que não seja proprietário de outro imóvel urbano ou rural.*

A aquisição especial de imóvel urbano ficou regulada no Estatuto da Cidade, nos artigos 9º ao 14, tendo o artigo 9º reproduzido o artigo 183 da Constituição. É conveniente esclarecer que a expressão rural, aqui aplicada, refere-se a imóvel destinado à exploração agropecuária, embora seja urbano, isto é, situado no perímetro da cidade. Até mesmo cidades de grande aglomeração humana têm certas áreas afastadas do centro, onde se cultivam hortaliças, frutas e legumes, criam-se galinhas, porcos e outros animais. São os imóveis rurais da cidade.

O título de domínio e a concessão de uso serão conferidos ao homem ou à mulher, ou a ambos, independentemente do estado civil. Esse direito não será reconhecido ao mesmo possuidor mais de uma vez. Os imóveis públicos não serão adquiridos por usucapião.

Vários tipos de usucapião especial são previstos no plano da política urbana: a usucapião urbana ou *pro misero*, prevista no artigo 9ª do Estatuto da Cidade, e a usucapião *pro labore*, prevista no artigo 10. Além dessa divisão, a usucapião urbana pode ser individual ou coletiva. Iremos então examinar cada um desses tipos com os devidos pormenores, uma vez que são novidades, não previstas antes da Constituição de 1988 e do Estatuto da Cidade, traçando um quadro:

Usucapião especial:

Usucapião especial urbana:
 1. Individual (artigo 9º do EC);
 2. Coletiva (artigo 10º do EC).

Usucapião especial rural.

21.4.1. *A usucapião especial urbana*

Também chamada de *pro misero*, regulada pelo artigo 10º, é assim chamada pelo fato de o imóvel ter que estar situado em área ocupada por população de baixa renda. O imóvel deverá ter mais de 250 m quadrados e ser usado para moradia pelo usucapiente e sua família. É necessário que ele tenha o imóvel por cinco anos no mínimo e sem oposição, e não tenha outro imóvel rural ou urbano.

O possuidor pode, para o fim de contar o prazo exigido, acrescentar sua posse à de seu antecessor, contanto que ambas sejam contínuas. Só é aplicada para imóvel urbano e não rural. Não é necessário justo título e comprovação de boa-fé, que será presumida.

Na pendência da ação de usucapião especial urbana, ficarão sobrestadas quaisquer outras ações, petitórias ou possessórias, que venham a ser propostas relativamente ao imóvel usucapiendo.

21.4.2. *A usucapião especial urbana individual*
É a prevista no artigo 9º, que transcrevemos:

> *Aquele que possuir como sua área ou edificação urbana de até 250 m quadrados, por cinco anos, ininterruptamente e sem oposição, utilizando-a para sua moradia ou de sua família, adquirir-lhe-á o domínio, desde que não seja proprietário de outro imóvel urbano ou rural.*

Essa regulamentação é um tanto obscura, reproduzindo o artigo 182 da Constituição, mas adicionando "edificação". O que se pode entender como área ou edificação? Área seria um terreno e edificação, um prédio construído nesse terreno. Acontece, porém, que em nosso direito a edificação pertence ao terreno, vale dizer, o dono do terreno será fatalmente o dono do edifício nele construído. Ninguém deve edificar um prédio em terreno alheio, pois ele pertenceria ao dono do terreno. Seria o mesmo que fazer filho em mulher alheia: não produz efeitos jurídicos e só arma confusão.

21.4.3. *A usucapião especial urbana coletiva*
Esta ocorre quando o imóvel usucapido seja ocupado por uma população de vários moradores de baixa renda e torna-se difícil dimensionar, sem dúvida, a área ocupada por um deles, vale dizer, não se pode dizer com segurança onde começa a área de um e termina a do outro. Tem, contudo, as características gerais:

posse mansa e pacífica ininterrupta e contínua por cinco anos no mínimo, sem haver oposição, com dispensa do justo título, boa-fé presumida, imóvel na área urbana acima de 250 m quadrados, área de população de baixa renda, não poder o usucapiente ter outro imóvel rural ou urbano, uso do imóvel para moradia.

A usucapião especial coletiva de imóvel urbano será declarada pelo juiz, mediante sentença, a qual servirá de título para registro o cartório de registro de imóveis. Na sentença, o juiz atribuirá igual fração ideal de terreno a cada possuidor, independentemente da dimensão do terreno que cada um ocupe, salvo hipótese de acordo escrito entre os condôminos, estabelecendo frações diferenciadas.

O condomínio especial constituído é indivisível, não sendo passível de extinção, salvo deliberação favorável tomada por no mínimo 2/3 dos condôminos, no caso de execução de urbanização posterior à constituição do condomínio. As deliberações relativas à administração do condomínio especial serão tomadas por maioria de votos dos condôminos presentes, obrigando também os demais, discordantes ou ausentes.

21.4.4. *A usucapião especial rural*

É parecida com a urbana, por ter características desta, mas com outras próprias. Em primeiro lugar, a área pode ser bem maior: até 50 hectares. Em segundo lugar, o usucapiente precisa trabalhar nela produzindo por seu trabalho ou de sua família. Justifica-se área maior, pois um terreno para construir uma casa de moradia pode ser de pequenas dimensões, mas se for para servir de residência e para produzir, haverá necessidade de maior espaço.

21.5. Partes legítimas

São partes legítimas para a propositura da ação de usucapião especial urbana o possuidor, isoladamente ou em litisconsórcio originário ou superveniente; os possuidores em estado de composse. Como substituto processual, a associação de moradores da comunidade, regularmente constituída, com personalidade jurídica, desde que explicitamente autorizada pelos representantes. O autor terá benefícios da justiça e da assistência judiciária gratuita, inclusive perante o cartório de registro de imóveis.

Na ação de usucapião especial urbana é obrigatória a intervenção do Ministério Público. Na ação judicial de usucapião especial de imóvel urbano, o rito processual a ser observado é o sumário.

21.6. Traços comuns às usucapiões

Pelo que vimos, os diversos tipos de usucapião têm várias características comuns que vamos ressaltar:
- Deve haver posse mansa e pacífica;
- A posse deve ser contínua, ininterrupta;
- Não deve haver oposição, mormente de possíveis proprietários;
- A posse deve ser de prazo igual ou superior a cinco anos;
- Não há exigência de justo título e a boa-fé é presumida.

21.7. O direito de superfície

Criação nova que parece ter atendido ao princípio da função social da propriedade e aos artigos 182 e 183 foi a do Direito de Superfície. Foi nova abertura para reforçar os esforços para a melhor ocupação do solo, a ampliação das oportunidades da casa própria e o fomento da urbanização. Sua criação se deve à Lei 10.257, de 2001, denominada Estatuto da Cidade. Trata-se de uma lei de Direito Administrativo, regulamentando o uso da propriedade urbana e de contratos administrativos; criou normas diversas para a administração pública, principalmente para disciplinar registros imobiliários e construção de imóveis.

Entretanto, essa lei, nos artigos 21 a 24, dá a regulamentação do **Direito de Superfície**, apresentando-o mais como um contrato celebrado entre o proprietário de um imóvel e outra parte que irá explorar esse imóvel, dando-lhe o nome de **superficiário**. É contrato marcantemente privado, mas a lei não veda que imóveis públicos possam ser alvo de direito de superfície. O Poder Público vinha utilizando anteriormente outro instituto jurídico, a **enfiteuse**, que saiu do Código Civil, mas permanecem muitas enfiteuses em nosso País. Temos em São Paulo muitos exemplos de enfiteuse, realçando-se o enorme conjunto residencial, chamado Alphaville, construído em imóvel da União.

É de se lamentar a regulamentação de institutos jurídicos por leis que nenhuma correlação têm com esses institutos. Conhecem-se inúmeros casos dessa aberração e agora estamos nos deparando com uma delas. A Lei 10.257/2001 pertence ao campo do Direito Administrativo e não deveria estatuir normas de Direito Civil, criando institutos que não pertencem à administração pública. Por aí se vê quanto se legisla mal neste país. E há outro fator negativo nas figuras jurídicas estabelecidas fora de seu núcleo, ou seja, por leis estranhas: elas passam despercebidas, ensejando o surgimento de outras leis conflitantes.

Assim aconteceu com o novo Código Civil, surgido no ano seguinte em que o direito de superfície foi criado. Em 2002 é promulgado o novo Código Civil, ignorando a Lei 10.257/2001, que criara o direito de superfície. O Código Civil criou um novo tipo de propriedade, a que deu o nome de **Superfície**, regulamentando-a nos artigos 1.369 a 1.377. Essa regulamentação corresponde, mais ou menos, à do Estatuto da Cidade, instituído pela Lei 10.257/2001. O direito da superfície teve que conviver com as duas leis, enfrentando chocantes confrontos. Formou-se então um impasse: quando se aplica uma lei e quando se aplica outra! Há argumentos em defesa de uma e de outra. Existem, até mesmo, diferenças nos aspectos conceituais, se não, vejamos, partindo do conceito que lhe é dado no artigo 21 do Estatuto da Cidade:

> *O proprietário urbano poderá conceder a outrem o direito de superfície do seu terreno, por tempo determinado ou indeterminado, mediante escritura pública registrada no cartório de registro de imóveis.*

Parágrafo 1º. *O direito de superfície abrange o direito de utilizar o solo, o subsolo ou o espaço aéreo relativo ao terreno, na forma estabelecida no contrato respectivo, atendida a legislação urbanística.*

Como está redigido esse artigo, não se trata de superfície! O que se pode entender como superfície? Ao que tudo indica, é o rês do chão, conforme dá a entender sua origem etimológica latina: *super + ficie* = sobre a face. Assim sendo, superfície é a parte externa ou superior de uma coisa. No caso de um terreno a superfície é a sua extensão, ou seja, considerada no seu comprimento e largura, mas não em altura e profundidade. Tomemos como exemplo uma mesa: a superfície dela é a face, a parte externa. As pernas e as gavetas da mesa não podem ser consideradas como superfície. Assim também acontece com um imóvel, como um terreno: sua superfície é o que está sobre o solo, nunca sob o solo.

Para complicar ainda mais a situação, o novo Código Civil, que surgiu um ano depois, corrige essa imprecisão, arredando o parágrafo primeiro da Estatuto da Cidade. O artigo 1.369 dá um novo conceito à superfície, com um parágrafo, restabelecendo a verdade:

> *O proprietário pode conceder a outrem o direito de construir ou plantar em seu terreno, por tempo determinado, mediante escritura pública devidamente registrada no Cartório de Registro de Imóveis.*
> **Parágrafo único.** *O direito de superfície não autoriza obra no subsolo, salvo se for inerente ao objeto do contrato.*

Qual das disposições legais deve prevalecer? Em nossa opinião, deve ser o Código Civil e por várias razões. Em primeiro lugar, o Código Civil é lei posterior e de acordo com o parágrafo 1º do artigo 2º da Lei de Introdução ao Código Civil, de que a lei posterior revoga a lei anterior, deve-se considerar revogado o artigo 21 do Estatuto da Cidade (Lei 10.257/2001). Além disso, o Código Civil é uma lei sistêmica e está colocada em posição superior na hierarquia das leis, ante às normas subalternas.

Há um terceiro aspecto: o Código Civil é o núcleo do direito; é a espinha dorsal do direito; cabe a ele regular as normas de Direito Civil e das instituições civis. Ele está no seu papel. Não deve ser suplantado por uma lei "intrusa", vale dizer, fora do Direito Civil, a que pertence o direito de superfície.

Em resumo, diremos que o direito de superfície só atinge a superfície do terreno, e não o subsolo, a menos, como diz o parágrafo 1º do artigo 1369 "**salvo se for inerente ao objeto do contrato**". Vamos esclarecer melhor: quem constrói um prédio precisa construir os alicerces no subsolo. Os alicerces são inerentes ao prédio, como também os encanamentos. São obras inerentes ao prédio, por estarem unidas a ele, de tal maneira que não se pode separar.

De forma análoga, podemos dizer que as raízes de uma árvore são inerentes a ela, razão pela qual o direito de superfície faculta ao superficiário plantar no terreno e usar o subsolo para as raízes. O que podemos dizer de uma plantação de batata, de mandioca e outros tubérculos, em que o direito de superfície consiste em usar mais o subsolo do que o solo? Há pois exceções previstas em lei, em que o uso do subsolo é inerente à atividade do superficiário.

Se não bastasse a letra da lei, deve-se olhar também o espírito da lei, isto é, o que a lei tem como objeto, o que ela visa. A intenção desta lei está revelada no Código Civil italiano, no qual o nosso Código Civil se baseou; assim diz o artigo 952:

> Costituzione del diritto di superficie
> Il proprietário può costituire il dirito di fare e mantenere al disopra del suolo una construzione a favori di altro, che ne acquista la proprietà.
>
> *Constituição do direito de superfície*
> *O proprietário pode constituir o direito de fazer e manter em cima do solo uma construção a favor de outrem que adquire a propriedade dela.*

Diz, portanto, de forma clara: **em cima do solo,** não deixando dúvidas sobre o que seja direito de superfície: é o que está em cima do solo. Esse é o espírito da lei e o que está consubstanciado em nosso Código Civil.

Merece comentário também outra afirmação do Estatuto da Cidade: **o proprietário urbano poderá conceder o direito de superfície.** Por que só o proprietário urbano e não o rural? O sentido de "**urbano**" tem sido interpretado como sendo da cidade, pois a própria legislação brasileira fala, em diversas passagens, em "**perímetro urbano**". É o que diz a etimologia da palavra: *urbs* = cidade. Um dicionário simples da linha portuguesa traz o sentido de duas palavras: *urbe* = cidade; *urbano* = da cidade ou relativo a ela.

Para alguns juristas, o Direito das Coisas considera imóvel urbano o imóvel destinado à habitação, seja ou não no período urbano. Ao revés, o imóvel rural é o destinado à agricultura e à pecuária. Ouve-se comumente falar em **ligação telefônica interurbana**, que corresponde a de cidade a cidade. Entende-se então como proprietário urbano o proprietário de imóvel na cidade, ou seja, no perímetro urbano. Entretanto, o direito de superfície veio principalmente para ser aplicado a imóveis rurais, para evitar a ociosidade de terras produtivas, mas inexploradas para a agricultura e a pecuária.

O Código Civil não faz restrição; fala "proprietário", não especificando se urbano ou rural. Entretanto, diz que o direito de superfície é de construir ou de plantar em seu terreno, o que nos faz supor que também se aplica aos imóveis rurais, pois fazer plantações no perímetro urbano é ilógico, por uma série de motivos.

Foi detectado um problema, mas não decorrente da confusão das leis, mas da interpretação dada a elas. É sobre a responsabilidade pelos encargos e tributos incidentes sobre a propriedade superficiária. Diz o parágrafo 3º do artigo 21 que o superficiário responderá integralmente pelos encargos e tributos que incidirem sobre a propriedade superficiária, arcando, ainda proporcionalmente à sua parcela de ocupação efetiva, com os encargos e tributos sobre a área objeto da concessão do direito de superfície, salvo disposição em contrário do contrato respectivo. O Estatuto da Cidade dá às partes essa faculdade de inverter obrigação que logicamente caberia ao superficiário, já que ele é o proprietário da propriedade oriunda do direito de superfície. Não vemos eficácia nessa inversão. Um acordo entre partes privadas não pode derrogar uma lei de ordem pública: *Jus publicum privatorum partes derrogare non potest.*

Nosso Código Civil não concede essa liberalidade; o artigo 1.371 diz que o superficiário responderá pelos encargos e tributos que incidirem sobre o imóvel. É a norma, que, em nosso parecer, deve predominar. A cláusula existente em alguns contratos de concessão do direito de superfície modificando a disposição do artigo 1.371 deve ser fulminada de ilegalidade, além de atentar contra os princípios jurídicos.

Nos demais aspectos, as duas leis parecem estar concordes, não havendo divergências, o que nos leva a crer que a lei posterior, ou seja, o Código Civil, revogou as disposições anteriores. Não há necessidade de duas leis dizendo a mesma coisa. Concluímos então que pode ser considerada revogada, ou melhor, derrogada, a Lei 10.257/2001 nos artigos 21 a 24, sobrevivendo o que diz o Código Civil nos artigos 1.369 a 1.377.

Interessante é notar que o direito de superfície não foi criado em 2001, mas recriado, visto que ele nos veio do direito romano e passou pelas Ordenações do Reino, permanecendo em nosso direito. Sofreu algum desgaste em nossa legislação, até que surgiu o Código Civil de 1916, desprezando-o e levando-o ao desaparecimento, dando valor à enfiteuse, um direito real semelhante ao do direito de superfície. No início deste século, entretanto, o direito de superfície ressurge com duas leis, enquanto a enfiteuse é banida, embora conservando as milhares existentes por todo o Brasil. A nosso ver, o direito de superfície não traz muitas novidades, pois foi antecedido pela enfiteuse. É, contudo, mas ágil e dirigido à iniciativa privada, enquanto a enfiteuse era mais engessada e voltada aos imóveis públicos.

22. CONTROLE ESTATAL DO CAPITAL ESTRANGEIRO

22.1. Regulamentação e controle
22.2. Conceito de capital estrangeiro
22.3. Princípio da isonomia
22.4. Registros
22.5. Remessa de lucros
22.6. Propriedades no exterior
22.7. Disposições cambiais
22.8. Reciprocidade
22.9. Empresas multinacionais

22.1. Regulamentação e controle

É este um assunto de larga abrangência, envolvendo vários ramos do direito; nele se integra o problema da dívida externa brasileira e das multinacionais. Assunto de tamanha magnitude exige o estabelecimento de um regime jurídico e de controles que permitam ao Estado brasileiro acompanhar sua atividade econômica. Esse regime jurídico foi instituído pela Lei 4.131/62, regulamentada pelo Decreto 55.762/63 e por variada gama de normas regulamentares, como portarias, resoluções, circulares e outros atos emanados de vários órgãos, como o Ministério da Fazenda, Conselho Monetário Nacional, o INPI – Instituto Nacional de Propriedade Industrial, mas principalmente do Banco Central.

O Banco Central do Brasil – BACEN – é órgão regulador e fiscalizador do fluxo do capital estrangeiro no Brasil, graças a um setor especializado: o FIRCE – Fiscalização e Registro de Capitais Estrangeiros. Nesse órgão devem ser registrados todos os investimentos estrangeiros no Brasil, sob qualquer forma, bem como os reinvestimentos, ou seja, os lucros proporcionados pelo capital investido, que permaneceu no Brasil. Deve ser registrada também a evasão de capital no Brasil, como a remessa de lucros e a repatriação do capital. Registre-se ainda a remuneração do capital estrangeiro, como *royalties*, juros, comissões e outros pagamentos feitos com dinheiro brasileiro que toma o caminho do exterior.

O Banco Central do Brasil – BACEN – é também órgão legislador nesta área. Emite normas constantes e variadas formas de registros e controles, bem como tipos de certificados.

22.2. Conceito de capital estrangeiro

Considera-se capital estrangeiro o dinheiro pertencente a pessoas físicas e jurídicas, domiciliadas no exterior, e que entre no Brasil para aqui ser aplicado como investimento, com objetivo ou não de lucro. Nessa concepção, não se considera capital estrangeiro o dinheiro que um turista traz para gastar no país, pois ele é aplicado de forma efêmera e não-permanente. Não é, pois, obrigatório o registro de valores desse tipo.

O dinheiro investido não precisa ser em pecúnia, mas poderá ser em bens, como equipamentos industriais, navios e aviões e demais bens corpóreos. Os bens incorpóreos, como marcas e patentes, e os diversos tipos de tecnologia não se incluem nesse conceito de capital, mas podem gerar lucros que se transformam em capital estrangeiro. A transferência desses bens deverá ter uma finalidade econômica, isto é, destinar-se a incrementar a produção de bens ou serviços. O dinheiro em pecúnia é usualmente introduzido no Brasil sob a forma e empréstimos, como os aportes financeiros do BID – Banco Interamericano de Desenvolvimento, do Eximbank, de grupos de bancos como o Clube de Paris. Os investidores estrangeiros podem ser pessoas físicas ou jurídicas, desde que domiciliadas no exterior. Poderá ser de qualquer nacionalidade, até mesmo a brasileira, desde que seja domiciliada, residente ou sediada no exterior, ou seja, tenha emigrado do Brasil.

22.3. Princípio da isonomia

O artigo 2º da Lei 4.131/62 adota o princípio da isonomia, ao estabelecer que "ao capital estrangeiro que se investir no Brasil será dispensado tratamento idêntico ao concedido ao capital nacional em igualdade de condições, sendo vedadas quaisquer discriminações não previstas na presente lei". Esse princípio foi reafirmado pela Constituição Federal de 1988, no artigo 5º, ao dizer que "todos são iguais perante a lei, sem distinção de qualquer natureza, garantindo-se aos brasileiros e estrangeiros residentes no País a inviolabilidade do direito à vida, à igualdade, à segurança e à propriedade". Mais adiante, no inciso XII desse mesmo artigo de nossa Constituição que "é livre o exercício de qualquer trabalho, ofício ou profissão, atendidas as qualificações profissionais que a lei estabelecer".

Ficou claro, contudo, que a Lei 4.131/62 estabeleceu discriminações entre capital nacional e estrangeiro, inclusive regulamentando, disciplinando e definindo o que seja capital estrangeiro. Impõe a ele obrigatoriedade de registro num órgão especial do BACEN e outras exigências de que o capital nacional está isento.

Este artigo dá margem a muitas interpretações, pois é muito vago, o que faz com que outras leis criem discriminações, que se chocam com a redação deste artigo. O capital estrangeiro enfrenta sérias restrições na comercialização do petróleo; não pode se dedicar à exploração e ao aproveitamento de minerais de energia atômica e minérios de ferro, navegação de cabotagem no transporte de mercadorias, a produção de armas e munições, não pode manter empresas de navegação aérea, sendo tolerados até 20% do capital delas. Não pode manter empresas de comunicação, como jornais, rádio e TV, empresas de pesca, indústria de material bélico ou aeronáutico. Pessoas físicas e jurídicas estrangeiras não podem ter terras nas zonas fronteiriças com outros países e só em casos especiais podem adquirir imóveis rurais. Foram criados documentos e exigências para que empresas controladas por capital estrangeiro tivessem acesso a certos órgãos, ou a concorrências públicas. Uma empresa de capital estrangeiro não pode dedicar-se à vigilância, nem à manutenção de serviços de gás, nem aos transportes públicos em geral.

A regulamentação que mais agitou o relacionamento do Brasil com os demais países, mormente os EUA, é a estabelecida para a reserva de mercado da informática. A Lei 7.232/84 reservou apenas para as empresas com maioria de capital nacional a exploração desse moderno e importante ramo industrial, discriminando ainda empresas que há anos operavam no Brasil. A legislação brasileira proíbe a existência de *trading company* (companhia comercial exportadora) dominada pelo capital estrangeiro. Presentemente, desencadeiam-se em todo o Brasil campanhas para emendar a Constituição Federal no que tange a certos monopólios, como o do petróleo.

22.4. Registros

Os artigos 3º e 7º da Lei 4.131/62 formam o capítulo denominado "Do registro dos capitais, remessas e reinvestimentos", apontando a movimentação de capitais estrangeiros no Brasil, que deverão ser registrados no FIRCE. Submetem-se a esse registro todos os investimentos estrangeiros no Brasil: especificam-se os contratos de mútuo, ou seja, empréstimos de dinheiro feitos por organizações sediadas no exterior a organizações do Brasil.

Devem ser registrados também os reinvestimentos, ou seja, os lucros que o capital estrangeiro tenha obtido no Brasil, mas que aqui permaneceram. Considera a Lei como reinvestimentos as quantias que poderiam ter sido legalmente remetidas para o exterior, a título de rendimento, e não o foram, sendo aplicadas na própria empresa de que procedem ou em outro setor da economia nacional. Os reivestimentos, aplicados na própria organização portadora do capital ou em outros empreendimentos, poderão produzir lucros transferíveis ao exterior.

Não só o dinheiro que entra está submetido a registro, mas também o dinheiro que sai. Os rendimentos do capital registrado, como juros, dividendos, comissões, *royaties* e demais formas de lucro, sujeitam-se também a registro. Essa medida é natural e necessária, pois o Brasil poderá conhecer e controlar a evasão de divisas do país.

22.5. Remessa de lucros

Os artigos 8º a 16 regulam a remessa de juros, *royalties* e remuneração de assistência técnica. Assim, um contrato de empréstimo de dinheiro deverá ser feito por um contrato de mútuo, devidamente registrado no BACEN, em que constam quais serão os juros cobrados, que não poderão ser superiores aos juros praticados no mercado financeiro nacional. Qualquer valor acima da taxa vigorante poderá ser vetado pelo Banco Central ou então ser considerado como amortização de empréstimo.

As transferências de dinheiro para o exterior serão controladas pelo Banco Central, para que se mantenham de acordo com o contrato registrado. Este controle exige, pois, que todo contrato celebrado entre organização do exterior e outra do Brasil seja registrado no FIRCE, ou não será autorizada a transferência dos rendimentos. Igualmente, para que o Banco Central autorize a transferência, o investidor precisará provar o pagamento do Imposto de Renda.

Restrição importante ficou prevista no artigo 14, vedando o pagamento de *royalties* pelo uso de patentes de invenção e marcas de indústria e comércio, entre filial ou subsidiária de empresa estabelecida no Brasil e sua matriz com sede no exterior ou quando a maioria do capital da empresa no Brasil pertença ao titular do recebimento dos *royalties* no estrangeiro. Também não será permitida a dedução do Imposto de Renda, o que será escusado, pois se não há pagamento não poderia haver dedução.

Essa redução poupa muitas divisas nacionais, porquanto grande parte das empresas estrangeiras, que se instalam no Brasil, podem trazer sua tecnologia, suas patentes de invenção e marcas de indústria e comércio. Por exemplo, a Ford iria transferir divisas para sua matriz no exterior, pelo uso da marca Ford ou de seus modelos de veículos. Além disso, nenhuma empresa estrangeira iria criar modelos para seus produtos, nem criar tecnologia no Brasil ou usar marcas nacionais sem contrariar os interesses da matriz.

O artigo 15 estabelece duras sanções para qualquer empresa, sem especificar se nacional ou estrangeira, que fizer importação de mercadorias com sub ou superfaturamento na exportação ou importação. É considerada fraude aduaneira ou cambial e importará aos responsáveis a multa de até dez vezes o valor das quantias sub ou superfaturadas ou da penalidade de proibição de exportar ou importar no prazo de um a cinco anos. Considera esse artigo tais operações como fraude por ensejar a transferência ilegal de divisas ou evasão de dinheiro para fora do país. Assim, uma empresa no Brasil importa mercadorias por valor bem superior ao preço real desses bens; a diferença é então remessa disfarçada de dinheiro do Brasil para o exterior. Igualmente se uma empresa do Brasil exporta com subfaturamento, ou seja, mercadorias com valor menor do que o preço praticado no mercado internacional. Este último caso é mais difícil de acontecer, uma vez que o preço das mercadorias nacionais é conhecido.

Outras medidas nesse sentido constam de outras normas. Como os contratos de câmbio devem ser realizados por intermédio de bancos, estes também são atingidos por pesadas multas se for constatada fraude numa operação de importação ou exportação, pois a participação do banco na fraude é presumida, mesmo por desídia. Apesar de tanto rigorismo, não se evitaram fraudes. Os meios de comunicação anunciaram vultosas transferências de divisas para o exterior, no final de 1989, sob a forma de importações fictícias. Os contratos de câmbio foram realizados por um banco privado e por dois bancos estatais, o de Alagoas e do Rio de Janeiro. Foram abertos diversos inquéritos e anunciadas rigorosas medidas. Contudo, o governador de Alagoas foi eleito Presidente da República e o presidente do banco privado envolvido na fraude tornou-se depois Ministro de Estado.

22.6. Propriedades no exterior

Os artigos 17 e seguintes estabelecem disposições sobre bens que pessoas físicas e jurídicas domiciliadas no Brasil tenham no exterior. Elas deverão declarar ao Banco Central quais os bens que possuem ou que vão comprando no exterior, principalmente os depósitos bancários. Se for constatado que alguém possui depósitos bancários ou outros bens fora do Brasil, sem estarem registrados no Banco Central, serão esses bens considerados frutos de enriquecimento ilícito; poderão ser objeto de processo de busca e apreensão e repatriação para o Brasil.

É uma disposição muito séria e delicada, mas parece ter sido inócua. Quase ninguém registrou até agora depósitos de dinheiro ou aquisição de quaisquer bens no exterior. Também não se sabe se o governo brasileiro exerceu qualquer ação de busca e apreensão desses bens; não será tampouco fácil descobrir a existência deles e o exercício de ações judiciais. Tanto na Suíça como nos EUA, como em grande parte dos países, vigora o regime de sigilo bancário. A ação judicial também não é simples, porquanto a aquisição de bens e os depósitos bancários são operações realizadas em observância às leis do país em que se realizaram. Um Presidente da República, quando esteve em Portugal, declarou aos órgãos de comunicação possuir muitas propriedades naquele país: no Banco Central não havia qualquer registro dessas propriedades.

22.7. Disposições cambiais

Os artigos 23 a 36 formam capítulo das "disposições cambiais", o mais longo da Lei. É uma questão mal colocada na Lei, porquanto deveria o contrato de câmbio ser regulamentado em legislação específica e pelas normas baixadas pelos órgãos regulamentares da Lei, como o Banco Central, o DECEX, o Conselho Monetário Nacional ou o Ministério da Fazenda. Aliás, as operações de câmbio são rigidamente regulamentadas por normas mais flexíveis e minuciosamente controladas. Essas normas formam um manual denominado Consolidação das Normas Cambiais.

A Lei 4.131/62 destinou-se a regulamentar o capital estrangeiro no Brasil e ficou muito incompleta ao perder-se em questões não totalmente relevantes a este assunto. As operações de Câmbio e outras de comércio exterior são mais praticadas por empresas nacionais, sem vinculação com o capital estrangeiro; não caberiam, portanto, na regulamentação da lei em apreço. Como essas disposições atingem principalmente os bancos, caberiam mais no enquadramento do Direito Bancário.

As operações de câmbio devem ser obrigatoriamente realizadas por intermédio de bancos e encaminhadas a eles por uma corretora de títulos e valores mobiliários. Os bancos devem informar diariamente o BACEN de todas as operações cambiais, sob pena de multa. O objetivo dessa disposição é manter arquivo sobre as transferências de fundos para o exterior sempre atualizado, graças ao registro das operações. Outro objetivo é a segurança que possa o Governo obter com o resguardo que os bancos adotarão ao formalizarem as operações cambiais sob o temor de pesadas multas. Além dos bancos comerciais, são ainda envolvidas as sociedades corretoras de valores mobiliários, pois os contratos de câmbio devem ser encaminhados aos bancos pelas sociedades corretoras.

Se houver necessidade imperiosa, em vista de provável desequilíbrio no balanço de pagamentos, poderá o Governo Federal dar monopólio ao Banco do Brasil para a realização das operações de câmbio, ou impor restrições à remessa de rendimentos de capitais estrangeiros e ao pagamento de *royalties*.

22.8. Reciprocidade

Estabelece a Lei restrições à atividade dos bancos estrangeiros cuja sede esteja situada em país que adote para bancos estrangeiros restrições semelhantes. Assim, se um país não permitir a instalação de banco brasileiro em seu território, a qualquer banco desse país ficará vedado instalar agência no Brasil. Se, mesmo permitindo instalação de agência, um país adotar restrições, os bancos desse país encontrarão idênticas restrições em suas agências no Brasil. É a aplicação do princípio da reciprocidade e da equidade.

22.9. Empresas multinacionais

No problema do capital estrangeiro no Brasil integra-se também o das empresas multinacionais, também chamadas transnacionais ou simplesmente empresas estrangeiras. Não há um conceito uniforme para essas empresas e, por comodidade, iremos conceituá-las sob os critérios jurídicos de nosso direito.

Nossa legislação considera empresa brasileira aquela que for constituída de acordo com a legislação brasileira e seja registrada na Junta Comercial. Por outro lado, os artigos 1.134 a 1.141 do Código Civil de 2002 formam um capítulo denominado "Da Sociedade Estrangeira", regulamentando seu funcionamento. A sociedade estrangeira é caracterizada pelo faro de seus atos constitutivos terem sido registrados em outro país que não o Brasil e elaborados segundo a lei desse país. Este é o critério adotado. Não poderá entretanto exercer atividades no Brasil senão depois de obter autorização do Governo Federal.

Um aspecto, entretanto, é previsto pela nossa lei, que apresenta uma empresa brasileira constituída nos moldes nacionais e registrada no órgão de Registro Público de Empresas Mercantis e Atividades Afins, cujo capital esteja total ou parcialmente em nome de pessoas físicas e jurídicas domiciliadas no exterior. É o que vemos no nome de certas empresas como General Motors do Brasil, Volkswagen do Brasil, Volvo do Brasil, Mercedes Benz do Brasil e muitas outras. São empresas brasileiras, cujos atos constitutivos foram elaborados no Brasil e aqui registrados. O capital de tais empresas, entretanto, está subscrito quase totalmente por pessoas jurídicas ou físicas situadas no exterior. Nessas condições, o cérebro pensante, as decisões, o sistema de administração, o poder de voto, enfim, as diretrizes gerais, não são brasileiras. Dentro de nosso esquema, são empresas brasileiras de capital estrangeiro, vulgarmente designadas como EBCE.

O regime jurídico a que se submetem essas empresas é assunto não só importante, mas polêmico, com posições muitas vezes radicais. Doutrinariamente, contudo, a empresa estrangeira é analisada sob múltiplas formas, mas sua existência é levada em consideração. Embora seja empresa atuando normalmente no Brasil, devidamente registrada no órgão do Registro Público de Empresas Mercantis e Atividades Afins, segundo a Lei 8.934/94, considera-se empresa estrangeira se o poder de controle acionário estiver nas mãos de estrangeiro, ou seja, mais da metade do capital votante pertence a pessoas físicas e jurídicas domiciliadas no exterior. Para essa doutrina vigora o critério do domicílio e não da nacionalidade.

Modalidade especial de empresa perante o Direito Internacional é a binacional, como é o caso da Itaipu Binacional. Trata-se de uma empresa formada por capitais brasileiros e sediada no Brasil e outra por paraguaios e sediada no Paraguai. É, por isso, chamada de empresa bicéfala. Não há dúvida de que se trata de empresa multinacional ou internacional, já que sua constituição e administração estão submetidas a dois regimes jurídicos, pois seus problemas se submetem ao foro de dois países, por haver duas diretorias, uma em cada país. O parque de operações, precisamente a usina, está situado nos dois países e sua produção, segundo o Estatuto da empresa, destina-se aos dois países. É também considerada uma empresa multinacional, por ter parque de operações situado em dois países.

Outro exemplo de empresa binacional foi a formada pela inglesa Shell e a holandesa Royal Dutch, constituindo a binacional Royal Dutch Shell. Não se conhece bem a estrutura jurídica dessas empresa, mas foi constituída pela fusão de uma empresa inglesa e outra holandesa, com capitais de dois países e sua direção está sediada nos dois países.

Tem características de multinacional o tipo de empresa formada por capitais de dois países, a chamada vulgarmente *joint ventures*, sendo comum na indústria eletrônica brasileira. Forma-se normalmente com base numa empresa brasileira, em conjunto com outra estrangeira, sendo o capital constituído por ambas, e os representantes das duas participam da direção. A peculiaridade maior é a de que a empresa detém e fornece para *a joint venture* sua tecnologia avançada. É o que aconteceu com grande parte das indústrias brasileiras de material eletrônico. A empresa brasileira entra com sua estrutura, sua tradição e conceito, e seu conhecimento do mercado brasileiro; a estrangeira entra com sua tecnologia, seus produtos e renome internacional.

Para vários juristas, o que parece lógico, há diferença entre empresa multinacional ou plurinacional e empresa estrangeira. Dentro dos critérios mais adotados, uma empresa brasileira também pode ser multinacional. Para alguns, a multinacional é aquela que tem parques industriais situados em dois ou mais países. Para outros, a multinacional é uma empresa de várias nacionalidades, de acordo com a própria etimologia da palavra. Outros alegam que não há empresa multinacional, uma vez que todas elas têm uma nacionalidade, que pode ser apurada por suas origens, seus domicílios, a nacionalidade da maioria de seus acionistas e outros fatores. Assim considerando, a Mercedes Benz não é uma multinacional, mas uma empresa alemã, porquanto foi fundada na Alemanha, por alemães, e lá está sediada; lá se encontra sua diretoria; seus acionistas são, em sua maioria, alemães. O mesmo acontece com a Volkswagen. Juridicamente, a Mercedes-Benz do Brasil é uma empresa brasileira, submetida à lei do Brasil; contudo, sua principal acionista está sediada na Alemanha e detém mais de 50% de seu capital votante. É, portanto, uma EBCE, ou seja, empresa brasileira de capital estrangeiro.

23. A DEFESA DO CONSUMIDOR

- **23.1.** O Código de Defesa do Consumidor
- **23.2.** O consumidor e seus direitos
- **23.3.** A empresa-fornecedora e suas obrigações
- **23.4.** Da publicidade empresarial
- **23.5.** Das práticas abusivas
- **23.6.** Da regulamentação dos contratos
- **23.7.** Dos contratos de adesão
- **23.8.** Da desconsideração da personalidade jurídica
- **23.9.** Dos crimes contra as relações de consumo

23.1. O Código de Defesa do Consumidor

No segundo semestre de 1990, importantes eventos legislativos surpreenderam os meios jurídicos, levantando questão que pouco vinha sendo cogitada: a defesa do consumidor final de produtos e serviços. Tem seu ponto culminante na Lei 8.078/90, que adotou o **Código de Defesa do Consumidor**, segundada por outras leis, como a Lei 8.317/90 que prevê modalidades delituosas, atentatórias contra as relações de consumo. A questão já passara por algumas referências; o art. 5º-XXXII da Constituição Federal dissera que o Estado promoverá, na forma da lei, a defesa do consumidor. O art. 170 diz que a ordem econômica, fundada na valorização do trabalho humano e na livre-iniciativa, tem por fim assegurar a todos a existência digna, conforme os ditames da justiça social, observados nove princípios, entre os quais a defesa do consumidor.

Surge após uma nova legislação, que, baseada em princípios constitucionais, representa a tutela estatal aos direitos do consumidor. É mais um tema de Direito Empresarial? Ou um novo ramo do Direito Público? Olhado, porém, sob diversos prismas, sua aplicação alarga-se aos vários ramos do direito, quer público, quer privado. Em nosso parecer, é patente sua aplicação ao Direito Empresarial, ao Direito das Obrigações e outros. O novo ramo do direito regulamenta relações jurídicas estabelecidas entre dois tipos de parte: fornecedor e consumidor. O contrato básico é o de compra e venda, cujas partes chamam-se vendedor e comprador, que o Direito do Consumidor apresenta como fornecedor e consumidor, que terão matizes especiais no Código de Defesa do Consumidor.

Podemos considerar o surgimento de um novo ramo do direito, ainda a situar-se no universo jurídico. O Código de Defesa do Consumidor, ao dizer-se "código", não é consolidação de leis, como a CLT, mas um verdadeiro código, instituindo um sistema jurídico sobre determinado tipo de relações jurídicas. Não será fora de lógica a inclusão desse direito entre os dez ramos do Direito Empresarial, tendo em vista que o fornecedor de produtos e de serviços, é, principalmente, a empresa. Criou-se uma gama bem mais extensa de obrigações para a empresa, no exercício das atividades empresariais. É a empresa, a principal destinatária das novas normas.

Nos termos do Código de Defesa do Consumidor, fornecedor é toda pessoa física ou jurídica, pública ou privada, nacional ou estrangeira, bem como os entes despersonalizados, que desenvolvem atividade de produção, montagem, criação, construção, transformação, importação, exportação, distribuição ou comercialização de produtos ou prestação de serviços. Esse conceito é por demais abrangente, mas, se observarmos a concreta realidade, notaremos que há um fornecedor preponderante: a empresa.

Segundo o art. 2.082 do Código Civil italiano, é empresa quem exerce profissionalmente atividade econômica organizada para a produção de bens e de serviços. O objeto social da atividade empresarial é a produção de bens e de serviços para a venda deles, ou seja, para colocá-los no mercado consumidor. Há, portanto, nítida identificação entre a empresa e o fornecedor; os produtos e serviços produzidos pela empresa destinam-se a ser fornecidos ao mercado de consumo. Ainda que seja uma empresa pública, sua função é produzir e atender aos consumidores.

Produto é qualquer bem móvel ou imóvel, material ou imaterial. Serviço é qualquer atividade fornecida no mercado de consumo, mediante remuneração, inclusive as de natureza bancária, financeira, de crédito e securitária, salvo as decorrentes das relações de caráter trabalhista. Há, agora, indicações de empresas destinadas ao fornecimento de certos serviços. Concluímos, assim, que a empresa situa-se como principal tipo de fornecedor e as normas que o Direito do Consumidor elabora lhe são destinadas. Eis por que estamos a braços com temas específicos de Direito Empresarial.

23.2. O consumidor e seus direitos

O consumidor é toda pessoa física ou jurídica que adquire ou utiliza produtos ou serviços como destinatário final. A princípio, o consumidor é o comprador no contrato de compra e venda e também é um cliente. Sua posição, porém, apresenta características especiais que o fazem um comprador de qualidades próprias. Pode ser pessoa física ou jurídica, e nesta última classificação inclui-se ainda a empresa. Estamos, agora, em face de relações de consumo, em que o fornecedor é uma empresa e o consumidor também é uma empresa; é um relacionamento empresarial. Sendo pessoa jurídica, poderá ser ainda uma fundação, uma sociedade civil, que será uma empresa civil ou uma associação (clube, igreja, associação beneficente e outras semelhantes).

Ao que nos parece, o Código de Defesa do Consumidor procura atingir principalmente a pessoa física ou natural. Se procura tutelar a parte mais fraca, descarta a empresa, pois esta não é parte fraca e deve saber proteger-se. Para a empresa consumidora há vários sistemas de tutela, como o direito de concorrência, a repressão ao abuso do poder econômico, a regulamentação da compra e venda mercantil, descrita no Código Comercial e na normatização genérica que lhe dá o Código Civil. Chegaremos a essa conclusão na análise dos princípios estabelecidos pelo Código de Defesa do Consumidor e nos direitos assegurados ao consumidor. Por essa razão, o nosso enfoque está no fornecedor, por ser ele alvo do Direito Empresarial, nas suas obrigações.

Não podemos, entretanto, ignorar a posição do consumidor por dois motivos: um é que ele está na posição de cliente e, como tal, é a própria razão de ser da empresa. Não será demais repetir que toda empresa atua em função de sua clientela; ela se constitui para vender seus produtos no mercado consumidor, satisfazendo as necessidades de sua clientela. Vender é isso: satisfazer às necessidades dos consumidores. O segundo motivo é que o fornecedor deve saber quais os direitos de seus consumidores, que correspondem às obrigações do fornecedor. Os direitos dos consumidores estão expressos na lei, como também as obrigações do fornecedor.

Os direitos do consumidor são bem sugestivos; entre os direitos básicos estão a proteção da vida, saúde e segurança contra os riscos provocados por práticas no fornecimento de produtos e serviços considerados perigosos ou nocivos; a educação e divulgação sobre o consumo adequado dos produtos e serviços, asseguradas a liberdade de escolha e a igualdade nas contratações. Pelo teor desses direitos, constata-se que o consumidor é preponderantemente uma pessoa física, porquanto a proteção à vida, à saúde são direitos pessoais. Produtos que possam ameaçar a vida e a saúde de uma pessoa são geralmente os ingeridos pelo organismo humano, como remédios, bebidas e produtos alimentícios.

O consumidor deve receber a informação adequada e clara sobre os diferentes produtos e serviços, com especificação correta de quantidade, características, composição, qualidade e preço, bem como os riscos que apresentam; não estabelece a lei os parâmetros dessa informação, mas os produtos que oferecem riscos, como gases, fertilizantes e outros produtos químicos devem chegar às mãos do consumidor em recipientes seguros e com as instruções bem claras quanto ao uso e manuseio.

23.3. A empresa-fornecedora e suas obrigações

Os produtos e serviços colocados no mercado de consumo não acarretarão riscos à saúde ou à segurança dos consumidores, exceto os considerados normais e previsíveis em decorrência de sua natureza e fruição, obrigando-se os fornecedores, em qualquer hipótese, a dar informações necessárias e adequadas a seu respeito.

Em se tratando de produto industrial, ao fabricante cabe prestar as informações a que se refere este artigo, por meio de impressos apropriados que devam acompanhar o produto.

Ampla é a gama de obrigações impostas ao fornecedor, dando a impressão de que o Código de Defesa do Consumidor veio como um estatuto para ele, visando a restringir seus poderes. Essa impressão é falha, pois as empresas sérias já observam essas restrições e exercem rígido controle de qualidade de seus produtos; esmeram-se em deixar bem esclarecidos seus consumidores, inclusive com treinamento especial. Longa é a regulamentação de suas responsabilidades, cobertas pelos arts. 8º ao 24, extensos e explícitos, formando um capítulo denominado "Da qualidade de Produtos e Serviços, da Prevenção e Reparação de Danos". Essa responsabilidade está distribuída em três aspectos primordiais: quanto à saúde e segurança do consumidor final; quanto aos danos causados ao consumidor por fatos dos produtos fabricados e vendidos; quanto aos danos causados por vícios dos produtos.

A obrigação da empresa-fornecedora no tocante à saúde e segurança do consumidor é o polo oposto dos direitos do consumidor, já expostos. Consta de obrigações impostas para que a empresa-fornecedora zele pela qualidade dos produtos delicados à saúde e segurança da clientela, como é o caso de remédios e outros produtos farmacêuticos, semi-industrializados e *"in natura"*.

Conforme acaba de ser dito, as organizações sérias vêm atendendo a essas exigências, antes que a lei fosse promulgada. Assim, a bula dos remédios trazem advertência quanto aos efeitos colaterais deles, o prazo de validade, aponta às pessoas que não devem fazer uso daqueles remédios, ou recomendam a consulta médica antes de consumi-los. Numerosos produtos alimentícios trazem o prazo de validade, ou então, como o leite, a data da extração.

O fornecedor de produtos e serviços potencialmente nocivos ou perigosos à saúde ou segurança deverá informar, de maneira ostensiva e adequada, a respeito da sua nocividade ou periculosidade, sem prejuízo da adoção de outras medidas cabíveis em cada caso concreto. É o caso, por exemplo, do fornecimento de fertilizantes e pesticidas, principalmente os de fumigação; na embalagem do produto e em manual de instruções deverá haver indicação da quantidade a ser aplicada, e o aplicador deverá usar máscara ou luvas, lavar-se após a aplicação e outros cuidados. Algumas empresas costumam dar treinamento aos clientes que usam produtos dessa natureza.

O fornecedor não poderá colocar no mercado de consumo produto ou serviço que sabe ou deveria saber apresentar alto grau de nocividade ou periculosidade à saúde ou segurança. O fornecedor de produtos e serviços que, posteriormente à sua introdução no mercado de consumo, tiver conhecimento da periculosidade que apresentem, deverá comunicar o fato imediatamente às autoridades competentes e aos consumidores, mediante anúncios publicitários; esses anúncios publicitários serão veiculados na imprensa, rádio e televisão, às expensas do fornecedor do produto ou serviço. Trata-se aqui de proibição de produtos que ultrapassam os limites de nocividade e periculosidade. Não podem eles ser colocados à venda. Em nossa opinião, fogos de artifício estão compreendidos nesta hipótese; no carnaval são utilizados produtos nocivos e perigosos, como lança-perfume e "sangue de diabo". A proibição envolve até mesmo produtos que já estejam no mercado e se revelaram inconvenientes, devendo ser retirados de circulação.

A responsabilidade pelo fato do produto ou serviço é outro aspecto importante da nova lei. Essa responsabilidade exige que eles tenham as qualidades apregoadas, ou tenham a segurança devida, ou seja, que sejam de boa qualidade quando forem apontadas na propaganda ou manual de instruções as virtudes louváveis. O produto não é considerado defeituoso pelo fato de outro produto ser colocado à venda e for de melhor qualidade, mas quando apresenta defeitos de má fabricação. O fabricante, o produtor, o construtor, nacional ou estrangeiro e o importador respondem, independentemente de culpa, pela reparação dos danos causados aos consumidores por defeitos decorrentes de projeto, fabricação, construção, montagem, fórmulas, manipulação, apresentação ou acondicionamento de seus produtos, bem como por informações insuficientes ou inadequadas sobre sua utilização e riscos. O produto é defeituoso quando não oferece a segurança que dele legitimamente se espera, levando-se em consideração as circunstâncias relevantes, entre as quais sua apresentação, o uso e os riscos que razoavelmente dele se esperam; a época em que foi colocado em circulação.

Ao falar em fornecedor, a lei não especifica se é o fabricante ou o distribuidor final. No caso de remédio, por exemplo, responsável será o fabricante ou a farmácia que o vendeu? Segundo a lei dá a entender que será o laboratório que o fabricou. Casos há de remédios manipulados na própria farmácia; nesse caso, a farmácia assume a posição de fabricante. Contudo, com respeito à responsabilidade pelo fato do produto e do serviço, o revendedor ou comerciante varejista é igualmente responsável com o fabricante, quando este, o construtor ou o importador, não puderem ser identificados; se o produto for fornecido sem identificação clara do seu fabricante, produtor, construtor ou importador; ou então, se não conservar adequadamente os produtos perecíveis.

Passemos agora para o segundo tipo de responsabilidade, ou seja, a responsabilidade por vício do produto e do serviço. Essa responsabilidade é mais radical do que a do fato do produto ou serviço. O vício é uma deficiência mais profunda do que o defeito. Para o efeito da relação de consumo, ou seja, a relação jurídica que se forma entre fornecedor e consumidor, o Código de Defesa do Consumidor regulamenta os vícios redibitórios, previstos nos arts. 1.101 a 1.106 do Código Civil. Nesses artigos, o fornecedor é chamado de alienante e o consumidor de adquirente. Os fornecedores de produtos de consumo duráveis respondem solidariamente pelos vícios de qualidade ou quantidade que os tornem impróprios ou inadequados ao consumo a que se destinam ou lhes diminuem o valor, assim como por aqueles decorrentes da disparidade, com as indicações constantes do recipiente, da embalagem, rotulagem ou mensagem publicitária, respeitadas as variações decorrentes de sua natureza, podendo o consumidor exigir a substituição das partes viciadas.

Os vícios da coisa fornecida, o vício redibitório, é um defeito oculto na coisa, que a torna imprópria ou inadequada ao consumo, ou, então, diminui sensivelmente o valor da coisa. Aliás, a compreensão do vício redibitório pode ser extraída do art. 1.101 do Código Civil:

A coisa recebida em virtude de contrato comutativo pode ser enjeitada por vícios e defeitos ocultos, que a tornem imprópria ao uso a que é destinada, ou lhe diminuam o valor.

Vê-se, pois, que o vício redibitório apresenta certos requisitos: a) que no momento da venda eles já existam, embora sejam ocultos a ponto de não serem notados em exame comum; b) que eles sejam graves, a ponto de tornar o produto imprestável ou desvalorizá-lo sensivelmente; c) que o produto viciado tenha chegado às mãos do consumidor em vista de um contrato comutativo. Comutativo é o contrato de prestações recíprocas, como o de compra e venda, em que ambas as partes têm obrigações a cumprir, uma para com a outra. Se for constatado o vício, o consumidor (quando se fala em consumidor, nos termos do código, entenda-se o consumidor final) poderá exigir sua correção ou saneamento, que deverá ser feito no prazo de 30 dias. Se o vício não for sanado nesse prazo, o consumidor poderá acionar judicialmente a empresa-fornecedora, sendo-lhe facultada a opção por uma dessas três hipóteses:

I. A substituição do produto por outro da mesma espécie, em perfeitas condições de uso;
II. A restituição imediata da quantia paga, monetariamente atualizada, sem prejuízo de eventuais perdas e danos;
III. O abatimento proporcional do preço.

Considera-se na mesma situação de vício do produto o conteúdo inferior do anunciado. Por exemplo: os rolos de papel higiênico devem ter 40 metros de comprimento; todavia, um fabricante passou a fabricar esse produto com 36 metros, isto é, com 10% a menos. O consumidor final dificilmente notará essa diferença. Outra ocorrência já observada: uma indústria de chocolates colocou no mercado uma caixa de bombons, mas dentro da caixa havia muita palha e poucos bombons. Nesse caso, os fornecedores, ou seja, o fabricante e o vendedor final, como um supermercado, respondem solidariamente pela fraude. Deverá esse supermercado que tiver vendido a caixa de bombons responder perante seu freguês e chamar à responsabilidade seu fornecedor. Os fornecedores respondem solidariamente pelos vícios de quantidade do produto sempre que, respeitadas as variações decorrentes de sua natureza, seu conteúdo líquido for inferior a indicações constantes do recipiente, da embalagem, rotulagem ou de mensagem publicitária, podendo o consumidor exigir, alternativamente e à sua escolha:

    I. O abatimento proporcional do preço;
    II. Complementação do peso ou medida;
    III. A substituição do produto por outro da mesma espécie, marca ou modelo, sem os aludidos vícios;
    IV. A restituição imediata da quantia paga, monetariamente atualizada, sem prejuízo de eventuais perdas e danos.

23.4. Da publicidade empresarial

Procura a legislação que rege as relações de consumo restringir a propaganda, de tal modo que não induza em erro o consumidor final. Segundo os arts. 86 a 91 do Código Civil, o erro é um vício do ato jurídico capaz de levá-lo à nulidade. A nova lei estabelece algumas formas de elaboração de erro: são as criadas pela propaganda enganosa e abusiva. As novas normas visam a cobrar os abusos constantes. Um conhecido jogador de futebol fazia propaganda de cigarro, dizendo que o produto trazia vantagem em tudo, inclusive carros e mulheres bonitas. Outros anúncios prometeram verdadeiros absurdos proporcionados pelos produtos anunciados.

Impõe agora a lei mensagens publicitárias mais autênticas e comedidas. A publicidade deve ser veiculada de tal forma que o consumidor, fácil e imediatamente, a identifique como tal. O fornecedor, na publicidade de seus produtos ou serviços, manterá, em seu poder, para informação dos legítimos interessados, os dados fáticos, técnicos e científicos que dão sustentação à mensagem. Ficou também proibida toda publicidade enganosa e abusiva.

É enganosa qualquer modalidade de informação ou comunicação de caráter publicitário, inteira e parcialmente falsa, ou, por qualquer outro modo, mesmo por omissão, capaz de induzir em erro o consumidor a respeito da natureza, característica, qualidade, quantidade, propriedades, origem, preço, e quaisquer outros dados sobre produtos e serviços, ou quando deixar de informar sobre dado essencial do produto ou serviço.

É abusiva, dentre outras, a publicidade discriminatória de qualquer natureza, a que incite à violência, explore o medo ou a superstição, se aproveite da deficiência de julgamento e experiência da criança, desrespeita valores ambientais, ou que seja capaz de induzir o consumidor a se comportar de forma prejudicial ou perigosa à sua saúde ou segurança.

Essas normas reprimem a publicidade oculta ou dissimulada, como a subliminar, de efeitos nocivos à opinião costumeira. Vigora o princípio da identificação publicitária: a intenção promocional da empresa-fornecedora deve ser direta, frontal, persuasiva e evidente. Choca-se contra esse princípio o da identificação publicitária, adotado pelo Código de Defesa do Consumidor, a propaganda redacional, ou seja, publicada pela imprensa como se fosse um artigo ou um noticiário, sem constar que seja feito "a pedidos" de quem anunciar.

23.5. Das práticas abusivas

Afora a propaganda abusiva, a lei reprime também certas práticas abusivas, para forçar a venda de produtos, contrariando as necessidades do consumidor. O primeiro abuso é condicionar o fornecimento de produto ou de serviço ao fornecimento de outro produto ou serviço, bem como, sem justa causa, a limites quantitativos. É o exemplo que acontece comumente: na época de calor, em que cresce o consumo de cerveja, as cervejarias só fornecem esse produto se for acompanhado de refrigerantes. Outras empresas, de diversos ramos, adotam também essa medida: só vendem o "filé mignon" se for acompanhado de "ossos".

A segunda prática condenada legalmente é recusar atendimento às demandas dos consumidores, na exata medida de suas disponibilidades de estoque, e, ainda, de conformidade com os usos e costumes. Não poderá, então, uma empresa estabelecer discriminação entre a sua clientela. Se coloca mercadorias à venda em veículos de comunicação, o vendedor renuncia à escolha de seu oblato. Desde que um potencial adquirente da mercadoria ofertada atenda às condições de venda, está obrigado o policitante a vender. Se o fornecedor de produtos ou serviços recusar cumprimento à oferta, apresentação ou publicidade, o consumidor poderá, alternativamente e à sua livre escolha:

    I. Exigir o cumprimento forçado da obrigação, nos termos da oferta, apresentação ou publicidade;

    II. Aceitar outro produto ou prestação de serviços equivalente;

    III. Rescindir o contrato, com o direito à restituição de quantia eventualmente antecipada, monetariamente atualizada, e a perdas e danos.

A oferta deve ser clara; se não o for, mesmo assim, obriga o ofertante, e a oferta confusa representa prática empresarial condenada pela lei. Toda informação ou publicidade, suficientemente precisa, veiculada por qualquer forma ou meio de comunicação com relação a produtos e serviços oferecidos ou apresentados, obriga o fornecedor que a fizer veicular ou dela se utilizar e integra o contrato que vier a ser celebrado (art. 30). A oferta e apresentação de produtos ou serviços devem assegurar informações corretas, claras, precisas, ostensivas e em língua portuguesa sobre suas características, qualidades, quantidade, composição, prazo, garantia, prazos de validade e origem, entre outros dados, bem como sobre os riscos que apresentam à saúde e à segurança dos consumidores.

Constitui, ainda, prática abusiva prevalecer-se da fraqueza ou ignorância do consumidor, tendo em vista sua idade, saúde, conhecimento ou condição social, para impingir-lhe seus produtos ou serviços. Podemos incluir neste preceito exigir do consumidor vantagem manifestamente excessiva e executar serviços sem a prévia elaboração de orçamento e autorização expressa do consumidor, ressalvadas as decorrentes de práticas anteriores entre as partes. Essas práticas casam-se em parte com o abuso do poder econômico. Sendo o consumidor considerado a parte mais fraca, incorre em prática abusiva a empresa que usa do fraco poder de barganha do consumidor, para forçá-lo à compra.

Diz o art. 34 que o fornecedor do produto ou serviço é solidariamente responsável pelos atos de seus prepostos ou representantes autônomos. Esse artigo confirma o que, desde 1850, dispusera o art. 75 do Código Comercial. Não poderá, portanto, a empresa fornecedora alegar ter agido como seu vendedor, representante comercial autônomo, gerente ou qualquer outro preposto, com excesso de poderes. Assumirá as obrigações assumidas por eles, tendo sobre eles o direito de regresso.

23.6. Da regulamentação dos contratos

O Código de Defesa do Consumidor criou praticamente um novo direito, que hoje cresce e se desenvolve, reunindo elementos do direito contratual, do Direito Público e vários outros. Assimilou de diversos ramos do direito vários institutos, complementando-se e amoldando-se às novas relações jurídicas descritas pelo novel ramo do direito. No capítulo denominado "Da Proteção Contratual", o Código de Defesa do Consumidor traça normas reguladoras dos contratos que regem as relações de consumo. Não podemos dizer que tenha criado um direito contratual peculiar, nem contratos novos. São os mesmos contratos tradicionais, que adquirem novos matizes.

O contrato predominante é o de compra e venda, o mesmo regulamentado pelo Código Comercial e pelo Código Civil. Doutrinariamente, o contrato de prestação de serviços é também um contrato de compra e venda, em que a *"res"* é uma atividade exercida pelo vendedor e não uma coisa. O contrato de prestação de serviços até agora desconhecido pelo nosso direito passa a ser, com o Código de Defesa do Consumidor, um contrato típico ou nominado. A lei define as partes desse *"consensus"*, como fornecedor e consumidor, define qual a *"res"*, e estabelece normas sobre o *"pretium"*. Por diversas vezes fala nesse contrato e regulamenta suas cláusulas. Não há dúvida de que reconhece um contrato típico, com nome, aplicação e regulação bem definida. Embora seja proclamado como contrato de relações de consumo, vale dizer, em que o comprador seja o consumidor final, poderá, por analogia, ser aplicado aos outros contratos não compreendidos pelo Código de Defesa do Consumidor.

Os contratos que regulam as relações de consumo não obrigarão os consumidores, se não lhes for dada a oportunidade de tomar conhecimento prévio de seu conteúdo, ou se os respectivos instrumentos foram redigidos de modo a dificultar a compreensão de seu sentido e alcance. As cláusulas contratuais serão interpretadas de maneira mais favorável ao consumidor. As declarações de vontade constantes de escritos particulares, recibos e pré-contratos relativos às relações de consumo vinculam o fornecedor, ensejando inclusive execução específica. O consumidor pode desistir do contrato, no prazo de 7 dias a contar de sua assinatura ou do ato de recebimento do produto ou serviço, sempre que a contratação de fornecimento de produtos e serviços ocorrer fora do estabelecimento comercial, especialmente por telefone ou em domicílio. Se o consumidor exercitar o direito de arrependimento, os valores eventualmente pagos, a qualquer título, durante o prazo de reflexão, serão devolvidos, de imediato, monetariamente atualizados.

A garantia contratual é complementar à legal e será conferida mediante termo escrito. O termo de garantia ou equivalente deve ser padronizado e esclarecer, de maneira adequada, em que consiste a mesma garantia, bem como a forma, o prazo e o lugar em que pode ser exercida e os ônus a cargo do consumidor, devendo ser-lhe entregue, devidamente preenchido pelo fornecedor, no ato do fornecimento, acompanhado de manual de instrução, de instalação e uso do produto em linguagem didática, com ilustrações.

Em três longos artigos, de nos 51, 52 e 53, declara a nulidade de cláusulas contratuais leoninas, a fim de colocar as partes dos contratos e condições de igualdade. Assim, não poderá o contrato ter cláusulas, entre outras, que impossibilitem, exonerem ou atenuem a responsabilidade do fornecedor por vícios de qualquer natureza dos produtos e serviços ou impliquem renúncia de direitos. Nas relações de consumo entre o fornecedor e o consumidor-pessoa jurídica, a indenização poderá ser limitada, em situações justificáveis. Aplica-se, neste caso, o princípio de que não pode um pacto entre partes derrogar uma lei de ordem pública (*Jus publicum privatorum pactis non potest*).

Também são vetadas cláusulas em contrato de relação de consumo que subtraiam ao consumidor a opção de reembolso da quantia paga, nos casos previstos no Código de Defesa do Consumidor; que transfiram responsabilidade a terceiros; que estabeleçam obrigações consideradas iníquas, abusivas, que coloquem o consumidor em desvantagem exagerada, ou sejam incompatíveis com a boa-fé ou a equidade; que estabeleçam inversão do ônus da prova em prejuízo do consumidor; deixem ao fornecedor a opção de concluir ou não o contrato, embora obrigando o consumidor; permitam ao fornecedor, direta ou indiretamente, variação do preço de maneira unilateral; autorizem o fornecedor a cancelar o contrato unilateralmente, sem que igual direito seja concedido ao consumidor; obriguem o consumidor a ressarcir os custos de cobrança de sua obrigação sem que igual direito lhe seja conferido contra o fornecedor; autorizem o fornecedor a modificar unilateralmente o conteúdo ou qualidade do contrato, após sua celebração; infrinjam ou possibilitem a violação de normas ambientais; estejam em desacordo com o sistema de proteção ao consumidor; possibilitem a renúncia do direito de indenização por benfeitorias necessárias.

Vimos por essa extensa normatização das cláusulas contratuais que ela repousa em quatro princípios fundamentais:

- **Equidade:** Procurando colocar as duas partes contratantes em pé de igualdade, declarando nulo o contrato leonino;
- **Irrenunciabilidade de direitos:** Anulando cláusulas em que o consumidor abra mão de seus direitos assegurados pela lei;
- **Transparência:** Não só os contratos, mas também as cláusulas contratuais devem se revestir de maior transparência, clareza e lealdade;
- **Interpretação pró-consumidor:** Qualquer propaganda dúbia, cláusula contratual ambivalente ou qualquer confusão provoca sempre a interpretação em prol do consumidor.

23.7. Dos contratos de adesão

Inovação sugestiva e avançada do Código de Defesa do Consumidor foi o reconhecimento do contrato de adesão. Esse tipo de contrato tem sido considerado pelo direito de vários países, e há tempos entrara no Código de alguns países, como a Holanda e a Etiópia. O Código Civil italiano dedica-lhe dois artigos, regulamentando, porém, um contrato semelhante, chamado de "contrato celebrado mediante módulo ou formulário", no art. 1.342.

Contrato de adesão, no dizer do art. 54, é aquele cujas cláusulas tenham sido aprovadas pela autoridade competente ou estabelecidas unilateralmente pelo fornecedor de produtos ou serviço, sem que o consumidor possa discutir ou modificar substancialmente seu conteúdo. A inserção de cláusula no formulário não desfigura a natureza de adesão do contrato. Nos contratos de adesão admite-se cláusula resolutória, desde que alternativa, cabendo a escolha ao consumidor. Os contratos de adesão escritos serão redigidos em termos claros e com caracteres ostensivos e legíveis, de modo a facilitar sua compreensão pelo consumidor. As cláusulas que implicarem limitação de direito do consumidor deverão ser redigidas com destaque, permitindo sua imediata e fácil compreensão.

Daqui por diante, o contrato de adesão passa a ser no direito brasileiro um contrato típico, nominado, reconhecido pela lei, que lhe traça algumas normas básicas. Está ele em grande desenvolvimento e aplicação, porquanto facilita as operações em massa. Os contratos de prestação de serviços de natureza bancária, financeira, de crédito e securitária são geralmente desse tipo. Se alguém quiser celebrar um contrato bancário, assina um formulário impresso com todas as cláusulas elaboradas pelo banco, que o cliente aceita ou rejeita em bloco; não há discussão sobre as cláusulas. O gerente do banco, via de regra, não está autorizado a discutir e modificar as cláusulas. O mesmo acontece com um contrato de seguros.

São incluídas no contrato de adesão as cláusulas particulares, com o nome do contratante, o valor da operação e os prazos.

É possível a inclusão ou supressão de alguma cláusula no formulário; a inserção dessa cláusula solitária não desfigura o contrato como sendo de adesão. Adotou o Código o nome de "contrato de adesão", embora a maioria dos modernos juristas brasileiros julguem mais apropriada a designação de "contrato por adesão", tomando por base que o contrato se completa "pela" adesão do contratante mais fraco. As exigências acima expostas atingem a maioria dos contratos de adesão atualmente em uso. Veja-se, por exemplo, uma passagem aérea: as cláusulas principais do contrato de transporte de pessoas são impressas em caracteres minúsculos, quando não em inglês. Referimo-nos às cláusulas mais importantes como sendo as que estabelecem as obrigações mais sérias.

23.8. Da desconsideração da personalidade jurídica

No segundo semestre de 1990, importantes eventos legislativos surpreenderam os meios jurídicos, levantando o problema da defesa do consumidor. A questão trouxe ainda para a legislação brasileira inovações igualmente surpreendentes, como a instituição do contrato de adesão. Outra novidade surpreendente foi também a teoria da despersonalização da pessoa jurídica. Esta teoria surgiu nos EUA com o nome de *"disregard theory"*, ou *"disregard of legal entity"*, em decorrência de certos acontecimentos, mormente o caso da Salomon Brothers, julgado pela justiça inglesa, mas com ampla repercussão nos EUA. Levantou-se com esse caso o artifício de pessoas que se utilizam de sua empresa para auferir lucros ilícitos em detrimento de outrem, deixando os prejuízos para a empresa insolvente e o lucro para os sócios dela.

Rompe essa teoria a tradicional consideração de que a pessoa jurídica tem existência, personalidade e patrimônio distintos dos respectivos dos sócios que a compõem, havendo, pois, separação entre os direitos e obrigações peculiares a cada um. Após o escândalo da Salomon Brothers, os tribunais norte-americanos adotaram a extensão da responsabilidade dos sócios ou diretores, por atos praticados pela sociedade que dirigem, e pela qual eram responsáveis.

A "*disregard theory*" foi acolhida pelo direito de alguns países europeus, mas, no Brasil, encontrou sérias resistências ante as disposições do art. 20 do Código Civil e outras normas reguladoras das sociedades. Tardiamente, com o Código de Defesa do Consumidor, a desconsideração da personalidade jurídica encontrou guarida em nosso direito. Pelo art. 28, o juiz poderá desconsiderar a personalidade jurídica da sociedade quando, em detrimento do consumidor, houver abuso de direito, excesso de poder, infração da lei, fato ou ato ilícito ou violação dos estatutos ou contrato social. A desconsideração também será efetivada quando houver falência, estado de insolvência, encerramento ou inatividade da pessoa jurídica provocados por má administração. Também poderá ser desconsiderada a pessoa jurídica sempre que sua personalidade for, de alguma forma, obstáculo ao ressarcimento de prejuízos causados aos consumidores.

Às vezes, entretanto, pode ser sócia de uma empresa uma outra empresa, existindo empresas que se interligam de várias formas, como as sociedades coligadas, controladas e controladoras. Coligadas são as empresas em que uma participa do capital da outra, com 10% ou mais, sem contudo exercer o controle. Controladora, por sua vez, é aquela que participa do capital da outra, de forma tão preponderante, que adquire o poder de direção da controlada; nomeia e destitui os dirigentes e lhe traça os destinos.

O consórcio é também um grupo de empresas, mas sem exigir a participação no capital umas das outras. Várias empresas, sejam elas controladoras e controladas, ou não, podem constituir um "*pool*", um consórcio de empresas para executar determinado empreendimento. É o que acontece geralmente com as grandes obras públicas, em que se forma um consórcio de várias empresas, cada uma entrando com sua especialização técnica. O consórcio não é uma nova empresa, não tendo, pois, personalidade jurídica. Perante o Código de Defesa do Consumidor, as empresas que fazem parte do consórcio são solidariamente responsáveis pelas obrigações que o consórcio assumir. A solidariedade se impõe, tendo em vista que o consórcio é uma convenção, aproximando-se de uma sociedade de fato e nesta os dirigentes respondem por ela solidariamente.

As sociedades integrantes dos grupos societários e as sociedades controladas são subsidiariamente responsáveis pelas obrigações decorrentes do Código de Defesa do Consumidor. Se assim não fosse, poderia haver fraude, pois uma sociedade poderia assumir compromissos, transferindo, depois, os direitos para outra controlada, desfalcando, assim, as garantias de seus consumidores. Quanto às sociedades coligadas, elas só responderão por culpa.

23.9. Dos crimes contra as relações de consumo

No título II, denominado "Das Infrações Penais", o Código de Defesa do Consumidor capitula como crime contra as relações de consumo 14 práticas abusivas praticadas pelo fornecedor. Aponta, inclusive, circunstâncias agravantes, como ser o crime praticado em época de grave crise econômica ou por ocasião de calamidade; ocasionarem grave dano individual ou coletivo; dissimularem a natureza ilícita do procedimento; ou, então, se forem praticados em operações que envolvam alimentos, medicamentos ou quaisquer outros produtos ou serviços essenciais.

Possuem *"legitimatio ad causam"* não só o consumidor lesado, como o Ministério Público e as entidades públicas e privadas, constituídas para a defesa do consumidor. As penas são variadas, entre detenção e multa, impostas cumulativa ou alternadamente, além da possibilidade de interdição de direitos, publicação em órgãos de comunicação de grande circulação ou audiência, às expensas do condenado, de notícia sobre os fatos e a condenação, ou ainda, a prestação de serviços à comunidade.

Os artigos 63 a 74 apontam os crimes contra as relações de consumo e as penas variadas, a saber:

1. Omitir dizeres ou sinais ostensivos sobre a nocividade ou periculosidade de produtos, nas embalagens, nos invólucros, recipientes ou publicidade;
2. Deixar de alertar, mediante recomendações escritas ostensivas, sobre a periculosidade do serviço a ser prestado;

3. Deixar de comunicar à autoridade competente e aos consumidores a nocividade ou periculosidade de produtos cujo conhecimento seja posterior à sua colocação no mercado;
4. Deixar de retirar do mercado, imediatamente, quando determinado pela autoridade competente, os produtos nocivos ou perigosos;
5. Executar serviço de alto grau de periculosidade, contrariando determinações de autoridade competente;
6. Fazer afirmação falsa ou enganosa, ou omitir informação sobre a natureza, característica, qualidade, quantidade, segurança, desempenho, durabilidade, preço e garantia de produtos ou serviços; inclui-se também quem patrocinar a oferta;
7. Fazer ou promover publicidade que sabe ou deveria saber ser enganosa ou abusiva;
8. Fazer ou promover publicidade que sabe ou deveria saber ser capaz de induzir o consumidor a se comportar de forma prejudicial ou perigosa à sua saúde ou segurança;
9. Deixar de organizar dados fáticos, técnicos e científicos que dão base à publicidade;
10. Empregar, na reparação de produtos, peças ou componentes de reposição usados, sem autorização do consumidor;
11. Utilizar, na cobrança de dívidas, de ameaça, coação, constrangimento físico ou moral, afirmações falsas, incorretas ou enganosas ou de qualquer outro procedimento que exponha o consumidor, injustificadamente, a ridículo ou interfira com seu trabalho, descanso ou lazer;
12. Impedir ou dificultar o acesso do consumidor à informação constante de cadastro, banco de dados, fichas ou registros sobre ele;
13. Deixar de corrigir imediatamente informação sobre consumidor constante de cadastro, banco de dados, fichas e registros que sabe ou deveria saber ser inexata;
14. Deixar de entregar ao consumidor o termo de garantia adequadamente preenchido e com especificação clara de seu conteúdo.

Quem, de qualquer forma, concorrer para os crimes referidos no Código, ou seja, as 14 espécies acima citadas, incide nas penas a esses cominadas na medida de sua culpabilidade, bem como o diretor, administrador ou gerente da pessoa jurídica que promover, permitir ou por qualquer modo aprovar o fornecimento ou a oferta e prestação de serviços nas condições proibidas pelo Código. Há um aspecto duvidoso no Código, que necessita de ser esclarecido: ao falar em gerente, será o sócio-gerente ou um gerente empregado? Julgamos que se refira ao sócio-gerente, pois estão enumerados empresários de várias categorias: diretor, administrador e gerente. O gerente de uma empresa não é empresário e por isso seu trabalho é dirigido pelo empresário. É deveras delicado fazer um empregado assumir responsabilidades próprias de um empresário, pois "a corda arrebenta sempre do lado mais fraco". Julgamos também estranha a obrigação de o fornecedor revelar ao consumidor o que consta sobre ele em seu cadastro. Um banco que conceda crédito a um cliente mantém uma ficha cadastral desse cliente, com dados confidenciais, que só ao banco deve interessar, ficando constrangido em ter que revelar ao cliente o que consta a respeito dele.

24. INTERVENÇÃO DO ESTADO NO ABASTECIMENTO DE GÊNEROS

24.1. As razões da intervenção
24.2. Os produtos confiscados
24.3. A distribuição dos gêneros
24.4. O preço dos gêneros
24.5. Os crimes contra o abastecimento

24.1. As razões da intervenção

Conceituamos o Direito Econômico como o ramo do direito público que regulamenta os mecanismos reguladores do mercado, a fim de dar ao Estado os instrumentos necessários para intervir no domínio econômico, com o objetivo de obter a justiça social, baseado nos princípios apontados no artigo 170 de nossa Constituição. Essa intervenção se dá diretamente quando o Estado assume as vestes de **agente econômico**, operando como se fosse uma empresa. Todavia, o Estado pode intervir indiretamente, como agente normativo e regulador da atividade econômica, conforme preconiza o artigo 174. Como agente normativo, ele promulga leis regulando o mercado, quando este apresenta distorções prejudiciais à economia do país e ao bem-estar social.

Examinaremos agora um caso específico, que provocou o surgimento da Lei Delegada 4/62, dispondo sobre a intervenção no domínio econômico para assegurar a livre distribuição de produtos necessários ao consumo do povo. A União fica autorizada a intervir no domínio econômico para assegurar a livre distribuição de mercadorias e serviços essenciais ao consumo e uso do povo. A intervenção se processará também para assegurar o suprimento dos bens necessários às atividades agropecuárias, da pesca e indústrias do País.

As razões dessa medida são evidentes: é evitar a carestia, a privação de produtos essenciais à vida digna, conforme os ditames da justiça social. Constitui até mesmo problema de segurança nacional, pois a carestia causa agitações sociais, como acontece na Revolução Francesa e na Revolução Bolchevista na Rússia. Os detentores do poder econômico açambarcaram os gêneros de primeira necessidade, sublevando a população de forma violenta.

24.2. Os produtos confiscados

Essa intervenção consistirá na compra, armazenamento, distribuição e venda de gêneros e produtos alimentícios, gado vacum, suíno, ovino e caprino, destinados ao abate, aves e pescados próprios para alimentação, bem como medicamentos. Todavia, a lista de produtos foi mais extensa, incluindo-se tecidos e calçados de uso popular; instrumentos e ferramentas de uso individual; máquinas, inclusive caminhões, jipes, tratores, conjuntos motomecanizados e peças sobressalentes, destinadas às atividades agropecuárias; arames farpados e lisos, quando destinados a emprego nas atividades rurais; artigos sanitários e artefatos industrializados, de uso doméstico; cimento e laminados de ferro, destinados à construção de casas próprias, de tipo popular, e as benfeitorias rurais; produtos e materiais indispensáveis à produção de bens de consumo popular. Não podem ser desapropriados os animais de serviços ou destinados à reprodução. Pode parecer estranha a presença de certos produtos não alimentícios, como caminhões. Entretanto, caminhões são necessários para o transporte de gêneros; arame farpado e liso é necessário para o confinamento de gado.

A aquisição de mercadorias e serviços far-se-á no País ou no estrangeiro, quando insuficiente a produção nacional; a venda, onde verificar a escassez.

24.3. A distribuição dos gêneros

Os produtos adquiridos por compra ou desapropriação devem ser vendidos aos consumidores por meio de empresas especializadas, organismos federais, estaduais e municipais, como o CEASA e a CIBRAZEM. Podem ser também vendidos por entidades privadas, de comprovada idoneidade. Nessas operações não serão permitidas discriminações de caráter geográfico ou de grupos e pessoas, dentro do mesmo setor de produção e comércio. Nas compras e desapropriações o imposto de vendas será pago pelo vendedor ou pelo desapropriado.

Para o controle do abastecimento de mercadorias ou serviços e fixação de preços, são os órgãos incumbidos da aplicação destas operações autorizados a regular e disciplinar, no território nacional, a circulação e distribuição dos bens previstos na Lei Complementar, podendo inclusive proibir a sua movimentação. Podem ainda estabelecer prioridades para o transporte e armazenamento, sempre que o interesse público o exigir; regular e disciplinar a produção, distribuição e consumo das matérias-primas, podendo requisitar meios de transporte e armazenamento; tabelar os preços máximos de mercadorias e serviços essenciais de venda de mercadorias ou serviços, a fim de impedir lucros excessivos, inclusive diversões públicas populares.

Podem, outrossim, estabelecer o racionamento dos serviços essenciais e dos bens previstos na Lei, em casos de guerra, calamidade ou necessidade pública; assistir as cooperativas, ligadas à produção ou distribuição de gêneros alimentícios, na obtenção preferencial das mercadorias de que necessitem; manter estoque de mercadorias; superintender e fiscalizar através de agentes federais, em todo o País, a execução das medidas adotadas e os serviços que estabelecer.

24.4. O preço dos gêneros

A intervenção consistirá também na fixação de preços e no controle do abastecimento, neste compreendidos a produção, transporte, armazenamento e vendas; na desapropriação de bens por interesse social; ou na requisição de serviços necessários à realização dos objetivos previstos na Lei; na promoção de estímulos à produção.

O preço dos bens desapropriados, quando objeto de tabelamento, será pago previamente em moeda corrente e não poderão ser arbitrados em valor superior ao do respectivo tabelamento. Quando o bem desapropriado não for sujeito a prévio tabelamento, os preços serão arbitrados tendo em vista o custo médio nos locais de produção ou de venda. Os produtos adquiridos, por compra ou desapropriação, serão entregues ao consumo pelos preços tabelados. As vendas aos distribuidores serão feitas com redução percentual e uniforme dos preços tabelados.

24.5. Os crimes contra o abastecimento

A Lei Delegada 4/62 criou nova modalidade de crime contra a ordem econômica: os crimes contra o abastecimento, elencando longa série de infrações contra o sistema criado por ela e as sanções aplicáveis.

Fica sujeito à multa, variável de 500 a 200.000 Bônus do Tesouro Nacional – BTN, sem prejuízo das sanções penais que couberem na forma da lei, aquele que:

a) Vender ou expuser à venda mercadorias ou contratar ou oferecer serviços por preços superiores aos oficialmente tabelados, aos fixados pelo órgão ou entidade competente, aos estabilizados em regime legal de controle ou ao limite de variações previsto em plano de estabilização econômica, assim como aplicar fórmulas de reajustamento de preços diversas daquelas que forem por eles estabelecidas;

b) Sonegar gêneros ou mercadorias, recusar vendê-los ou os retiver para fins de especulação;

c) Não mantiver afixada, em lugar visível e de fácil leitura, tabela de preços dos gêneros e mercadorias, serviços ou diversões públicas populares;

d) Favorecer ou preferir comprador ou freguês, em detrimento de outros, ressalvados os sistemas de entrega ao consumo por intermédio de distribuidores ou revendedores;

e) Negar ou deixar de fornecer a fatura ou nota, quando obrigatório;
f) Produzir, expuser ou vender mercadoria cuja embalagem, tipo, especificação, peso ou composição, transgrida determinações legais, ou não corresponda à respectiva classificação oficial ou real;
g) Efetuar vendas ou ofertas de venda, compras ou ofertas de compra que incluam uma prestação oculta, caracterizada pela imposição de transporte, seguro e despesas ou recusa de entrega na fábrica, sempre que esta caracterize alteração imotivada nas condições costumeiramente praticadas, visando burlar o tabelamento de preços;
h) Emitir fatura, duplicata ou nota de venda que não corresponda à mercadoria vendida em quantidade ou qualidade, ou, ainda, aos serviços efetivamente contratados;
i) Subordinar a venda de um produto à compra simultânea de outro produto ou à compra de uma quantidade imposta;
j) Dificultar ou impedir a observância das resoluções que forem baixadas em decorrência desta Lei;
k) Sonegar documentos ou comprovantes exigidos para apuração de custo de produção e de venda, ou impedir ou dificultar exames contábeis que forem julgados necessários, ou deixar de fornecer esclarecimentos que forem exigidos;
l) Fraudar as regras concernentes ao controle oficial de preços mediante qualquer artifício ou meio, inclusive pela alteração, sem modificação essencial ou de qualidade, de elementos como a embalagem, denominação, marca (*griffe*), especificações técnicas, volume ou peso dos produtos, mercadorias e gêneros;
m) Exigir, cobrar ou receber qualquer vantagem ou importância adicional a valores relativos a preços tabelados, congelados, fixados, administrados ou controlados pelo Poder Público;

n) Descumprir ato de intervenção, norma ou condição de comercialização ou industrialização estabelecidas;
o) Organizar, promover ou participar de boicote no comércio de gêneros alimentícios ou, quando obrigado por contrato em regime de concessão, no comércio de produtos industrializados, deixar de retirá-los de fábrica, dificultando a sua distribuição ao consumidor;
p) Impedir a produção, comercialização ou distribuição de bens ou a prestação de serviços no País;
q) Promover ajuste ou acordo entre empresas ou entre pessoas vinculadas a tais empresas ou interessados no objeto de suas atividades, que possibilite fraude à livre concorrência, atuação lesiva à economia nacional ou ao interesse geral dos consumidores;
r) Aplicar fórmulas de reajustamento de preços proibidas por lei, regulamento, instrução ministerial, órgão ou entidade competente;
s) Fazer repercutir, nos preços de insumos, produtos ou serviços, aumentos havidos em outros setores, quando tais aumentos não os alcancem, ou fazê-los incidir acima de percentual que compõe seus custos;
t) Negar-se a vender insumo ou matéria-prima à produção de bens essenciais;
u) Monopolizar ou conspirar com outras pessoas para monopolizar qualquer atividade de comércio em prejuízo da competitividade, mesmo por meio da aquisição, direta ou indireta, de controle acionário de empresa concorrente.

Requerer a não liberação ou recusar, em justa causa, quota de mercadoria ou de produtos essenciais, liberada por órgão ou entidade oficial, de forma a frustrar o seu consumo, implicará, além da multa a que se refere esta Lei, diminuição da quota na proporção da recusa.

Na aplicação da multa a que se refere esta Lei, levar-se-á em conta o porte da empresa e as circunstâncias em que a infração foi praticada.

Todas as penalidades previstas na legislação em vigor em quantidades de Obrigações do Tesouro Nacional – OTN serão convertidas para Bônus do Tesouro Nacional – BTN, à razão de 1 para 6,92.

Além dessas penalidades, em certos casos poderá haver a interdição do estabelecimento, por um prazo de 3 a 90 dias, cabendo ao órgão a que estiver subordinado quem determinou a medida. O interditado poderá, sem efeito suspensivo, recorrer da interdição através de petição endereçada ao dirigente máximo do órgão a que estiver subordinado quem determinou a medida.

Responderão solidariamente pelo pagamento das multas e pelas demais penalidades os proprietários, os administradores, os gerentes, os signatários da fatura, nota ou caderno de venda, ou quem, de direito ou de fato, efetuar a venda.

25. A SOLUÇÃO ADEQUADA DE CONTROVÉRSIAS: ARBITRAGEM

25.1. Necessidade de fórmulas alternativas de solução de problemas
25.2. Características e vantagens da arbitragem
25.3. Tipos de arbitragem
25.4. Como se institui o juízo arbitral
25.5. O passivo judicial das empresas
25.6. A remuneração da arbitragem
25.7. As raízes brasileiras da arbitragem

25.1. Necessidade de fórmulas alternativas de solução de problemas

Após algumas considerações a respeito da CCI – Câmara de Comércio Internacional, necessário se torna expor a mais importante contribuição dessa organização internacional de direito privado para o progresso do Direito Econômico, do Direito Empresarial e o Direito do Comércio Exterior, bem como das próprias atividades empresariais. Logo após a sua constituição, a CCI – Câmara de Comércio Internacional instalou, em 1922, o seu mais importante órgão: a CIA – Corte Internacional de Arbitragem. Não se trata apenas da montagem de um órgão judicante, mas da implantação de um sistema judiciário, com regras e princípios definidos e consolidados.

Não há um poder judiciário internacional, a justiça pública universal. O foro competente para julgar questões internacionais, com predominância na área contratual, é estabelecido pelas próprias partes na cláusula de eleição de foro. No plano nacional há certas limitações à eleição de foro pelas partes, pois o Código de Processo Civil impõe normas sobre o foro competente.

Nessas condições, empresas de países diferentes poderão celebrar contrato com a eleição do foro competente para dirimir quaisquer controvérsias entre elas perante a justiça de um dos países a que pertença algumas delas, ou então, no foro de qualquer dos países. Poderiam ainda concordar com que certas questões sejam resolvidas num país e outras em outro país. Entretanto, não seria apenas a escolha do foro a preocupação das empresas contratantes, mas também o direito a ser aplicado: de um país ou de outro? Se ambos ao mesmo tempo? De alguma convenção internacional? Dos costumes internacionais, como a *"Lex mercatoria"*?

Outros problemas mais delicados envolvem a solução de litígios empresariais, quer internacionais, quer nacionais. As vias costumeiras de solução têm apresentado sensível inadequação para o exame de divergências entre empresas engajadas num contrato. Por estas e por outras razões, as normas internacionais penetram no Brasil, transformando-se em direito nacional, como foi o caso da arbitragem.

A moderna vida empresarial, desenvolvida no mundo caracterizado pela produção em série, pela aplicação da tecnologia nas atividades produtivas, pela informática, pela era da globalização e crescente internacionalização das atividades empresariais, pela formação de inúmeros contratos novos e complexos, pela formação de blocos econômicos, como o MERCOSUL e a UNIÃO EUROPEIA, introduziu profundas modificações nas operações econômicas. Os modernos contratos empresariais desgarram-se dos modelos tradicionais, criados pelo direito romano. A cada dia que passa, alastra-se a aplicação do contrato de adesão, prática desconhecida há pouco tempo. Os contratos são híbridos, formados por pedaços de outros e cláusulas de moderna criação, como a *"acceleration clause"*, de *"hardship"*, de "força maior". Basta examinar o "contrato de alienação fiduciária em garantia", calcado numa dezena de institutos jurídicos, mesmo tradicionais, mas de novos matizes. Os problemas são novos, imprevistos, inusitados.

Para a solução de problemas novos e inusitados, temos que criar mecanismos novos de solução. Não podemos resolver os modernos problemas empresariais utilizando-se de mecanismos seculares, criados para a resolução de conflitos empresariais do século passado. É de se criar fórmulas alternativas de resolução de pendências, aliás, já em aplicação e desenvolvimento no Brasil e no restante do mundo, com pleno sucesso.

Tradicionalmente, o esquema de solução de lides é por meio da justiça pública, exercida pelo Poder Judiciário. O direito em que se fulcra o julgamento judicial é o legislado, de inspiração romana, consubstanciado principalmente no Código Comercial e no Código Civil. Esse esquema tradicional revela-se hoje inteiramente defasado, anacrônico e inadequado. Sua manutenção tem causado imensos prejuízos ao País, tornando a situação bastante grave, embora suportável. Dentro em breve, porém, a tolerância terá o seu fim. O Poder Judiciário no Brasil, como na maioria dos países, está acéfalo, sucateado e emperrado. Não cumpre a sua missão e nem terá condições de cumpri-la, uma vez que essa situação calamitosa agrava-se de forma assustadora. A demora na solução de tão angustiante problema vem causando inquietações, desavenças e até explosões de revolta.

Atualmente está em andamento a Comissão Parlamentar de Inquérito para encontrar soluções. Os órgãos de comunicação expõem constantemente essas circunstâncias, de maneira às vezes bombástica e sensacionalista, abafando a divulgação de fórmulas sensatas e científicas, levantadas por juristas e magistrados. Em nosso parecer, tais comissões examinam um problema insolúvel; portanto será tempo perdido desenvolver tais estudos. Só após a adoção de arbitragem poder-se-á pensar no aprimoramento do Judiciário e na solução de seus problemas.

Por esta razão, a **ABF – Associação Brasileira de Franchising** constituiu sua **Câmara de Arbitragem**, para resolver possíveis conflitos de ideias sobre o contrato e sua execução entre franqueadores, franqueados e outras pessoas envolvidas numa questão de franquia. Se, por exemplo, franqueador e franqueado tiverem uma controvérsia e fossem à Justiça Pública em processo judicial, criaria sério impasse para o relacionamento entre eles e iriam se digladiar durante anos, e, ao final, sem encontrar a solução.

25.2. Características e vantagens da arbitragem

A sensatez está, pois, em reconhecer a inviabilidade do esquema tradicional de solução de litígios e adotar novas fórmulas paralelas, consentâneas com o mundo moderno e as necessidades da sociedade, mormente no que tange às empresas. Os novos esquemas devem atender às características essenciais para que a justiça se exerça: rapidez, sigilo, adequação jurídica, confiabilidade, baixa contenciosidade, especialidade. São características exigidas pela nova ordem econômica e jurídica nacional e internacional e pela moderna orientação empresarial. O sistema tradicional de resolução de lides, vale dizer, a solução judiciária, não atende a qualquer dessas exigências fulminando as seculares formas processuais. Há necessidade de falarmos sobre as vantagens da arbitragem, como forma alternativa de resolução de disputas.

A primeira delas e por razões de importância é a rapidez na solução de problemas empresariais. Não pode a empresa moderna ficar na dependência de soluções judiciárias para continuar sua vida. O tempo normal da morosidade da justiça para a resolução definitiva de um processo é de dez anos, o que perturba e amarra o desenvolvimento das atividades empresariais.

Um importante conglomerado de órgãos de comunicação, verdadeiro império econômico, encontra-se em estado pré-falimentar, com impostos atrasados e salários sem pagar, ameaçado de fechamento com incontáveis prejuízos à coletividade. Várias soluções já foram apresentadas, mas todas esbarram na espera de certas soluções judiciais que se eternizam. Está "*sub judice*" o direito de propriedade da maioria das ações da empresa, aguardando o fim de processos que estão correndo há mais de dez anos. Inúmeras empresas encontram-se na mesma situação: não podem tomar importantes decisões, por aguardarem algum provimento judicial, com interminável espera.

A maioria das empresas brasileiras encontra-se em esquisita e delicada situação quanto ao cumprimento de contratos. Se duas empresas têm problemas a resolver, referente a um contrato que celebraram, necessário se torna que tais problemas sejam resolvidos de forma justa, adequada e rápida. Caso contrário, o relacionamento entre elas estará detido ou tumultuado e o cumprimento do contrato ameaçado. O velho brocardo de que "a justiça tarda, mas não falha" é uma falácia, uma enganação: se a justiça tarda, ela já é falha. Mais precisamente, a justiça tardia é a negação da justiça; é justiça inexistente. É, pois, o apanágio da justiça moderna, de pretensão empresarial: a celeridade. E não se pode alegar o provérbio de que a pressa é inimiga da perfeição; não se requer pressa, mas presteza.

Examinemos a segunda exigência empresarial para a justiça considerada conveniente: o sigilo. Não é do interesse das empresas que suas divergências referentes à interpretação da execução de um contrato se tornem do domínio público. Nem é interesse delas que seus contratos fiquem no fórum, à disposição de quem possa se interessar. As discussões empresariais podem ter utilidade para a concorrência, mas são de enorme inconveniência para as empresas. Predomina no processo judicial o princípio da publicidade, excetuando-se alguns casos de segredo de justiça. Discute-se num processo, muitas vezes, segredo de fábrica, como a fórmula de um remédio, o comportamento financeiro de empresa, os direitos reservados, a tecnologia de produção, o "*know-how*", as dificuldades de caixa, cuja divulgação traz manifestos prejuízos para as partes.

Em terceiro lugar, podemos nos referir à maleabilidade da arbitragem na adoção do direito aplicável, sem a rigidez do direito comum, continuador da rigidez romana. As partes desfrutam de mais esta faculdade: além da livre escolha dos juízes arbitrais, fica-lhes reservada também a livre escolha do direito aplicável no julgamento. Cada caso examinado apresenta características próprias, afastando-se da aplicação de normas tradicionais do direito de inspiração romana. O juiz togado encontra-se inibido de adequar o direito à solução do processo em tela, apesar da Lei de Introdução ao Código Civil, no art. 5º, dar-lhe a faculdade de liberalizar a aplicação da lei, ao dizer que poderá ele levar em conta os fins sociais a que ela se dirige e as exigências do bem comum. O juiz arbitral está mais à vontade, desde que as partes tenham decidido lhe dar essa liberdade. É-lhe possível então desvencilhar-se do anacrônico, superado e rígido direito criado há 2.000 anos e a dez mil quilômetros de São Paulo. No julgamento de questão referente à franquia, as partes iriam naturalmente se apegar ao Código de Autorregulamentação da Franquia da ABF, que poderia ser impugnada por uma das partes, por não ser instituído por lei.

Outro aspecto a ser considerado é o da confiabilidade do julgamento arbitral. O árbitro, ou os árbitros, são escolhidos pelas partes, sendo-lhes, portanto, facultado arredar do julgamento de sua questão quem não lhe mereça confiança. Não poderá qualquer das partes reclamar da decisão arbitral, visto que o prolator da sentença teve a sua aprovação antes de iniciar-se o processo. Durante o processo poderão ser levantadas exceções.

Como quinta característica desse esquema de solução de litígios empresariais deve ser citada a especialidade. A complexidade das modernas relações empresariais criou um novo direito e os problemas são de tal maneira *sui generis* que dificilmente poderão ser analisados, compreendidos e julgados a não ser por pessoas especializadas. Apontemos, como exemplo, o que ocorre com numerosos julgamentos referentes à prestação de serviços médicos: são problemas de tal maneira especializados, que só poderão ser julgados por pessoas especializadas. O juiz, de formação jurídica, pode-se servir de laudos técnicos, apresentados pelas partes e por assistente técnico da escolha judicial, conforme preceitua o Código de Processo Civil. Esse sistema é superado e ineficaz há muitos anos, razão pela qual se eternizam as questões em julgamento.

Chegamos agora à última das seis características levantadas, como as mais importantes, malgrado haja muitas outras deixadas de lado, por não apresentarem a mesma relevância. É o alto nível das discussões, a baixa contenciosidade. Problema sério do direito atual e da vida forense, causando dificuldade e ineficácia ao próprio Poder Judiciário, é a elevada contenciosidade dos processos judiciais. Longa série de fatores acirra o ânimo das partes, fazendo-as descer ao nível dos insultos e revelações inconvenientes. O pretório transformou-se numa arena de digladiadores em luta encarniçada. Essas circunstâncias dificultam o andamento do processo, o julgamento da questão e a eficácia da solução. Urge encontrarmos o meio adequado de arrefecimento dos ânimos, sem o que não se poderá chegar a soluções adequadas. Essa troca de farpas e insultos não pode caber em discussões de problemas empresariais. Empresas não têm sentimentos feridos; não têm honra e outros sentimentos próprios de pessoa natural. Empresas têm interesses a tratar; direitos a defender. Seu interesse é a justa composição da lide e a minimização de prejuízos.

25.3. Tipos de arbitragem

É conveniente referir-se aos vários tipos de arbitragem. São de direito público ou de direito privado, nacional ou internacional, civil ou empresarial. A arbitragem de direito público é a que se aplica ao julgamento de divergências entre países ou pelo Estatuto da Corte Permanente de Arbitragem, órgão sediado em Haia (Holanda), existente há mais de um século. Não é desse tipo de arbitragem a que estamos nos referindo, mas trataremos da arbitragem empresarial. A arbitragem pode ser nacional e internacional. Será nacional se dirimir controvérsias entre empresas nacionais ou quando aplicar a lei de um só país. A internacional julga questões que exijam a aplicação da lei de dois ou mais países.

O que estamos examinando, porém, é a arbitragem empresarial, de direito privado e essencialmente nacional. É ela regulamentada pela Lei 9.307/96, chamada de Lei da Arbitragem ou Lei Marco Maciel, por ter sido da iniciativa do Vice-presidente da República. Trata-se de lei de boa feitura, ampla na sua disposição, dando eficácia à arbitragem. Regulamenta, em vários capítulos, a instauração da arbitragem, os árbitros, o procedimento arbitral, as normas aplicáveis, a sentença arbitral, a homologação de sentenças estrangeiras.

Para melhor compreensão dessa lei, temos, entretanto, de nos referir a outros diplomas jurídicos que a inspiraram, mesmo porque possuem eficácia no Brasil. A primeira invocação, no nosso caso, é o Regulamento da CIA – Corte Internacional de Arbitragem, órgão pertencente à CCI – Câmara de Comércio Internacional.

A maioria dos contratos internacionais trazem cláusula de eleição de foro, escolhendo a CIA como órgão julgador, ou então, aplicando o estatuto desta, ainda que esteja o julgamento a cargo de outra câmara arbitral.

Duas convenções internacionais regulamentaram a arbitragem num sentido geral, celebradas em Genebra em 1923 e 1928. O Brasil participou dessas convenções, transformadas em leis brasileiras. Importantíssima foi a Convenção de Nova York, regulamentando a arbitragem privada, mas o Brasil infelizmente não aderiu a essa convenção. Como, entretanto, se trata de convenção adotada pelos principais países, somos obrigados a obedecê-la se ela for invocada em contratos empresariais.

Importante ainda é a Lei Modelo da UNCITRAL, a que faremos algumas referências. A ONU vem divulgando em todos os países a cultura da arbitragem, trabalhando intensamente para manter certa uniformidade na legislação arbitral dos países que a adotarem. Este trabalho processa-se graças a dois órgãos da ONU:

UNCITRAL – United Nations Conference on International Trade Law

Este órgão tem várias funções. A principal delas é a elaboração de um código comercial internacional, visando à harmonização e uniformização do direito empresarial no mundo todo. Enquanto esse código não sai, a UNCITRAL desenvolve ação divulgando a regulamentação de contratos internacionais e colaborando com os países, no estabelecimento de legislação de direito empresarial, atendendo a essa uniformização.

A UNCITRAL conta com a assistência técnica da CCI, na elaboração de normas a serem aplicadas na regulamentação do comércio internacional (*TRADE*). Se fôssemos considerar esse órgão da ONU em nosso idioma, chamá-lo-íamos: CNUDCI – Conferência das Nações Unidas para o Direito do Comércio Internacional. A ação de maior interesse no que tange à arbitragem é que a UNCITRAL elaborou a lei-modelo de arbitragem, com a colaboração técnica da CCI. Essa lei-modelo é bem ampla e genérica, de tal forma que a arbitragem pode ser adaptada em qualquer país. Vários países reformularam sua legislação, com base nela. Foi o que aconteceu com o Brasil, cuja lei básica da arbitragem, a Lei 9.307/96, incorpora muitas disposições da lei-modelo da UNCITRAL e de convenções internacionais.

UNCTAD – United Nations Conference on Trade and Development

Este órgão da ONU atua paralelamente à UNCITRAL, mas esta é um órgão jurídico, enquanto a UNCTAD ocupa-se das práticas do comércio internacional, procurando regulamentar as operações econômicas internacionais, visando a desenvolvê-las e harmonizá-las. Uma das formas para atender a esse objetivo é a da aplicação da arbitragem para a resolução de disputas no comércio internacional.

25.4. Como se institui o juízo arbitral

É preciso que as partes estejam de acordo; é uma opção das partes. Podem elas apelar para a justiça pública, mas, se não quiserem assim, apelarão para a arbitragem. Não pode haver imposição da arbitragem; ela depende de uma convenção entre as partes: é, portanto, uma justiça convencional. Essa convenção é chamada de **convenção arbitral.**

Quem poderá requerer a arbitragem e em quais casos é o que a lei vai dispor. Segundo o art. 1º da Lei Arbitragem:

> As pessoas capazes de contratar poderão valer-se da arbitragem para dirimir litígios relativos a direitos patrimoniais disponíveis.

Toda empresa registrada na Junta Comercial será parte capaz de contratar. O registro no órgão público competente dá à empresa personalidade jurídica, ou seja, capacita-a a adquirir direitos e contrair obrigações. Poderá, portanto, celebrar a convenção arbitral, que apresenta as características de um contrato. Todos os direitos de uma empresa são disponíveis, vale dizer, admitem transação. Por tais razões, a arbitragem é um instituto tipicamente empresarial, malgrado seja aplicado a relacionamentos jurídicos na órbita civil. É também capaz a sociedade civil, mesmo que não registrada na Junta Comercial, mas no órgão próprio.

A convenção arbitral pode ser porém de dois tipos, os quais determinarão dois tipos de arbitragem.

Compromisso

É a convenção celebrada pelas partes para a resolução de uma controvérsia já existente entre elas, questão esta que poderá até mesmo estar sendo discutida na justiça. Haverá, então, o compromisso judicial e o extrajudicial.

O compromisso arbitral judicial será celebrado por termo nos autos, perante o juízo ou tribunal em que tem curso a demanda. Neste caso, o juiz extinguirá o processo, liberando os autos para as partes, a fim de serem encaminhados ao juízo arbitral. Aliás, o Código de Processo Civil prevê como uma das causas para a extinção do processo, no inciso VII, a convenção de arbitragem.

Cláusula compromissória

Esta convenção arbitral é uma cláusula inserida num contrato. Os contratos trazem normalmente a cláusula denominada *eleição de foro*. Poderá também esta cláusula estabelecer que possíveis divergências entre as empresas contratantes devam ser resolvidas por arbitragem, indicando, ainda, a que órgão arbitral institucional ou entidade especializada perante os quais a arbitragem será instituída e processada. Como órgão arbitral institucional, podemos apontar, como exemplo, a CIA – Corte Internacional de Arbitragem e como entidade especializada a Associação Brasileira de Arbitragem – ABAR, ou a Arbitragio Câmara de Mediação e Arbitragem em Relações Negociais. Há muitas outras cortes arbitrais em São Paulo e em várias cidades brasileiras.

Fala a cláusula compromissória de um potencial litígio; ele ainda não existe, mas poderá surgir a qualquer momento. Esse tipo de convenção antecede ao litígio, tendo, pois, um caráter preventivo. A solução de uma controvérsia ficou prevista pela cláusula compromissória, constando no próprio contrato sobre o qual passa a haver alguma dúvida futura. Esta cláusula deve ser estipulada por escrito, podendo estar inserta no próprio ou em documento apartado, que se refira a esse contrato. É de natureza contratual, pois é estabelecida por comum acordo e só se refere a um contrato. É mais uma razão para apoiar a ideia de que a arbitragem é aplicável marcantemente na área contratual. Não existe no direito brasileiro cláusula compromissória a não ser referente a um contrato e estabelecida de forma contratual.

Procurou precaver-se a lei brasileira quanto aos abusos que possam originar-se do contrato de adesão, tipo de contrato muito em moda hoje em dia e de crescente domínio. O contrato de adesão é elaborado por uma das partes, estabelecendo todas as cláusulas. A proposta desse contrato é apresentada pela parte elaboradora, de posição claramente forte e predominante, à outra parte, que se vê na posição de aceitar as cláusulas em bloco, ou não celebrará o contrato.

No contrato de adesão, a cláusula compromissória só terá eficácia se for escrita em letras bem realçadas, distinguindo-se das demais cláusulas. Ou, então, se for celebrada em documento à parte, como aditivo ao contrato. Poderá ainda vir após a assinatura do contrato, com letras mais salientes e com nova assinatura. Assim deve ser feito no contrato de trabalho, de seguros, contratos bancários e outros em que são celebrados em impresso próprio.

Poderão as partes indicar na convenção, além da adoção da arbitragem, também o nome do árbitro que deverá julgar a questão, ou o órgão arbitral ou entidade especializada, como, por exemplo, a Arbitragio Câmara de Mediação e Arbitragem em Relações Negociais.

É imprescindível, portanto, que, em todo contrato de franquia ou em outros contratos vinculados à franquia haja a cláusula compromissória, ou seja, que preveja a resolução de qualquer divergência entre as partes, pela mediação e arbitragem.

25.5. O passivo judicial das empresas

Realidade pouco divulgada na vida empresarial é a vultosa dívida decorrente de processos judiciais, colocando em situação instável as empresas brasileiras. Bastaria citar o passivo trabalhista formado pelas reclamações de empregados na Justiça do Trabalho. Em todo o Brasil correm mais de dois milhões de processos trabalhistas, cujos valores cobrados atingem patamares bem acima de todo o meio circulante no país. Verdade é que a maioria desses processos não chegam ao fim e os valores reclamados constituem mera ficção. Todavia, são valores "*sub judice*", documentados pelo próprio processo e poderão ser julgados procedentes.

Muitas empresas sofrem processos cujo montante reclamado ultrapassa todo o seu capital e seu patrimônio. A procedência de uma só ação poderia engolir seu capital. Se uma empresa exerce ação judicial, o valor defendido é sempre contabilizado e lastreado por documentos, como, por exemplo, duplicata. As cobranças contra ela, mormente as trabalhistas, contudo, não são contabilizadas, malgrado tenha sido ela citada para os termos dessa ação. Se fosse ela contabilizar esses débitos, estaria financeiramente estourada. É esse o estado da maioria das empresas do Brasil. Embora seja um estado artificial, não deixa de ser alarmante.

Saindo, porém, da área trabalhista, encontrar-nos-emos defronte a uma situação constrangedora. Muitas empresas necessitam tomar decisões importantes, mas se encontram inibidas de tomar qualquer iniciativa, por dependerem de decisões judiciais, aguardadas há muitos anos. Os processos judiciais tolhem as iniciativas empresariais, emperram o desenvolvimento econômico, acirram litígios de toda espécie e estimulam as fraudes e as aventuras. Não há, portanto, justiça, pois justiça tardia é a negação da justiça. O juiz que retarda o exercício de suas funções jurisdicionais está negando a justiça. A velha e surrada frase de que *a justiça tarda, mas não falha* é uma falácia, uma enganação; se a justiça tarda, ela já é falha.

Há um desassossego, um estado de angústia empresarial. Sabe todo empresário que a espada de Dâmocles pende sobre sua cabeça. Cabe ao Direito Empresarial encontrar a solução para essa angústia que está se tornando insuportável para as empresas do Brasil. E a solução está apresentada pela Lei 9.307/96, dando novos contornos e eficácia à arbitragem. Urge a imediata adoção de meios alternativos para a solução de controvérsias empresariais. De nada poderia adiantar a modernização do Direito Empresarial se este não tiver mecanismos adequados de aplicação.

25.6. A remuneração da arbitragem

Sendo a arbitragem uma justiça privada, exercida por juízes privados, não há participação estatal. Os árbitros são indicados pelas partes contendentes ou elas escolhem qual o tribunal arbitral a encarregar-se do julgamento. Cabe, então, a elas a remuneração do serviço prestado e a remuneração dos árbitros. Essa remuneração será combinada entre as partes litigantes e o árbitro, caso se trate de árbitro singular. Caso, entretanto, se trate de um tribunal institucionalizado, ou seja, uma entidade especializada em arbitragem, cada uma tem sua tabela de preços. Geralmente é uma porcentagem sobre o valor da causa, havendo um limite mínimo e máximo.

Essa jurisdição paga contrapõe-se à jurisdição gratuita. Há várias ponderações necessárias a este respeito. A justiça pública não é totalmente gratuita: há custas do processo, a juntada de mandato, da diligência do oficial de justiça, publicação de editais e muitas outras. As cópias de peças processuais são de preço elevado. Deve-se levar em conta os inúmeros gastos de idas e vindas ao fórum, de audiências, que vão se acumulando pelos anos afora. É dispendiosa para as empresas a manutenção de um advogado ou departamento jurídico. Ao final, o processo custou preço bem elevado.

Não é o que ocorre na arbitragem. O advogado tem um prazo bem curto para o seu trabalho, que é mais facilitado e produtivo. Segundo o artigo 23 da Lei da Arbitragem, as partes em litígio poderão prever o prazo desejado por elas, como, por exemplo, um mês. Caso não fique estabelecido esse prazo, vigorará então o prazo legal, que é de seis meses. Se o juízo arbitral não prolatar a sentença no prazo legal, ou no prazo convencionado pelas partes, poderá responder civil e criminalmente por essa desídia, podendo até ser alvo de ação de reparação de danos, se a falha tiver causado danos para uma ou ambas as partes.

Sendo o trabalho do advogado bem mais rápido e facilitado, sua remuneração poderá ser bem menor. O trabalho exercido durante um mês é menos dispendioso do que o exercício durante dez anos. De forma alguma será o advogado prejudicado. Nas atuais circunstâncias, é por demais ilusória a remuneração do trabalho advocatício: recebe o advogado previamente sua remuneração e por ela terá de trabalhar anos a fio; será cobrado pela sua cliente a solução do feito e terá gastos de condução e recolhimento de custas. Cedo verá o advogado que sua remuneração foi corroída por gastos contínuos, enquanto se esfalfa e se desgasta.

Numa análise mais profunda, ver-se-á que a arbitragem racionaliza o trabalho de uma empresa, diminuindo seus custos operacionais. Por outro lado, racionaliza também o trabalho do advogado, valorizando sua remuneração. Poderá ele, assim, apresentar menores exigências, provocando maior volume de ações.

25.7. As raízes brasileiras da arbitragem

O Brasil nunca foi indiferente à arbitragem, malgrado tenha ela emergido com vigor apenas com o advento da Lei 9.307, de 23/09/96. Durante o Império e mesmo nos primórdios de nossa vida como nação independente e soberana, antes que se elaborasse legislação nativa, vigoravam as Ordenações do Reino, em que a arbitragem era admitida. Proclamada a Independência, surgiu nossa primeira Constituição, em 1824, prevendo a resolução de divergências jurídicas civis por meio da arbitragem.

Em 1850, porém, passa a vigorar o nosso Código Comercial, apontando a arbitragem como fórmula de solução para vários tipos de controvérsias no âmbito empresarial. Incisivo é o art. 783, ao apontar a arbitragem para a solução de divergências em operações de comércio marítimo. O art. 302, na alínea cinco, diz que o ato constitutivo de uma sociedade mercantil deve trazer a "forma da nomeação dos árbitros para juízes das dúvidas sociais". O art. 294 é ainda mais peremptório:

> *Todas as questões sociais que se suscitarem entre sócios durante a existência da sociedade ou companhia, sua liquidação ou partilha, serão decididas em juízo arbitral.*

Posteriormente, a arbitragem foi regulamentada de forma ampla pelo Código Civil de 1916, nos arts. 1.040 a 1.047, e seu *"modus faciendi"* no Código de Progresso Civil de 1939 confirmado pelo atual CPC, de 1973. Essas partes foram derrogadas pela atual Lei de Arbitragem, mais propriamente dizendo, as disposições do Código Civil e do CPC não foram revogadas, mas incorporadas na nova Lei da Arbitragem.

Havia, portanto, um substrato legislativo da arbitragem antes que a nova lei fosse elaborada. Não estão sendo aqui invocadas as raízes internacionais, mas apenas as nacionais. Podemos ainda citar a prática da arbitragem no Brasil, como, por exemplo, as resoluções dos problemas relacionados ao Território do Acre e ao das Missões e o estabelecimento dos limites territoriais do Brasil e países limítrofes, todos resolvidos por arbitragem. Foi no julgamento arbitral dessas questões que se realçou a atuação do Barão do Rio Branco, como advogado do Brasil.

Podemos, ainda, fazer referência ao fato de o Brasil, além de submeter-se à arbitragem, atuou também como árbitro em certas questões internacionais ocorridas no século passado.